Excel
Das Rätselbuch

D1721917

Excel

Das Rätselbuch

GEORGI FRICKE FLECKENSTEIN

Markt+Technik

Die Deutsche Bibliothek verzeichnet diese Publikation in der Deutschen
Nationalbibliografie; detaillierte bibliografische Daten sind im Internet
über http://dnb.ddb.de abrufbar.

10 9 8 7 6 5 4 3 2 1

10 09 08

ISBN: 978-3-8272-4244-0

© 2008 by Markt+Technik Verlag,
ein Imprint der Pearson Education Deutschland GmbH,
Martin-Kollar-Straße 10–12, D-81829 München/Germany
Alle Rechte vorbehalten
Umschlaggestaltung: Marco Lindenbeck, webwo GmbH, (mlindenbeck@webwo.de)
Lektorat: Jürgen Bergmoser, jbergmoser@pearson.de
Herstellung: Claudia Bäurle, cbaeurle@pearson.de
Korrektorat: Martina Gradias, Wolfenbüttel
Satz und Layout: mediaService, Siegen (www.media-service.tv)
Druck und Verarbeitung: Bercker, Kevelaer
Printed in Germany

INHALTS-VERZEICHNIS

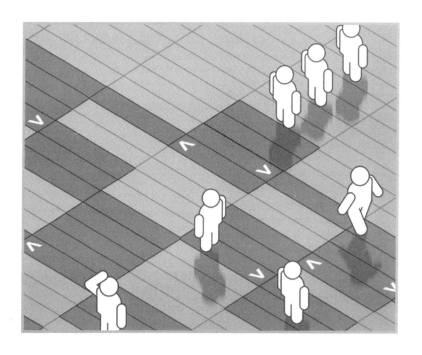

3 Lösungen 131

Vorwort

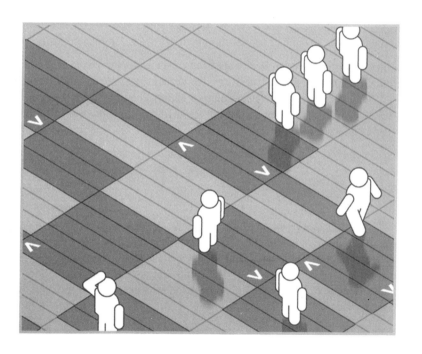

Lieber Excel-Knobel- und -Rätsel-Fan,

mathematische Rätsel und Knobeleien faszinieren Mathematiker und an Logik und Zahlen interessierte Menschen seit ewigen Zeiten. Dies hat sich gerade in den letzten Jahren zum absolut beliebten Breitensport entwickelt. Sudoku, Gehirnjogging-Software, IQ-Wettbewerbe, PISA-Tests u.v.m. zum trainieren der kleinen grauen Zellen sind voll im Trend.

Spätestens seit unserem Erstlingswerk „Excel – Das Zauberbuch" wissen wir: Excel ist nicht nur ein Arbeitsmittel, das Sie im täglichen Kampf im Büroalltag unterstützt, sondern eine Spielwiese für alle, die Spaß an logischen Zusammenhängen haben oder die Schönheit der Mathematik erleben wollen.

In unserem zweiten Buch, das Sie gerade lesen, gehen wir noch einen Schritt weiter. Diesmal wollen wir uns voll und ganz auf diese Spielwiese begeben. Das soll natürlich nicht ausschließen, dass Sie trotzdem wichtige und ernst zu nehmende Erkenntnisse erlangen, die Sie auch in der Berufswelt zu Ihrem Vorteil nutzen können.

Zum einen ist Excel das ideale Instrument zum Lösen vieler mathematischer Rätsel, was wir in diesem Buch demonstrieren wollen. Zum anderen stellen wir Excel selbst in den Mittelpunkt des Knobelns. Zum Beispiel können Sie im Multiple-Choice-Quiz und im Formelquiz Ihre eigenen Excel-Fähigkeiten überprüfen und neue interessante Kenntnisse erlangen.

Einige der von uns verwendeten Rätsel sind bekannte Klassiker, die wir entweder im Original belassen haben oder die wir teilweise so modifiziert haben, wie wir es für richtig hielten. Das neue an diesen Aufgaben – unser schwerpunktmäßiges Zutun – ist die Entwicklung von Excel-Modellen zum Lösen dieser Rätsel.

Wie in „Excel – Das Zauberbuch" gibt es auch diesmal keine Begleit-CD. Auch dieses Mal gilt: Dieses Buch soll Ihnen Einblicke hinter die Kulissen komplexer Anwendungen verschaffen und Sie in die Lage versetzen, diese oder ähnliche Lösungen selbst zu entwickeln. Der Weg dorthin ist stets gepflastert mit den unterschiedlichsten Funktionalitäten und Logiken, die Sie kennenlernen sollen. Wenn Sie fertige Dateien von einer CD laden, bekommen Sie davon nichts mit.

In diesem Buch kommt dieser Aspekt noch mehr zum Tragen. Hier kommt es noch stärker darauf an, dass Sie selbst aktiv werden. Denn als Leser dieses Buches haben Sie Spaß am Knobeln. Deshalb haben die gestellten Rätsel einen voneinander getrennten Aufgaben- und Lösungsteil.

Wenn Ihnen manche Rätsel als zu schwer erscheinen, verzweifeln Sie nicht, sondern erfreuen Sie sich am genau beschriebenen Lösungsweg. Manchmal werden Sie sich im Nachhinein schmunzelnd an den Kopf greifen und denken: „Mensch, da hättest du selbst darauf kommen können." Oder Sie sind der Meinung „Das wäre mir nie eingefallen", können aber trotzdem interessante Erkenntnisse aus der beschriebenen Lösung mitnehmen.

Die Rätsel sind weitestgehend nach Schwierigkeit aufsteigend sortiert; wobei die Einschätzung des Schwierigkeitsgrades natürlich subjektiv ist. Vielleicht empfinden Sie ein Rätsel als leicht, das wir weiter hinten, bei den schwierigeren Rätseln platziert haben – oder andersherum. Aber tendenziell sollten Sie zu Beginn des Buches eher die Chance haben, selbst auf die Lösung des Rätsels zu kommen.

Welche Excel-Features Ihnen beim Lösen der Rätsel am besten zur Seite stehen können, erfahren Sie in dem einleitenden Kapitel *„Das Werkzeug des Excel-Rätsel-Knackers"*. Eine nützliche Hilfestellung bei der Lösung der Aufgaben kann ebenso das Glossar liefern, in dem vor allem relevante mathematische Begriffe kurz beschrieben werden.

In unserem Zauberbuch haben wir bewusst auf jeglichen Einsatz von VBA-Programmierung verzichtet. Ein Ziel des Buches war es, zu demonstrieren, wie weit Excel mit den Bordmitteln ausgereizt werden kann. Diese Restriktion haben wir uns diesmal nicht auferlegt. Die Möglichkeit über Programmschleifen Berechnungen immer wieder durchzuführen, ist nun mal absolut prädestiniert dafür, Rätselaufgaben zu lösen. Da wäre es ignorant und starrsinnig, sich nicht dieser Mittel zu bedienen.

Doch es gibt auch einige Aufgaben, bei denen kann Ihnen weder Excel noch VBA helfen. Diese Aufgaben sind nur mit reiner Logik zu lösen. Die meisten Aufgaben haben aber Excel-Bezug.

Natürlich haben wir auch an die neue Excel-Version 2007 gedacht. Die Menüführung ist in dieser Version völlig auf den Kopf gestellt. Selbst die erfahrensten Benutzer – oder gerade die – fühlen sich zunächst mal als orientierungslose Anfänger, weil sie nichts mehr finden. Auf die Knobeleien in diesem Buch hat das nur geringen Einfluss, denn mathematische Berechnungen und die Verwendung von Excelformeln haben sich nicht geändert. Es gilt auch nach wie vor die Punkt-vor-Strich-Rechnung und bei dem Ausmaß der Veränderungen in Excel 2007 empfindet man das nicht unbedingt als selbstverständlich.

Die für dieses Buch relevanten Excel-Funktionalitäten und -Features sind natürlich in Excel 2007 noch genauso verfügbar wie in den bisherigen Versionen, der Weg dorthin ist nur anders. Damit sich alle Excel 2007-Benutzer möglichst schnell zurechtfinden, haben wir die einschlägigen Neuerungen im einleitenden Kapitel „Das Werkzeug des Excel-Rätsel-Knackers" kurz und knackig beschrieben.

Abschließend wollen wir dem Leser noch ein wenig die Autoren des Buches und ihre Intention, eben dieses zu schreiben, näherbringen. Kennengelernt haben wir uns im World Wide Web, in einem Excel-Forum, um uns zum Teil beruflich, zum Teil zum Zeitvertreib über Excel und mathematische Knobeleien auszutauschen. Da wurden erstmals an einem Freitagnachmittag im Jahre 2000 primitive und granatenmäßig schwere Aufgaben und auch Blödeleien in den Raum gestellt.

Einer von uns hat wohl die Granaten gezündet, denn in der Folgewoche fragte jemand: „Wann kommt denn nun das offizielle Rätsel?" Das ist jetzt sieben Jahre her und die „Knobelei zum Wochenende" (Freitag um 15:00 Uhr im Spotlight-Excel-Forum) hat seither Bestand.

Viele der Knobeleien dieses Buches um Mathematik, Logik, Zahlentheorie, Excel und Blödelei stammen aus dem großen Fundus, der sich aus der Institution „Knobelei zum Wochenende" angesammelt hat. Andere, von denen wir denken, dass sie prima in die Sammlung passen, haben wir aber neu ausgesucht, vor allem auch, weil sie sich so schön mit Excel-Mitteln lösen lassen.

Wir wünschen Ihnen viel Spaß und viele Aha-Effekte!

{Jens + WF + Boris}

p.s.

Wir danken unserem überaus kompetenten Probeleser Christian Hapke, der einen Großteil der Rätsellösungen nachgebaut und so manchen Schnitzer ausgebügelt hat.

Kapitel 1

Das Werkzeug des Excel-Rätsel-Knackers

Die Rätsel dieses Buches lassen sich zum Teil durch pure Logik und mathematisches Geschick lösen oder – und da setzen wir den Schwerpunkt – mithilfe des gezielten Einsatzes von Excel-Instrumenten. Dies ist in erster Linie keine Mathebuch, sondern ein Excel-Buch. Die Stärken von Excel liegen nicht darin, Beweisführungen im mathematischen Sinne zu erledigen, sondern vielmehr darin, mit großer Rechen-power Vermutungen empirisch zu überprüfen oder zu widerlegen, Daten zu optimie-ren, Näherungslösungen zu liefern oder per Trial-and-Error-Verfahren wie ein fleißi-ges Bienchen nach dem optimalen Ergebnis zu suchen. Die Excel-Werkzeuge, die Ihnen beim Finden dieser Lösungen immer wieder hilfreich sein werden, fassen wir in diesem Abschnitt kurz zusammen. Diese sind:

1. Excel-Funktionen/Excel-Formeln

2. Matrixformeln

3. Mehrfachoperation

4. Excel-Iteration

5. Zielwertsuche

6. Solver

7. Zufallszahlen

8. VBA-Schleifen

9. AutoFilter

10. Bedingte Formatierung

Im Folgenden beschreiben wir, wie man sie überhaupt verwendet und warum ihr Nutzen insbesondere für eine bestimmte Art von Anwendungen, insbesondere den Rätseln des Buches, so groß ist. Dieses Kapitel kann natürlich kein vollständiges Kompendium ersetzen, mit dem man das Programm Excel in seiner Gesamtheit erler-nen kann. Dafür gibt es unzählige andere Werke auf die Sie ggf. zurückgreifen müs-sen, um hier angerissene Themen zu vertiefen.

1.1 Excel-Funktionen und Excel-Formeln

Excel bietet eine Auswahl von 226 Funktionen an. Diese werden überdies noch ergänzt durch die sogenannten Analysefunktionen, die als Add-in vorliegen und separat über *Extras>Add-Ins* aktiviert werden müssen (Abbildung 1.1):

Abbildung 1.1: Aktivierung der Analysefunktionen

1.1.1 Funktionsparameter

Eine einzelne Excel-Funktion besteht aus null bis x Parametern. Beispielhaft sei hier die Funktion VERGLEICH genannt:

`=VERGLEICH(Suchkriterium;Suchmatrix;[Vergleichstyp])`

Sie hat die 3 Parameter *Suchkriterium*, *Suchmatrix* und *Vergleichstyp*. Dabei werden optionale Parameter in [eckigen Klammern] dargestellt. Optional deshalb, weil man sie auch weglassen kann. Aber Vorsicht: Jeder Parameter einer Funktion hat in der Regel seine Berechtigung! Wird ein Parameter weggelassen, nimmt Excel für ihn einen Standardwert an, über den man sich bewusst sein sollte. Aufschluss darüber gibt im Zweifel immer die integrierte Excel-Hilfe.

Wichtig ist auch die Kenntnis über die Datentypen einzelner Funktionsparameter sowie die Datentypen der Rückgabewerte einer Funktion. Diese sind:

- Zahl
- Text
- Wahrheitswert
- Fehlerwert
- (Zell-)Bezug
- Matrix

Der Unterschied zwischen *Bezug* und *Matrix* wird z.B. bei der Funktion ZÄHLENWENN (Bereich;Suchkriterien) deutlich:

```
=ZÄHLENWENN(A1:A10;"x")
```
zählt alle „x" im Bereich A1:A10.
```
=ZÄHLENWENN({"x"."y"."x"};"x")
```

funktioniert dagegen nicht, da der Parameter *Bereich* zwingend vom Typ *Bezug* sein muss und nicht durch eine *Matrix* ersetzt werden kann.

Die meisten Matrixfunktionen akzeptieren hingegen sowohl Bezüge als auch Matrizen.

1.1.2 Adressierungsarten und Namen

Sehr wichtig beim richtigen Umgang mit Funktionen ist auch die sichere Kenntnis über die verschiedenen Adressierungsarten:

a) Relative Adressierung

b) Absolute Adressierung

c) Gemischte Adressierung

Die Wirkungsweisen der unterschiedlichen Adressierungen gehen aus Abbildung 1.2 hervor:

	A	B	C	D
1	Zelle A1	Zelle B1		
2	Zelle A2	Zelle B2		
3				
4	relativ		Formel	
5	Zelle A1	Zelle B1	=A1	=B1
6	Zelle A2	Zelle B2	=A2	=B2
7				
8	absolut		Formel	
9	Zelle A1	Zelle A1	=$A$1	=$A$1
10	Zelle A1	Zelle A1	=$A$1	=$A$1
11				
12	gemischt Zeile absolut		Formel	
13	Zelle A1	Zelle B1	=A$1	=B$1
14	Zelle A1	Zelle B1	=A$1	=B$1
15				
16	gemischt Spalte absolut		Formel	
17	Zelle A1	Zelle A1	=$A1	=$A1
18	Zelle A2	Zelle A2	=$A2	=$A2
19				

Abbildung 1.2: Die unterschiedlichen Adressierungsarten

In den dunkleren Zellen (A5, A9, A13 und A17) wird die Formel mit den unterschiedlichen Adressierungsarten jedoch jeweils mit Bezug auf die Zelle A1 eingegeben und anschließend auf den jeweiligen vierzelligen Bereich übertragen. Die Ergebnisse sind – je nach Adressierungsart – unterschiedlich. Dieses Verhalten ist speziell im Umgang mit der bedingten Formatierung (*Format>Bedingte Formatierung*), der benutzerdefinierten Gültigkeit (*Daten>Gültigkeit>Benutzerdefiniert*) sowie der Vergabe von Namen von elementarer Bedeutung (Rätselbeispiel: *Die Soldaten, der Fluss und die Brücke*).

Um Zellbezüge sprechender zu gestalten, können für sie Namen vergeben werden. Dazu wird die Zelle oder der Zellbereich markiert, der Namen in das Namensfeld am linken Rand der Bearbeitungsleiste eingegeben und mit ⏎ bestätigt. Dies kann alternativ über den Menüpunkt *Einfügen>Namen>Definieren* erledigt werden. Den so geöffneten Dialog erreichen Sie auch mit dem Shortcut Strg + F3 .

Mithilfe dieses Dialoges können nicht nur statische, absolute Bezüge einem Namen zugewiesen werden, sondern auch relative Bezüge oder beliebige Excel-Formeln, die als Rückgabewerte alle denkbaren Datentypen liefern können. Wenn man relative oder gemischte Bezüge einem Namen zuweist, geschieht dies immer aus Sicht der bei der Namensvergabe gerade *aktiven* Zelle.

Grundsätzlich sind Namen bei der Arbeit mit Excel enorm hilfreich und bieten weitergehende Anwendungsmöglichkeiten, die aber zur Lösung der Rätsel nicht von Bedeutung sind.

1.1.3 Wahrheitswerte

Weiter geht es mit den Wahrheitswerten WAHR und FALSCH. Sie sind das Herzstück der gesamten Formel- und Computerwelt. Die gleichnamigen Funktionen WAHR() und FALSCH() liefern – man mag es kaum glauben – genau diese Wahrheitswerte. Das wäre ungefähr so, als ob es eine Funktion EINS() gäbe, die den Rückgabewert 1 liefert. Da diese Funktionen nur aus Kompatibilitätsgründen zu anderen Programmen zur Verfügung stehen, sind sie für uns nicht von Bedeutung. Wir beschränken uns auf die direkten Werte WAHR und FALSCH.

Eine Bedingung ist immer dann WAHR, wenn sie nicht FALSCH ist.

```
=1=1 ergibt WAHR
=1=2 ergibt FALSCH
```

Dank der Funktion NICHT lassen sich die Zustände auch umdrehen.

```
=NICHT(1=1) ergibt FALSCH
=NICHT(1=2) ergibt WAHR
```

Verbindet man die Wahrheitswerte mit irgendeiner mathematischen Operation, nehmen sie die Werte 1 (WAHR) und 0 (FALSCH) an.

```
=WAHR*WAHR = 1
=WAHR*FALSCH = 0
=WAHR+WAHR = 2
=WAHR+0 = 1
=WAHR/FALSCH = #DIV/0! (eine Division durch null ist mathematisch nicht zulässig)
```

Im Zusammenhang mit Array- bzw. Matrixformeln haben die Wahrheitswerte eine große Bedeutung. So können einzelne Wahrheitswerte x-beliebig oft miteinander multipliziert, addiert, subtrahiert oder dividiert (Letzteres ist eher selten der Fall) werden. Dadurch werden die Funktionen UND und ODER ersetzt:

```
=(5>3)*(2>3) = WAHR*FALSCH = 0 – entspricht =UND(5>3;2>3)
=(5>3)+(2>3) = WAHR+FALSCH = 1 – entspricht =ODER(5>3;2>3)
```

Im Gegensatz zu den Funktionen UND und ODER können auf diese Weise Arrays zeilen- oder spaltenweise ausgewertet werden, da mehrere Ergebnisse geliefert werden können. Die Funktionen UND bzw. ODER liefern hingegen immer nur einen einzigen Wahrheitswert (WAHR oder FALSCH), was speziell bei der Arbeit mit Matrixformeln nutzlos ist.

1.1.4   Nützliche Funktionen für die Rätsel

Die wichtigsten Funktionen (ohne Anspruch auf Vollständigkeit), die Ihnen beim Lösen der Rätsel behilflich sein werden, fassen wir an dieser Stelle kurz zusammen, als da wären:

WENN, MIN, MAX, KKLEINSTE, KGRÖSSTE, INDEX, VERGLEICH, ZEILE, ZEILEN, SPALTE, SPALTEN, REST, RUNDEN, KÜRZEN, GANZZAHL, SUMME, SUMMENPRODUKT, PRODUKT, INDIREKT, ISTZAHL, ANZAHL, ANZAHL2

Im Einzelnen:

```
WENN (Prüfung;Dann_Wert;[Sonst_Wert])
```

Prüft, ob eine Bedingung WAHR ist. Ist dies der Fall, wird der *Dann_Wert* zurückgegeben, andernfalls der *Sonst_Wert*. Eine Bedingung ist immer dann WAHR, wenn
sie ungleich null bzw. FALSCH (und kein Text) ist. Lässt man einen der beiden Parameter *Dann_Wert* und *Sonst_Wert* weg, gibt die Funktion in diesem Fall FALSCH
zurück. Dies ist bei der Arbeit mit Arrayformeln von großer Bedeutung.

```
=WENN(5>3;"Ja";"Nein") = "Ja"
=WENN(-2;"Ja";"Nein") = "Ja"
=WENN(0;"Ja";"Nein") = "Nein"
=WENN(0;"Ja") = FALSCH
```

Einen zusätzlichen Charme versprüht die WENN-Funktion dadurch, dass sie in der
Lage ist, nicht nur einen einzelnen Wert, sondern ein gesamtes Ergebnisarray zurück-
zugeben.

```
=WENN({2.-5.0.FALSCH};1;0) = {1.1.0.0}
```

Mehr dazu in Abschnitt *2.2 Matrixformeln*.

MIN (Zahl1;Zahl2;...)

Liefert das Minimum aus den angegebenen Argumenten. Texte und Wahrheitswerte
werden ignoriert, wenn ein Zellbezug oder eine Matrix vorliegt. Werden diese jedoch
direkt als Argumente erfasst, werden sie berücksichtigt.

```
=MIN({2.4.6.WAHR}) = 2
=MIN(2;4;6;WAHR) = 1
```

In der zweiten Formel wird der Wert WAHR als 1 gewertet.

MAX (Zahl1;Zahl2;...)

Liefert das Maximum aus den angegebenen Argumenten. Ansonsten analog MIN.

KKLEINSTE (Matrix;k)

Liefert den k-kleinsten Wert aus der Matrix. Texte und Wahrheitswerte werden dabei
ignoriert. Kommt ein bestimmter Wert in der Matrix doppelt vor, wird er mit steigendem *k* auch mehrfach ermittelt:

```
=KKLEINSTE({4.5.5.6};2) = 5
=KKLEINSTE({4.5.5.6};3) = 5
```

Verwendet man für den Parameter *k* die Funktion ZEILE, ZEILEN, SPALTE oder SPAL-TEN, kann die Formel auch nach unten bzw. rechts kopiert werden und man erhält automatisch den kleinsten, zweitkleinsten, drittkleinsten etc. Wert. Das erspart eine Menge Tipparbeit.

`KGRÖSSTE(Matrix;k)`

Liefert den k-größten Wert aus der Matrix. Ansonsten identische Funktionsweise wie KKLEINSTE. KKLEINSTE und KGRÖSSTE erlangen im Zusammenhang mit Matrixformeln große Bedeutung.

`INDEX(Matrix;Zeile;[Spalte])`

Liefert einen Wert aus der Matrix, dessen Koordinaten innerhalb der Matrix mit den Parametern *Zeile* und *Spalte* bestimmt werden. Ist die Matrix nur eindimensional, reicht =INDEX(Matrix;Zeile **oder** Spalte).

```
=INDEX({3.5.4};2) = 5
=INDEX({3.5.4;7.8.9};2;1) = 7
```

Die Funktion INDEX wird häufig mit der Funktion VERGLEICH verschachtelt, da letztere die notwendige Positionsnummer für die Parameter *Zeile* bzw. *Spalte* ermitteln kann. Diese Kombination ersetzt die beiden gängigen Funktionen SVERWEIS und WVERWEIS.

`VERGLEICH(Suchkriterium;Suchmatrix;Vergleichstyp)`

Liefert die Positionsnummer des Suchkriteriums innerhalb der Suchmatrix. Verwenden Sie VERGLEICH immer dann, wenn Sie die Position eines Elementes in einem Bereich bzw. einer Matrix und nicht das Element selbst benötigen. Die Matrix muss zwingend eindimensional sein. Ist der Vergleichstyp mit 0 oder FALSCH angegeben, wird auf exakte Übereinstimmung geprüft. Kommt der Wert nicht vor, wird der Fehlerwert #NV (nicht vorhanden) geliefert. Fehlt der Vergleichstyp oder ist er mit 1 oder WAHR angegeben, wird der nächstkleinere Wert ermittelt. Die Suchmatrix muss dann aufsteigend sortiert sein. Mit dem Vergleichstyp -1 wird der nächstgrößere Wert ermittelt. Die Matrix muss dann absteigend sortiert sein.

```
=VERGLEICH(5;{2.7.6.5.4};0) = 4
=VERGLEICH(4;{2.5.7}) = 1
=VERGLEICH(4;{7.5.2};-1) = 2
=VERGLEICH(9;{2.7.6.5.4};0) = #NV
ZEILE (Bezug), ZEILEN (Matrix), SPALTE (Bezug), SPALTEN (Matrix)
```

So unscheinbar, und doch so wertvoll. ZEILE gibt die Zeilennummer des Bezugs zurück, SPALTE die Spaltennummer.

```
=ZEILE(B200) = 200
=ZEILE(6:6) = 6
=SPALTE(D17356) = 4 - denn D ist die 4. Spalte
=SPALTE(F:F) = 6
```

Für die angegebenen Bezüge gilt beim Kopieren dasselbe Verhalten wie bei allen anderen Bezügen auch. Dieses lässt sich wunderbar als Zähler nutzen:

```
=ZEILE(A1)
```

wird durch Runterkopieren zu ZEILE(A2), ZEILE(A3) etc. Dadurch erhält man die Rückgabewerte 1, 2, 3 usw., die sich beispielsweise für den Parameter k der Funktionen KKLEINSTE und KGRÖSSTE nutzen lassen. Für die Funktion SPALTE gilt dies analog für das Kopieren nach rechts:

```
=SPALTE(A1)
```

wird zu SPALTE(B1), SPALTE(C1) etc.

Wird kein Bezug angegeben, geben die Funktionen Auskunft darüber, in welcher Zeile bzw. Spalte sie sich befinden. Angenommen, die Funktionen stehen in Zelle C5, dann liefert

```
C5: =ZEILE() = 5
C5: =SPALTE() = 3
```

Die Funktionen ZEILEN und SPALTEN zählen die Zeilen bzw. Spalten in der angegebenen Matrix.

```
=ZEILEN(1:5) = 5
=SPALTEN(A:D) = 4
```

ZEILEN($1:1) bzw. SPALTEN($A:A) kann dabei ebenfalls als Zähler eingesetzt werden, der sich beim Kopieren (nach unten bzw. nach rechts) jeweils um 1 erhöht. Achten Sie dabei auf die absolute Referenz ($) der ersten Zeile bzw. Spalte!

Die Funktionen ZEILEN und SPALTEN liefern immer nur einen einzelnen Ergebniswert. Die Funktionen ZEILE und SPALTE hingegen können ein ganzes Ergebnisarray liefern. Daher sind sie extrem wichtige und universell einsetzbare Funktionen. Warum, das erfahren Sie in Abschnitt *2.2 Matrixformeln*.

REST(Zahl;Divisor)

Liefert den ganzzahligen Rest einer Division.

=REST(9;4) = 1, denn 9/4 = 2, Rest 1

Wählt man den Divisor 7 kann die Funktion REST den Wochentag eines Datums bestimmen (wie natürlich auch die Funktion WOCHENTAG).

=REST(Datum-2;7)+1

liefert die Zahlen 1 bis 7 für die Wochentage Montag bis Sonntag.

Diese Funktion ist unter anderem im Zusammenhang mit Primzahlen der Schlüssel zum Erfolg, zu prüfen, ob eine Zahl prim ist oder nicht.

RUNDEN(Zahl;Anzahl_Stellen)

Rundet eine Zahl kaufmännisch auf die angegebene *Anzahl_Stellen* auf oder ab.

=RUNDEN(23,456;2) = 23,46
=RUNDEN(23,456;0) = 23
=RUNDEN(23,5;0) = 24

In manchen Anwendungsfällen ist es zwingend erforderlich, eine Zahl zu runden, da es zu Rundungsungenauigkeiten kommen kann, die wiederum mit dem von Excel verwendeten Fließkommaformat IEEE 754 zusammenhängen.

Die Formel

=(55-54,9)*10 = 1

sollte eigentlich WAHR ergeben. Ihr Ergebnis ist aber FALSCH, was damit zusammenhängt, dass die Berechnung, (55 - 54,9) * 10, bei genauem Hinsehen nicht 1, sondern 1,00000000000001 ergibt. Daraus folgt, dass der Vergleich

=1,00000000000001 = 1

FALSCH ergibt.

In der Lösung zum Rätsel *Der betrügerische Zwerg* werden Sie darauf stoßen.

KÜRZEN (Zahl;Anzahl_Stellen)

Schneidet die Zahl bis zu *Anzahl_Stellen* hinter dem Komma ab. Fehlt der Parameter *Anzahl_Stellen*, werden alle Nachkommastellen abgeschnitten.

=KÜRZEN(23,456;2) = 23,45
=KÜRZEN(23,456;0) = 23
=KÜRZEN(23,5) = 23
=KÜRZEN(-3,5) = -3

Die Funktion wird meistens verwendet, um Ganzzahlen zu erzeugen.

=KÜRZEN(ZUFALLSZAHL()*6)+1

liefert eine ganze Zufallszahl zwischen 1 und 6.

GANZZAHL (Zahl)

Rundet eine Zahl auf die nächste kleinere Ganzzahl ab und hat somit für positive Zahlen dieselbe Wirkungsweise wie die Funktion KÜRZEN mit dem fehlenden Parameter *Anzahl_Stellen*. Für negative Zahlen liefert GANZZAHL hingegen ein anderes Ergebnis:

=GANZZAHL(23,5) = 23
=GANZZAHL(-3,5) = -4

SUMME (Zahl1;Zahl2;...)

Bildet die Summe der angegebenen Argumente. Texte und Wahrheitswerte werden ignoriert, wenn ein Zellbezug oder eine Matrix vorliegt. Werden diese jedoch direkt als Argumente erfasst, werden sie berücksichtigt. Dabei führt Text als direktes Argument zu dem Fehlerwert #WERT!.

=SUMME({1.2. "3"}) = 3
=SUMME(1;2;"3") = 6
=SUMME(1;2;"x") = #WERT!

SUMMENPRODUKT (Matrix1;Matrix2;Matrix3;...)

Multipliziert die sich entsprechenden Elemente der Matrizen und gibt die Summe dieser Produkte zurück.

=SUMMENPRODUKT({2;3;4};{5;6;7}) = 56
=2*5+3*6+4*7 = 56

Über diese normale Bestimmung hinaus lässt sich diese geniale Funktion auch erweitern, zum Beispiel auf das Summieren mit mehreren Bedingungen:

=SUMMENPRODUKT((A1:A10="x")*(B1:B10="y");C1:C10)

summiert die Werte aus C1:C10, die in derselben Zeile in Spalte A ein „x" und in Spalte B ein „y" stehen haben.

PRODUKT (Zahl1;Zahl2;...)

Bildet das Produkt der Argumente.

```
=PRODUKT(2;3;4;5;6;7) = 5.040
=2*3*4*5*6*7 = 5.040
INDIREKT (Bezug;A1)
```

Gibt den Bezug eines Textwertes zurück.

Der Parameter *Bezug* benötigt direkt einen Text (String) oder einen Bezug auf eine Zelle, die einen als Bezug interpretierbaren Text enthält. Der Parameter *A1* kann die Werte 0 (Z1S1-Schreibweise) oder 1 (A1-Schreibweise) annehmen. Wird er nicht angegeben, gilt die A1-Schreibweise. Die Funktionswirkung geht aus Abbildung 1.3 hervor:

C2	▼	*fx*	=INDIREKT("B"&ANZAHL(B:B))	
	A	B	C	D
1	A3		2	Rätsel	=INDIREKT(A1)
2			5	3	=INDIREKT("B"&ANZAHL(B:B))
3	Rätsel		4		
4			6		
5			3		
6					

Abbildung 1.3: Einen Zellbereich indirekt referenzieren

Die Formel in Zelle C2 ermittelt dynamisch den letzten Eintrag aus der lückenlos gefüllten Spalte B. ANZAHL(B:B) liefert die Zahl 5, da es fünf Einträge sind. Diese Zahl wird nun noch mit dem Buchstaben B verkettet, sodass der Textbezug "B5" entsteht, der mit der Funktion INDIREKT ausgewertet wird. Ohne Dynamik lautet die Funktion also =INDIREKT("B5").

Im Zusammenhang mit der dynamischen Ermittlung einer Arraygröße entfaltet die Funktion INDIREKT ihre größte Stärke (siehe *2.2 Matrixformeln*).

ISTZAHL (Wert)

Die Funktion liefert WAHR, wenn der angegebene Wert eine Zahl ist. Für einen Fehlerwert liefert die Funktion FALSCH. Für mehrere Werte wird ein Array, bestehend aus WAHR und FALSCH, zurückgegeben.

```
=ISTZAHL(22) = WAHR
=ISTZAHL("x") = FALSCH
=ISTZAHL(#NV) = FALSCH
=ISTZAHL({22."x".#NV}) = {WAHR.FALSCH.FALSCH}
ANZAHL (Wert1;Wert2;...)
```

Zählt die Zahlen der als *Wert1*, *Wert2* etc. angegebenen Argumente. Wahrheitswerte werden nur berücksichtigt, wenn sie direkt als Argument angegeben werden (analog der Funktionen MIN und MAX). Fehlerwerte werden ignoriert – eine sehr schöne Eigenschaft dieser Funktion! Der Rückgabewert ist immer eine einzelne Zahl und kein Array.

`=ANZAHL({22."x".WAHR.#NV}) = 1 (nur die Zahl 22 wird gezählt)`
`ANZAHL2 (Wert1;Wert2;...)`

Zählt alle Argumente – auch Texte, Wahrheitswerte und Fehlerwerte. Auch die sogenannten Leerstrings ("") werden gezählt. Der Rückgabewert ist wiederum eine einzelne Zahl.

`=ANZAHL2({22."x".WAHR.#NV.""}) = 5`

1.1.5   Formeln (teil)auswerten

Abschließend ist es bei den Funktionen sehr hilfreich, einzelne Teile einer Funktion separat auswerten zu können. Dazu markiert man in der Bearbeitungsleiste den entsprechenden logisch zusammenhängenden Formelteil und betätigt die Taste `F9`. Der markierte Teil wird ausgewertet und das Ergebnis wird angezeigt. Dabei ist die Anzeige auf etwa tausend Zeichen beschränkt. Excel meldet sich beim Überschreiten dieser Länge mit der Fehlermeldung *Formel ist zu lang* zu Wort. Dann ist es angezeigt, den auszuwertenden Formelteil auf das erlaubte Maximum zu reduzieren. In der Formel

`=KÜRZEN(ZUFALLSZAHL()*10)+1`

lässt sich beispielsweise zunächst die Funktion ZUFALLSZAHL() auswerten, anschließend die Multiplikation mit 10, dann die KÜRZEN-Funktion und zuletzt die Addition von 1:

`=KÜRZEN(0,930279362706292*10)+1`
`=KÜRZEN(9,30279362706292)+1`
`=9+1 = 10`

Selbstverständlich lässt sich auch die gesamte Formel auf diese Weise berechnen (komplett markieren und mit `F9` berechnen). Ein so berechnetes Formelergebnis wird mit Betätigung der `↵`-Taste anstelle der Formel in die Zelle übernommen. Mit Klick auf `Esc` werden alle Berechnungen wieder rückgängig gemacht (das ist der Regelfall). Mit *Bearbeiten>Rückgängig* bzw. `Strg` + `Z` lässt sich die jeweils letzte Berechnung revidieren.

Seit XL 2002 (XP) steht unter *Extras>Formelüberwachung>Formelauswertung* ein Tool zur Verfügung, das die einzelnen Teilberechnungen schrittweise vornimmt. Dabei wird dort die Formel logisch, also in der Regel von innen nach außen, aufgelöst. Eine Limitierung hinsichtlich der maximalen Anzeigelänge wie bei der F9-Methode gibt es nicht (Abbildung 1.4):

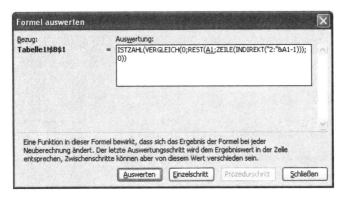

Abbildung 1.4: Tool zur schrittweisen Formelauswertung

Die angegebene Formel überprüft, ob die in Zelle A1 eingetragene Zahl eine Primzahl ist. Sie funktioniert für Zahlen ab 3 und liefert FALSCH, wenn es sich um eine Primzahl handelt. Mit Klick auf die Schaltfläche *Auswerten* wird der jeweils unterstrichene Formelteil ausgewertet. In diesem Fall beginnt es mit der Zelle A1. Steht dort zum Beispiel die Zahl 11, wird diese statt A1 angezeigt. Nach 6 Auswertungsschritten ist das ZEILE-Array mit {2;3;4;5;6;7;8;9;10} ausgewertet. Nach 8 Schritten erscheint nur noch =ISTZAHL(#NV), was letztlich im 9. Schritt mit FALSCH ausgewertet wird. Die Zahl 11 ist also eine Primzahl.

Die teilweise Auswertung von Formeln kann bei einer möglichen Fehlersuche sehr hilfreich sein. Wenn man die Funktionsweise einer Formel nicht auf Anhieb nachvollziehen kann, dann bringt die Teilauswertung schnell Licht ins Dunkel. Und im Zusammenhang mit Matrixformeln lassen sich formelinterne Berechnungen wunderbar visualisieren, wie Sie in folgendem Abschnitt noch sehen werden.

1.2 Matrixformeln

Eine Matrix oder ein Array ist die Anordnung, Aufstellung oder Reihe von gleichen Elementen in festgelegter Art und Weise.

Ein Array wird immer in {geschweiften Klammern} dargestellt. Es gibt

a) Horizontale Arrays, deren Elemente durch Punkte getrennt werden: {5.7.8}

b) Vertikale Arrays, deren Elemente durch Semikola getrennt werden: {3;4;6}

c) Zweidimensionale Arrays: {1.3.5;2.4.6;7.8.9}

Die Trennzeichen können in anderen Ländereinstellungen unterschiedlich sein. In der Schweiz ist beispielsweise der Backslash (\) anstelle des Punktes das Trennzeichen für horizontale Matrixelemente. Ein Blick in die Windows-Ländereinstellungen gibt darüber im Zweifelsfall Aufschluss.

Arrays können durch mathematische Operationen verändert werden. Beispielsweise ergibt

={2.3.4}*{3.4.5} = {6.12.20}

Jedes Element der ersten Matrix wird mit dem *zugehörigen* Element der zweiten Matrix multipliziert. Dadurch entsteht das neue Ergebnisarray. Liegt ein zweidimensionales Array vor, dann wird jedes Element der ersten Matrix mit *jedem* Element der zweiten Matrix multipliziert:

={2.3.4}*{5;6} = {10.15.20;12.18.24}

Die einzelnen Berechnungen lauten 2 * 5, 3 * 5, 4 * 5, 2 * 6, 3 * 6, 4 * 6. Bei zweidimensionalen Arrays müssen die Dimensionen sinnvoll zueinander passen. Ein Konstrukt wie

={2.3;4.5}*{6;7;8} = {12.18;28.35;#NV.#NV}

kann nicht verwendet werden, da es für die letzte 8 im zweiten Array kein Pendant im ersten Array gibt. Der Fehlerwert #NV wird erzeugt und macht jede weitere Berechnung unmöglich.

Auf einzelne Elemente eines Arrays kann man am besten mit der Funktion INDEX zugreifen, deren Syntax bereits in Abschnitt *2.1.4 Nützliche Funktionen für die Rätsel* beschrieben wurde.

Sofern man innerhalb einer Formel eine {*Matrixkonstante*} verwendet, wird die Formel ganz normal mit der Taste [↵] eingegeben:

```
=SUMME({2.3.4}*{5.6.7}) = 56
```

Es ist zu unterscheiden, ob eine Formel einen einzelnen Wert oder aber eine Matrix als Rückgabewert liefert. Die vorgenannte Summenformel liefert einen einzelnen Ergebniswert. Die Formel

```
=INDEX({2.3.4;5.6.7};2;0) = {5.6.7}
```

liefert hingegen eine Wertematrix, bestehend aus der zweiten Zeile der angegebenen Suchmatrix. Verantwortlich dafür ist der Wert null für den Parameter *Spalte* der INDEX-Funktion. Auf diese Ergebnismatrix kann nun separat zugegriffen werden, beispielsweise mit Verschachtelung der Funktion VERGLEICH.

```
=VERGLEICH(5;INDEX({2.3.4;5.6.7};2;0);0)
=VERGLEICH(5;{5.6.7};0) = 1
```

denn die Zahl 5 wird in der Ergebnismatrix {5.6.7} an erster Position gefunden.

Darüber hinaus gibt es aber noch die „echten" Matrix- oder Arrayformeln. Sie sind die Könige unter den Formeln und werden mit folgender Tastenkombination abgeschlossen:

[Strg] + [⇧] + [↵]

Sobald eine Formel als Matrixformel eingegeben wurde, wird diese von {geschweiften Klammern} umrandet. Dabei wird zwischen Matrixformeln, die zusammenhängend über mehrere Zellen eingegeben werden, und sogenannten einzelligen Matrixformeln unterschieden. Erstere geben die gesamte Ergebnismatrix visuell wieder. In Abbildung 1.5 wird der Bereich A1:B3 im Bereich A6:B8 dupliziert:

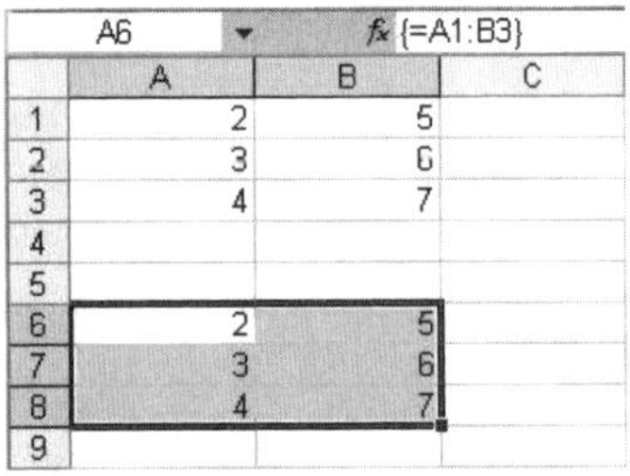

A6 fx {=A1:B3}

	A	B	C
1	2	5	
2	3	6	
3	4	7	
4			
5			
6	2	5	
7	3	6	
8	4	7	
9			

Abbildung 1.5: Zusammenhängende Matrix

Der Bereich A6:B8, der exakt dieselbe Größe wie der Ausgangsbereich haben muss, wird markiert, die Formel =A1:B3 eingegeben und mit der Tastenkombination $\boxed{\text{Strg}}$ + $\boxed{\Diamond}$ + $\boxed{\hookleftarrow}$ abgeschlossen. Sprechen wir in diesem Buch also von einer zusammenhängenden Matrixformel, dann wird diese wie beschrieben erfasst. Ein so erzeugtes Array kann nur ganz oder gar nicht verändert werden. Der Versuch, einen einzelnen Wert zu löschen, führt zu der Fehlermeldung *Teile eines Arrays können nicht verändert werden*.

Bedeutender sind aber die sogenannten einzelligen Matrixformeln, denen wir in unserem Buch *Excel – Das Zauberbuch* die Kapitelüberschrift *Anorganische Einzeller* gewidmet haben.

Auf diese Weise kann eine Formel mehrere Berechungen gleichzeitig durchführen und dann ein einzelnes Ergebnis oder ein Ergebnisarray zurückgeben.

Wie bereits in Abschnitt 2.1.4 erwähnt, sind die Funktionen ZEILE(Bezug) und SPALTE(Bezug) sehr wichtige Funktionen, denn sie sind beim Umgang mit Matrixformeln – und speziell bei der Lösungsfindung zu diversen Rätseln in diesem Buch – unersetzlich. Über ihre ureigene Bestimmung, die Zeilen- bzw. Spaltennummer des angegebenen Bezuges zu ermitteln, hinaus sind beide Funktionen in der Lage, ein Zahlenarray zu erzeugen – und zwar in der Form *ZEILE(von:bis)* bzw. *SPALTE(von:bis)*.

=ZEILE(1:5) bzw. SPALTE(A:D) ergibt, ausgewertet mit der $\boxed{\text{F9}}$-Taste:

=ZEILE(1:5) = {1;2;3;4;5}
=SPALTE(A:D) = {1.2.3.4}

Beachten Sie die unterschiedlichen Matrixtrennzeichen: Von einer Zeile zur nächsten bewegt man sich vertikal – daher wird das Semikolon als Trennzeichen verwendet. Von einer Spalte zur nächsten bewegt man sich horizontal – daher der Punkt als Trennzeichen.

Wollen Sie beispielsweise die Zahlen von 1 bis 10 summieren, dann erledigt das künftig die Arrayformel:

{=SUMME(ZEILE(1:10))} = SUMME({1;2;3;4;5;6;7;8;9;10}) = 55

Analog mit der Funktion SPALTE:

{=SUMME(SPALTE(A:J))} = SUMME({1.2.3.4.5.6.7.8.9.10}) = 55

Solange man nur eine Arraydimension benötigt, ist es immer sinnvoller, mit der Funktion ZEILE zu arbeiten, da sie von Haus aus Zahlen benötigt, während die Funktion SPALTE mit etwas unhandlichen (Spalten-)Buchstaben arbeitet. Benötigt man beide Arraydimensionen gleichzeitig, dann kann statt der Funktion SPALTE auch ein transponiertes ZEILE-Array verwendet werden. Dies geschieht mit der Funktion MTRANS:

`{=MTRANS(ZEILE(1:5))}` = {1.2.3.4.5}

Diese Array ist identisch mit dem, das die Funktion `=SPALTE(A:E)` erzeugt.

Ein ZEILE-Array ist begrenzt auf die Anzahl der Zeilen eines Excel-Tabellenblattes, ein SPALTE-Array auf die Anzahl der Spalten.

Es ist auch möglich, die mit ZEILE oder SPALTE erzeugten Arrays mehrstufig weiter zu berechnen.

`{=SUMME(ZEILE(1:7)/2)}`
`=SUMME({1;2;3;4;5;6;7}/2)` = SUMME({0,5;1;1,5;2;2,5;3;3,5}) = 14

Jedes einzelne Element des ZEILE-Arrays wird zunächst durch 2 dividiert. Dadurch entsteht das neue Ergebnisarray, das letztlich an die Funktion SUMME übergeben wird.

Oftmals ist es notwendig, die Größe eines Arrays zu dynamisieren, also von einer anderen Größe abhängig zu machen. Steht in Zelle A1 beispielsweise der Text „Knobeleien", dann liefert die Formel

`{=TEIL(A1;ZEILE(1:12);1)}`

das Ergebnisarray (ausgewertet mit F9)

`={"K";"n";"o";"b";"e";"l";"e";"i";"e";"n";"";""}`

Da das Wort „Knobeleien" nur 10 Buchstaben lang ist, werden die letzten beiden Arrayelemente als Leerstrings ("") dargestellt. Wenn wir diese Leerstrings vermeiden möchten, können wir natürlich das ZEILE-Array manuell auf die Zahlen 1 bis 10 beschränken. Da wir aber oft nicht von vornherein wissen können, wie lang ein auszuwertender Text ist, erzeugen wir das ZEILE-Array in Abhängigkeit der Textlänge in Zelle A1 nun dynamisch.

`{=TEIL(A1;ZEILE(INDIREKT("1:"&LÄNGE(A1)));1)}`
`={"K";"n";"o";"b";"e";"l";"e";"i";"e";"n"}`

Die Leerstrings am Ende des Ergebnisarrays sind somit verschwunden. Durch die Verkettung von "1:"&LÄNGE(A1) entsteht das Ergebnis "1:10", das dank der Funktion INDIREKT in einen für die Funktion ZEILE brauchbaren Bezug umgewandelt wird. Es entsteht dadurch das benötigte Ergebnisarray ZEILE(1:10) bzw. {1;2;3;4;5;6;7;8;9;10}. Stünde in Zelle A1 nur der 6 Zeichen lange Text „Matrix", dann liefert dieselbe Auswertung das Ergebnisarray {1;2;3;4;5;6}.

Diese Dynamisierung der Arraygröße ist speziell im Umgang mit mathematischen Operationen notwendig, um Berechnungen mit Leerstrings zu vermeiden, da diese immer wieder zu dem Fehlerwert #WERT! führen und somit die gesamte Berechnung unmöglich machen.

In diesem Buch werden Sie immer wieder auf Rätsel stoßen, bei denen Primzahlen von Bedeutung sind. Deshalb ist es wichtig zu wissen, wie man mit Excel-Formeln Primzahlen aufspüren kann.

Dabei gilt zu überprüfen, welche Teiler eine Zahl von 2 bis zur Zahl minus 1 hat. Existieren keine Teiler – also alle Divisionsreste ergeben eine Zahl größer als null – handelt es sich um eine Primzahl. Um zu prüfen, ob die Zahl 11 eine Primzahl ist, dividieren wir nun die 11 durch alle Zahlen von 2 bis 10. Dies geschieht mit:

=REST(11;ZEILE(2:10)) = {1;2;3;1;5;4;3;2;1}

Da es in der Ergebnismatrix keine Null gibt, handelt es sich bei der Zahl 11 um eine Primzahl, da alle Divisionen einen Divisionsrest erzeugen. Also überprüfen wir im nächsten Schritt, ob die Null in dem Ergebnisarray vorkommt. Dies erledigt die Funktion VERGLEICH:

{=VERGLEICH(0;REST(11;ZEILE(2:10));0)} = #NV

Da keine Null vorkommt, liefert VERGLEICH den Fehlerwert #NV, der jede weitere Berechnung unmöglich macht. Ergo umranden wir die Funktion noch mit der Funktion ISTZAHL, die ja bekanntlich für einen Fehlerwert den Rückgabewert FALSCH liefert.

{=ISTZAHL(VERGLEICH(0;REST(11;ZEILE(2:10));0))} = FALSCH

Da wir mit der Formel eigentlich das Gegenteil einer Primzahl beweisen, erhalten wir den aussagekräftigeren Wahrheitswert WAHR durch Negierung des Ergebnisses mit der Funktion NICHT. Gleichzeitig ist es nicht praktikabel, die Funktion ZEILE mit einem konstanten Parameter (hier 2:10) zu belegen, da wir die Formel allgemeingültig für alle Zahlen kreieren möchten. Also erzeugen wir das ZEILE-Array dynamisch in Abhängigkeit der Ausgangszahl mit INDIREKT. Steht die Ausgangszahl in Zelle A2, dann liefert

`{=ZEILE(INDIREKT("2:"&A2-1))}`

das passende Array von 2 bis zur Ausgangszahl minus 1. Die vollständige Lösung geht aus Abbildung 1.6 hervor:

	B2	▼	f_x {=NICHT(ISTZAHL(VERGLEICH(0;REST(A2;
	A	B	ZEILE(INDIREKT("2:"&A2-1)));0)))}
1	Zahl	Primzahl?	
2	3	WAHR	
3	4	FALSCH	
4	5	WAHR	
5	6	FALSCH	
6	7	WAHR	
7	8	FALSCH	
8	9	FALSCH	
9	10	FALSCH	
10	11	WAHR	
11	12	FALSCH	
12	317	WAHR	
13	319	FALSCH	
14			

Abbildung 1.6: Ermittlung von Primzahlen

Mit dieser Formel können Sie Primzahlen von 3 bis zur Zeilenzahl eine Tabellenblattes erzeugen (bis XL 2003: 2^{16} = 65.535, seit XL 2007: 2^{20} = 1.048.576). Größere Primzahlen können Sie berechnen, indem das ZEILE-Array auf die aufgerundete Wurzel der Ausgangszahl begrenzt wird, denn wenn es bis dahin keine Teiler gibt, gibt es darüber hinaus auch keine. Statt der Funktion WURZEL kann man auch Zahl^0,5 schreiben, sodass die leicht abgewandelte Formel lautet (Ausgangszahl steht wieder in A2):

`{=NICHT(ISTZAHL(VERGLEICH(0;REST(A2;ZEILE(INDIREKT("2:"&KÜRZEN(A2^0,5)))));0))))}`

Diese Formel spürt Primzahlen ab der Zahl 5 bis ca. 268 Millionen auf.

Es gibt noch mehr Möglichkeiten der Formulierungen:

`{=SUMME(WENN(REST(A2;ZEILE(INDIREKT("2:"&A2-1)));0;1))=0}`

für Zahlen von 3 bis zur Zeilengrenze.

`{=KKLEINSTE(REST(A2;ZEILE($1:$65536));3)>0}`

für Zahlen von 2 bis 131.072. Aber Achtung: Die Formel ist aufgrund des riesigen ZEILE-Arrays furchtbar langsam!

`{=SUMME(WENN(REST(A2;ZEILE(INDIREKT("2:"&AUFRUNDEN(A2^0,5;0))));0;1))=0}`

für Zahlen von 3 bis ebenfalls ca. 268 Millionen. Denken Sie bei Matrixformeln immer daran: Abschluss der Formel mit den Tasten $\boxed{\text{Strg}}$ + $\boxed{\Diamond}$ + $\boxed{\hookleftarrow}$!

1.3 Mehrfachoperation

Die Mehrfachoperation (MOP) befindet sich im Menü *Daten>Tabelle* bzw. in älteren Excel-Versionen unter *Daten>Mehrfachoperation*. Sie ist im Prinzip eine Was-Wäre-Wenn-Analyse: Es wird untersucht, wie sich mehrere Ausgabezellen (Output) durch die Variation von einer oder zwei Eingabezellen (Input) ändern. Dabei ist ein bestimmter Tabellenaufbau notwendig. Abbildung 1.7 zeigt die unterschiedlichen Auswirkungen des Zinssatzes auf die monatliche Annuität bei einer vorgegebenen Laufzeit. Hierbei handelt es sich um eine eindimensionale MOP mit einer variierten Inputgröße.

	B8	▼	*fx* {=MEHRFACHOPERATION(;B2)}	
	A	B	C	D
1	Darlehen	100.000 €		
2	Zinssatz p.a.	5%		
3	Laufzeit in Monaten	54		
4	Annuität	-2.072 €		
5				
6				
7		-2.072 €		
8	2%	-1.938 €		
9	3%	-1.982 €		
10	4%	-2.027 €		
11	5%	-2.072 €		
12	6%	-2.118 €		
13	7%	-2.164 €		
14	8%	-2.211 €		
15	9%	-2.259 €		
16	10%	-2.307 €		

Abbildung 1.7: Mehrfachoperation mit einer Eingabezelle

In Zelle B6 steht die Annuitätenformel:

B4: =RMZ(B2/12;B3;B1)

Sie berechnet in Abhängigkeit der Laufzeit (in Monaten), des Darlehensbetrages sowie des Zinssatzes die Annuität. In B7 wird auf das Ergebnis in B4 Bezug genommen.

B7: =B4

Ab A8 abwärts werden alle Zinssätze eingetragen, für die eine Annuität berechnet werden soll.

Markieren Sie nun den Bereich A7:B16 und rufen das Menü für die Mehrfachoperation auf. Den kleinen Dialog belegen Sie wie in Abbildung 1.8:

Abbildung 1.8: Dialog Daten>Tabelle (1)

Mit Klick auf *OK* wird die Mehrfachoperation ausgeführt und es entsteht das Ergebnis aus Abbildung 1.7. Die Formel {=MEHRFACHOPERATION(;B2)} wird automatisch erzeugt. Man kann diese Funktion nicht manuell eingeben.

Angenommen Sie wollen nicht nur den Zinssatz variieren, sondern zusätzlich eine zweite Inputgröße, beispielsweise den Darlehensbetrag. Damit kommen wir zu den zweidimensionalen Mehrfachoperationen. Das Beispiel in Abbildung 1.9 variiert die Darlehensbeträge in den Spalten B:D.

	A	B	C	D
	B8	▼	*fx* {=MEHRFACHOPERATION(B1;B2)}	
1	Darlehen	100.000 €		
2	Zinssatz p.a.	5%		
3	Laufzeit in Monaten	54		
4	Annuität	-2.072 €		
5				
6				
7	-2.072 €	100.000 €	150.000 €	220.000 €
8	2%	-1.938 €	-2.907 €	-4.264 €
9	3%	-1.982 €	-2.973 €	-4.360 €
10	4%	-2.027 €	-3.040 €	-4.459 €
11	5%	-2.072 €	-3.108 €	-4.558 €
12	6%	-2.118 €	-3.177 €	-4.659 €
13	7%	-2.164 €	-3.246 €	-4.761 €
14	8%	-2.211 €	-3.317 €	-4.865 €
15	9%	-2.259 €	-3.388 €	-4.970 €
16	10%	-2.307 €	-3.461 €	-5.076 €

Abbildung 1.9: Mehrfachoperation mit zwei Eingabezellen

Hierbei steht die Annuitätenformel im Schnittpunkt beider Inputgrößen A7. Die Formel bleibt identisch:

A7: =B4

Markieren Sie den Bereich A7:D16 und rufen die MOP auf. Diesmal belegen Sie beide Eingabefelder gemäß Abbildung 1.10:

Abbildung 1.10: Dialog Daten > Tabelle (2)

Auch hier entsteht mit Klick auf *OK* das Ergebnis entsprechend der Abbildung 1.9.

Mit den Ausgangswerten können Sie nun beliebig herumspielen. Laufzeit, Zinssatz, Darlehenssumme – alles kann geändert werden. Die Annuitäten werden automatisch neu berechnet. Um z.B. festzustellen, ab welcher Laufzeit die Annuität für das Darlehen über 220.000,– € bei einem Zinssatz von 6 % p.a. unter den Betrag von monatlich 3.000,– € sinkt, senken Sie die Laufzeit schrittweise, bis das gewünschte Ergebnis erreicht ist. Dafür bietet sich beispielsweise ein Drehfeld aus der Formular-Symbolleiste an, das Sie mit der Zelle B1 (Laufzeit in Monaten) verknüpfen. Das Ergebnis erhalten Sie in wenigen Sekunden: Bei eine Laufzeit von 92 Monaten liegt die Annuität erstmals mit 2.989,19 € unter den gefragten 3.000,– €.

1.4 Iteration

Gemäß der Excel-Hilfe versteht man unter Iteration:

Die wiederholte Berechnung eines Tabellenblattes, bis eine bestimmte Bedingung erfüllt ist.

Wer bereits mit Formeln umgeht, wird sicherlich irgendwann einmal – bewusst oder unbewusst – auf die Fehlermeldung in Abbildung 1.11 gestoßen sein.

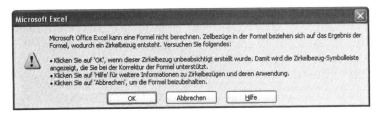

Abbildung 1.11: Fehlermeldung wegen Zirkelbezug

Sie erscheint in dem Moment, wenn sich ein Formelergebnis auf sich selbst bezieht. Einfachstes Beispiel:

A1: =A1

Auch eine wechselseitige Beziehung führt zu der besagten Fehlermeldung, ...

A1: =B1
B1: =A1

... da Excel die Mappe nicht ordnungsgemäß berechnen kann. Es gibt aber auch gute Gründe, einen Zirkelbezug bewusst herzustellen. Zu diesem Zweck muss man die Zirkelbezüge „legitimieren". Dies geschieht durch Aktivierung der Iteration unter *Extras> Optionen>Berechnung* (Abbildung 1.12):

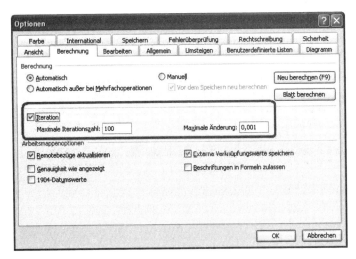

Abbildung 1.12: Iteration in den Optionen aktivieren

Die *Maximale Iterationszahl* gibt an, wie viele Iterationsschritte maximal durchgeführt werden sollen. Mit *Maximale Änderung* legen Sie fest, um welchen Betrag sich die Ergebnisse zweier aufeinanderfolgender Berechnungen höchstens unterscheiden dürfen. Je höher die *Maximale Iterationszahl* bzw. je kleiner die *Maximale Änderung*, desto genauer wird das Ergebnis und desto länger dauert eine Berechnung.

Ist die Iteration wie in Abbildung 1.12 eingestellt, dann ergibt die in A1 stehende Formel

A1: =A1+1

im Ergebnis 100. Das entspricht der eingestellten *Maximalen Iterationszahl*. Bei jeder erneuten Berechnung des Arbeitsblattes werden auf den Wert in A1 weitere 100 dazu addiert. Der Wert würde also immer größer werden. Um dies besser zu kontrollieren und den Wert ggf. zurücksetzen zu können, empfiehlt es sich, stets eine Steuerzelle zu verwenden, von deren Wert man die Berechnung abhängig macht. Wenn die Steuerzelle C1 ist und wir in A1 formulieren

A1: =WENN(C1=1;0;A1+1)

..., dann wird A1 nur berechnet, wenn der Wert in C1 nicht 1 ist. Ist er hingegen 1, wird das Formelergebnis in A1 auf null zurückgesetzt.

Im Zusammenspiel mit Zufallszahlen wird Ihnen die Iteration immer dann behilflich sein, wenn Sie Wahrscheinlichkeiten empirisch überprüfen müssen (siehe auch Abschnitt *2.7 Zufallszahlen*).

1.5 Zielwertsuche

Die Zielwertsuche ist ein sehr nützliches Hilfsmittel, um Gleichungen mit einer Unbekannten zu lösen. Dabei wird die Gleichung nicht mathematisch aufgelöst, sondern es wird mit einem Näherungsverfahren gearbeitet. Man findet die Zielwertsuche unter *Extras>Zielwertsuche* (Abbildung 1.13).

Abbildung 1.13: Dialog Zielwertsuche

Die *Zielzelle* muss immer eine Formel enthalten. Den *Zielwert* gibt man manuell vor. Die *Veränderbare Zelle* ist eine Variable der Formel für die *Zielzelle*.

Ein Beispiel:

In Zelle B1 steht die Formel

B1: $=A1^2+A1^4+A1^8-22$

Welchen Wert muss A1 annehmen, damit das Ergebnis in B1 null ergibt? Um diese Aufgabe mathematisch zu lösen, müsste man die Gleichung nach A1 auflösen, was sehr schwer oder gar unmöglich ist. Hier kann uns die Zielwertsuche helfen, die wie in Abbildung 1.14 eingestellt wird:

Abbildung 1.14: Einstellung der Zielwertsuche

Der Klick auf *OK* liefert in A1 die Lösung

A1: 1,41421458806584

..., während B1 den Wert

B1: 0,000107340845087123

angenommen hat. Das ist zwar nicht ganz null, aber zumindest eine gute Näherungslösung. Das mathematisch korrekte Ergebnis wäre die Wurzel aus 2 (1,4142135623731) gewesen. Dies liegt nahe, da $2^1 + 2^2 + 2^4$ eben 22 ergibt. Hiermit sind die Anwendungsmöglichkeiten der Zielwertsuche bereits erschöpft.

1.6 Solver

Der Solver ist sozusagen die Ausbaustufe der Zielwertsuche. Er kann mit vielen Unbekannten „spielen" und so wesentlich komplexere Aufgaben lösen. Er kann nicht nur einen konkreten Zielwert ermitteln, sondern Lösungen auch maximieren oder minimieren. Dabei geht er analog der Zielwertsuche mit iterativen Mitteln ans Werk

– eine Lösung wird also nicht mathematisch, sondern durch wiederholtes Ausprobieren ermittelt.

Der Solver ist kein Excel-Standard, sondern ein eigenständiges Add-in, das über *Extras>Add-Ins* eingebunden bzw. aktiviert werden muss (Abbildung 1.15):

Abbildung 1.15: Add-Ins-Dialog zur Einbindung des Solvers

Auf diese Weise eingebunden, befindet sich der Solver nun unter *Extras>Solver* und meldet sich mit folgendem Dialog (Abbildung 1.16):

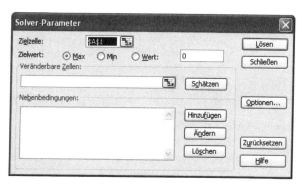

Abbildung 1.16: Solver-Dialog

Zielzelle und *Zielwert* sind identisch mit der Zielwertsuche, mit den bereits erwähnten Zusatzmöglichkeiten der Maximierung und Minimierung. Auch hier muss die

Zielzelle zwangsläufig eine Formel enthalten. Mit den veränderbaren Zellen darf der Solver „herumspielen", bis er (hoffentlich) ein brauchbares Ergebnis ermittelt hat. Es sind also mehrere veränderbare Zellen erlaubt, wie viele, das hängt vom Anwendungsfall ab. Zusätzlich können Nebenbedingungen angegeben werden. Ein Klick auf die Schaltfläche *Hinzufügen* zeigt folgenden Dialog (Abbildung 1.17):

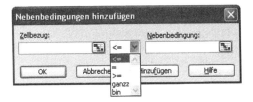

Abbildung 1.17: Solver – Nebenbedingung hinzufügen

Zur Auswahl stehen:

- <= kleiner / gleich
- = gleich
- >= größer / gleich
- ganzz ganzzahlig
- bin binär

Binär bedeutet, dass der angegebene Zellbezug nur die Werte 0 und 1 annehmen darf. Die Bedingung ganzzahlig ist sehr häufig vonnöten, da z.B. ein Produktionsbetrieb meist nur ganze und keine halbfertigen Artikel herstellen möchte. Aber Achtung: Diese Bedingung wird vom Solver nur allzu gerne ignoriert. Wir kommen später noch auf die kritische Würdigung. Es empfiehlt sich, genügend und gut durchdachte Nebenbedingungen zu definieren, da sie die Wahrscheinlichkeit einer passenden Lösungsfindung deutlich erhöhen.

Hier können Sie die Rechendauer erheblich beeinflussen, indem Sie die Höchstzeit (maximal 32.767 Sekunden – das ist auch die Grenze des Integer-Datentyps) und die Anzahl der Iterationen erhöhen sowie die Ergebnis-Toleranz nach unten schrauben. Das sollten Sie spätestens dann tun, wenn der Solver im ersten Anlauf kein brauchbares Ergebnis liefert. Aber wundern Sie sich dann nicht, wenn der Solver mitunter ein paar Minuten rödelt. Bei Aufgaben mit ganzzahligen Lösungen empfiehlt sich stets die Option *Lineares Modell voraussetzen*.

Schließlich werfen wir noch ein Blick auf die Solver-Optionen (Abbildung 1.18):

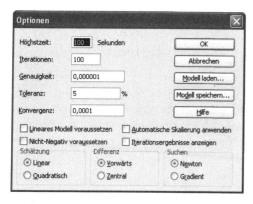

Abbildung 1.18: Solver-Optionen – Standardeinstellungen

Das Beispiel für die Zielwertsuche in Abschnitt 2.5 behandelte eine Gleichung, die mehrere Lösungen für A1 haben kann. Die Zielwertsuche entscheidet sich immer nur für eine mögliche Lösung. In diesem Fall lieferte das Ergebnis einen positiven Wert. Über die Definition von Nebenbedingungen kann man den Solver dazu bringen, andere Lösungen für die Gleichung zu finden, zum Beispiel im negativen Bereich. Dafür bedarf es der Nebenbedingung, dass die veränderbare Zelle A1 nur einen Wert kleiner oder gleich null annehmen darf:

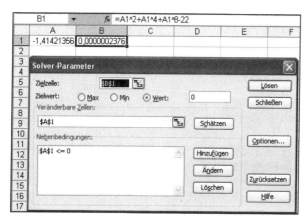

Abbildung 1.19: Solver-Lösung mit Nebenbedingung

Die Solver-Lösung ist in diesem Fall näher an null dran als das Ergebnis der Zielwertsuche. Sie beträgt

-1,41421356

für A1.

Obwohl der Solver manchmal nicht leicht zu bändigen ist und auch bisweilen dazu neigt, Ergebnisse zu präsentieren, die entweder nicht optimal oder unter sträflicher Vernachlässigung einiger Nebenbedingungen zustande gekommen sind, wird er Ihnen bei mehreren Rätseln gute Dienste leisten. Wichtig ist dabei immer ein sauber aufgebautes Excel-Modell sowie die saubere Einstellung des Solvers.

1.7 Zufallszahlen

Zufallszahlen sind ein wirklich geniales Spielzeug. Speziell bei den Rätsel in diesem Buch werden sie Ihnen oft eine große Hilfe dabei sein, eine Behauptung empirisch zu überprüfen, z.B. immer dann, wenn es um Wahrscheinlichkeiten geht.

Excel bietet die Funktion ZUFALLSZAHL(), die eine Dezimalzahl zwischen 0 und 1 mit – in der Regel – 15 Nachkommastellen erzeugt. Die Wahrscheinlichkeit, dass bei mehreren Zufallszahlen eine doppelte dabei ist, tendiert gegen null. Eher haben Sie an zwei Wochenenden in Folge den Lotto-Sechser mit Superzahl.

ZUFALLSZAHL() gehört zu den flüchtigen Funktionen. Sie wird bei jeder Aktion neu berechnet. Eine ganze Berechnungsserie erzeugen Sie, indem Sie die Taste F9 gedrückt halten. Wenn Sie ganzzahlige Zufallszahlen *von:bis* erzeugen möchten, dann verwenden Sie folgende Formel:

```
=KÜRZEN(ZUFALLSZAHL()*(bis-von+1))+von
```

Für Zahlen zwischen 7 und 15 also:

```
=KÜRZEN(ZUFALLSZAHL()*(15-7+1))+7
=KÜRZEN(ZUFALLSZAHL()*9)+7
```

Statt der Funktion KÜRZEN kann auch die Funktion GANZZAHL verwendet werden.

An folgendem Beispiel sehen Sie, wie man mit Zufallszahlen Wahrscheinlichkeiten empirisch nachweisen kann.

Angenommen Sie möchten ermitteln, wie oft es gelingt, beim Kniffeln mit fünf Würfeln in einem Wurf eine Große Straße (Zahlenfolge 1-2-3-4-5 oder 2-3-4-5-6 in beliebiger Reihenfolge) zu würfeln. Erzeugen Sie dazu in den Zellen A1 bis E1 fünf Zufallszahlen mit der Formel:

A1:E1: =KÜRZEN(ZUFALLSZAHL()*6)+1

Unter *Extras>Optionen>Berechnung* aktivieren Sie die Iteration mit der maximalen Iterationszahl 1.

Das kleine Modell sieht aus wie in Abbildung 1.20:

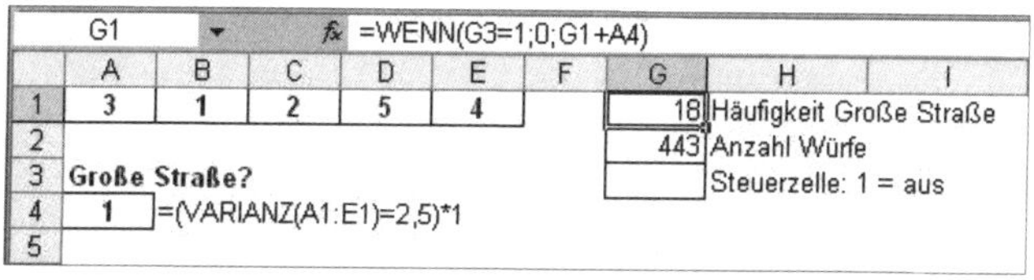

Abbildung 1.20: Iterationsmodell zur Ermittlung der Häufigkeit einer Großen Straße

Die kürzeste Formel zur Überprüfung der fünf Würfel auf eine Große Straße schreiben wir in

A4: =(VARIANZ(A1:E1)=2,5)*1

Sie liefert den Wert 1 falls eine Große Straße gewürfelt wurde, andernfalls eine 0. Zelle G3 ist unsere Steuerzelle. Enthält sie eine 1, werden die Iterationsergebnisse wieder auf null gesetzt. Ist sie leer oder enthält einen anderen Wert als 1, ist die Iteration aktiv.

In Zelle G1 zählen wir die Häufigkeit der Großen Straße im Abgleich mit Zelle A4 mit der Formel

G1: =WENN(G3=1;0;G1+A4)

Und die gesamte Anzahl der Würfe zählen wir in G2 mit

G2: =WENN(G3=1;0;G2+1)

Im Beispiel in Abbildung 1.20 haben wir 443 Mal gewürfelt (sprich: die Mappe mit der Taste [F9] neu berechnet) und dabei 18-mal die Große Straße getroffen. Nun können Sie diese beiden Werte ins Verhältnis setzen und haben dadurch eine Aussage über die Trefferwahrscheinlichkeit (hier ca. 4 %). Je öfter Sie nun würfeln, desto genauer wird die Aussage.

Dieser kontrollierte bzw. protokollierte Einsatz von Zufallszahlen wird Ihnen bei vielen Rätseln behilflich sein.

1.8   VBA-Schleifen

Wie wir im Vorwort bereits erwähnt haben, erweitern wir dieses Buch im Gegensatz zu unserem Erstlingswerk *Excel – Das Zauberbuch* auch um ein paar VBA-Anwendungsfälle.

Für alle, die sich mit VBA überhaupt noch nicht auskennen: In die Entwicklungsumgebung von VBA – den VBA-Editor – gelangen Sie über *Extras>Makro>Visual Basic-Editor* oder einfacher mit der Tastenkombination [Alt] + [F11]. Dort angekommen, legen Sie über das Menü *Einfügen>Modul* ein neues allgemeines Modul an. Ist es das erste, erhält es automatisch den Namen *Modul1* (Abbildung 1.21):

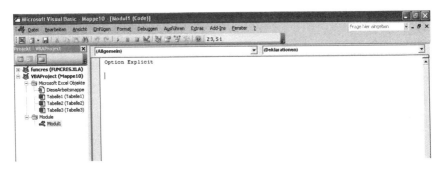

Abbildung 1.21: VBA-Editor mit Modul1

Hier können Sie nun eigenen VBA-Code schreiben bzw. vorhandenen Code abtippen oder einfügen. Testen Sie es mit diesen Codezeilen:

```
Sub test()
MsgBox "Es klappt!", , "Testmitteilung"
End Sub
```

Setzen Sie den Cursor anschließend zwischen die Anweisungen Sub test() und End Sub und starten Sie den Code mit der Taste [F5]. Auf Ihrem Bildschirm sollte nun eine Meldung (MsgBox = Messagebox) mit dem angegebenen Text erscheinen.

Da nach dem Starten des Codes alle Anweisungen automatisch abgearbeitet werden, bietet es sich für einige Rätsel in diesem Buch an, auf die Hilfe von VBA zurückzugreifen. Speziell mit der Verschachtelung von For-Next-Schleifen lassen sich die Trial-and-Error-Aufgaben oftmals mühelos bewältigen. Eine For-Next-Schleife folgt der Syntax:

```
For Zähler = Anfang To Ende [Step Schrittweite]
Next Zähler
```

Wenn wir für den Zähler die Variable *x* einsetzen und eine Schrittweite von 1 wünschen (das ist der Standard und braucht daher nicht explizit mit angegeben zu werden), dann lautet die Schleifenkonstruktion für *Anfang = 1* und *Ende = 10*.

```
For x = 1 To 10
  'Hier kommen die Anweisungen
Next x
```

Wollen Sie beispielsweise die Zahlen von 1 bis 10 addieren und das Ergebnis anschließend in einer Messagebox angezeigt bekommen, dann lautet der gesamte Code:

```
Sub Schleife()
Dim x As Long, y As Long
For x = 1 To 10
  y = y + x
Next x
MsgBox y
End Sub
```

Zunächst werden die Zählvariable *x* und die Variable *y* für die Summe, beide vom Variablentyp *Long*, definiert (wie Sie die Variablen bezeichnen, ist – im Rahmen der Namenskonvention für Variablen – völlig egal, sie hätten auch Hinz und Kunz heißen können). Anschließend wird die Schleife 10-mal durchlaufen. Bei jedem Durchlauf wird *y* um den Wert von *x* erhöht. Am Ende wird das Gesamtergebnis, also der Wert von *y*, in einer Messagebox angezeigt.

Ihren wirklichen Charme versprühen die Schleifen aber erst dadurch, dass man sie x-beliebig oft ineinander verschachteln kann. Dadurch lassen sich eine Vielzahl von Berechnungen und Prüfungen automatisieren. Dabei kommt der Bedingungsprüfung eine entscheidende Bedeutung zu. Die einfachste Variante ist die If-Then-Else-Anweisung, die der Logik der Excel-Funktion =WENN(Prüfung;Dann_Wert;Sonst_Wert) folgt:

```
If Bedingung Then Anweisung Else Sonst_Anweisung
```

Die alternative Schreibweise als Block lautet:

```
If Bedingung Then
   Anweisung
Else
   Sonst_Anweisung
End If
```

Wenn keine Else-Anweisung benötigt wird, kann sie ersatzlos entfallen.

```
IF Bedingung Then Anweisung
```

oder als Block

```
If Bedingung Then
   Anweisung
End If
```

Dazu ein kleines Beispiel:

Für welche x, y und z von 1 bis 20 stimmt diese Gleichung?

$$x \wedge 2 + y \wedge 2 + z \wedge 2 = x * y * z$$

Der VBA-Code dazu ist schnell geschrieben:

```
Sub verschachtelte_Schleifen()
Dim x As Long, y As Long, z As Long, s As String
For x = 1 To 20
  For y = 1 To 20
    For z = 1 To 20
      If x ^ 2 + y ^ 2 + z ^ 2 = x * y * z Then
        s = s & x & ", " & y & ", " & z & vbLf
      End If
    Next z
  Next y
Next x
MsgBox s
End Sub
```

Durch die dreifach verschachtelte Schleife werden alle Kombinationen aus x, y und z durchlaufen. Die Gleichung wird für jede Kombination mit einer If-Then-Abfrage auf Stimmigkeit überprüft. Ist das Ergebnis WAHR bzw. True, dann werden die 3 Variablen kommagetrennt an die String-Variable s angehängt (mit einem abschließenden Zeilenumbruch). Die zehn Lösungen — vereint in der Variablen *s* — werden schließlich noch in einer Messagebox ausgegeben. Am Ende wurden insgesamt 20 * 20 * 20 = 8.000 Schleifendurchläufe produziert. Zu Fuß wäre das undenkbar, für VBA ist das hingegen ein Klacks. Aber achten Sie darauf, die Anzahl der Schleifendurchläufe nicht zu hoch anzusetzen, denn es kann schnell passieren, dass Sie während der Codeausführung in Ruhe einen Kaffee trinken können. Erhöhen Sie in unserem Beispiel die Schleifendurchläufe jeweils auf 200, werden Sie bereits merken, dass die Ausführung des Codes einen Moment dauert. Es sei VBA verziehen, denn es sind dann bereits 8 Millionen Durchläufe.

Innerhalb einer If-Then-Anweisung kann es bisweilen auch sinnvoll sein, eine For-Next-Schleife vorzeitig abzubrechen. Das geschieht mit der Anweisung Exit For. Aus der gesamten Subroutine können Sie bei Bedarf vorzeitig mit der Anweisung Exit Sub aussteigen.

1.9 AutoFilter

Der AutoFilter befindet sich unter *Daten>Filter>AutoFilter*. Sein Einsatz ist immer dann sinnvoll, wenn man aus einer großen Datenmenge einige bestimmte Datensätze herauspicken möchte. Dazu wieder ein sehr einfaches Beispiel:

Wie viele Quadratzahlen von 1 bis 10.000 sind gleichzeitig durch 70 und durch 91 teilbar?

Zunächst markieren Sie den Bereich A1:A10000 (am schnellsten, indem Sie in das Namensfeld A1:A10000 eintippen und mit ⏎ bestätigen). Dann erzeugen Sie die Quadratzahlen mit der Formel

A1:A10000: =ZEILE()^2

und schließen die Eingabe mit Strg + ⏎ ab. In Spalte B prüfen Sie nun, ob die Zahlen in Spalte A ohne Rest gleichzeitig durch 70 und 91 teilbar sind, mit

B1: =UND(REST(A1;{70;91})=0)

und kopieren dies bis B10000 (mit Doppelklick auf das rechte untere Ende der Zelle B1). Jetzt aktivieren Sie den AutoFilter über die Spalten A:B und filtern Spalte B nach WAHR. Das Ergebnis wird Ihnen schnell angezeigt (Abbildung 1.22):

B910	▼	_fx_ =UND(REST(A910;{70;91})=0)		
	A	B	C	D
1	▼	FALSCH ▼		
910	828100	WAHR		
10001				
10002				

Abbildung 1.22: AutoFilter

Es ist also nur die Zahl 828.100 gleichzeitig durch 70 und 91 teilbar. Zu viel mehr werden Sie den AutoFilter bei der Lösung der Rätsel nicht benötigen.

1.10   Bedingte Formatierung

Mit der bedingten Formatierung lassen sich Zellen in Abhängigkeit einer Bedingung formatieren. Als Formate kommen Schriftfarbe, Hintergrundfarbe, Rahmen oder eine Kombination (in XL 2007 auch Zahlenformate) aus allem infrage. Der Aufruf erfolgt über _Format>Bedingte Formatierung_. Dabei ist es möglich, Bezug auf die jeweilige Zelle selbst zu nehmen (_Zellwert ist_) oder mit der wesentlich mächtigeren Variante _Formel ist_ eine Formatierung von x-beliebigen Berechnungen in der Datei – ohne direkten Bezug zur bedingt formatierten Zelle – abhängig zu machen (Abbildung 1.23).

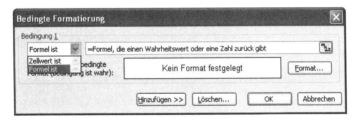

Abbildung 1.23: Dialog Bedingte Formatierung

Insgesamt können Sie (bis Excel 2003) drei verschiedene Bedingungen festlegen (ab Version 2007 ist diese Limitation aufgehoben). Diese werden nacheinander „abgearbeitet": Trifft eine Bedingung zu, werden die folgenden Bedingungen ignoriert.

Für die korrekte Anwendung der bedingten Formatierung ist die sichere Kenntnis über die verschiedenen Adressierungsarten unerlässlich (siehe Kapitel 2.1.2), da die

Referenzierung immer aus Sicht der *aktiven* Zelle erfolgt (das ist die Zelle, die links oben im Namensfeld angezeigt wird).

Bei dem Rätsel *Mustergültige Formeln* können Ihnen die Funktionen REST, ZEILE und SPALTE behilflich sein. Beispielsweise kann man mit der Formel

=REST(ZEILE();5)=0

jede fünfte Zeile einfärben (Abbildung 1.24):

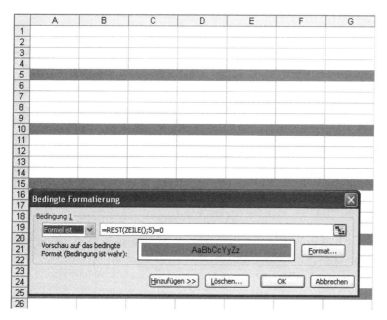

Abbildung 1.24: Jede fünfte Zeile mit der bedingten Formatierung färben

Als Formel kann auch eine Arrayformel dienen, die aber nicht mit der sonst üblichen Tastenkombination ⌈Strg⌋ + ⌊⌂⌋ + ⌊↵⌋ abgeschlossen werden muss. Die bedingte Formatierung merkt quasi von allein, dass es sich um eine Arrayformel handelt.

Matrixkonstanten können hingegen nicht erfasst werden. Ein Konstrukt wie =ODER($C7={3.6.8}) ist nicht möglich. Die Eingabe muss lauten:

=ODER($C7=3;$C7=6;$C7=8) oder alternativ über Addition der Wahrheitswerte
=($C7=3)+($C7=6)+($C7=8)

1.11 Fazit

Es gibt sehr viele Wege und Möglichkeiten, ein Ziel zu erreichen. Diese Auflistung der Excel-Werkzeuge erhebt natürlich keinen Anspruch auf Vollständigkeit. Speziell inhaltlich wurden die einzelnen Themen nur kurz angerissen, um Ihren Blick dafür zu schärfen, was Ihnen bei der Lösung der Rätsel in diesem Buch mitunter behilflich sein kann.

1.12 Neuerungen in Excel 2007

Dieses Excel-Buch ist relativ versionsresistent. Zur Lösung der Rätsel spielt es keine große Rolle, ob Sie mit einer älteren Excel-Version arbeiten oder bereits mit der neuen Version XL 2007.

Die zuvor beschriebenen Werkzeuge funktionieren in der neuen Excel-Version uneingeschränkt, nur sind sie für den erfahrenen Excel-User nun schwieriger zu finden, weil die Menüführung völlig auf den Kopf gestellt wurde. Um den Umsteigern auf XL 2007 das Suchen zu erleichtern, zeigen wir jetzt kurz die relevanten Änderungen.

Nur nebenbei, denn natürlich hat auch Microsoft es nicht geschafft, die bisherigen mathematischen Gesetze zu revolutionieren. Selbstverständlich ist dies nicht – versucht haben sie es. Geben Sie einmal in eine Zelle

=850*77,1

ein. Nach den gültigen mathematischen Axiomen ergibt diese Multiplikation 65.535. In der Erstauflage von XL 2007 erscheint aber 100.000, man sehe und staune. Sie sollten diesen Test mal machen und wenn Sie 100.000 sehen, besorgen Sie sich ein Patch im Internet zur Aktualisierung Ihrer Excel-Version. Sehen Sie die korrekten 65.535, dann freuen Sie sich, denn Sie haben bereits eine aktualisierte Version.

1.12.1 Funktionen und Formeln

Auf diesem Gebiet hat sich kaum etwas verändert. Alle im Buch beschriebenen Formeln können Sie nach wie vor uneingeschränkt verwenden. Es gibt bloß drei nennenswerte Funktionserweiterungen, nämlich:

- WENNFEHLER
- SUMMEWENNS
- ZÄHLENWENNS

WENNFEHLER ist sehr nützlich, wenn Sie in Ihre Formel einen Fehlerabfang einbauen wollen. Zum Beispiel beim SVERWEIS. Wenn diese Funktion einen Suchbegriff nicht finden kann, liefert sie den Fehlerwert #NV. Stattdessen möchte man evtl. lieber den Text *„Nicht vorhanden"* sehen. Bisher hatte man in diesem Fall wie folgt formuliert:

`=WENN(ISTNV(SVERWEIS("x";A:C;3;0));"Nicht vorhanden";SVERWEIS("x";A:C;3;0))`

Störend war dabei, dass man denselben Formelteil mit SVERWEIS doppelt eingeben musste. Mit der neuen Funktion genügt stattdessen

`=WENNFEHLER(SVERWEIS("x";A:C;3;0);"Nicht vorhanden")`

…, wobei der redundante Formelteil nicht mehr benötigt wird.

SUMMEWENNS und ZÄHLENWENNS wurden für das oft nachgefragte *„Summieren/ Zählen mit mehreren Bedingungen"* implementiert. Es wurde der bisherigen Schwäche Rechnung getragen, dass ZÄHLENWENN/SUMMEWENN immer nur eine Bedingung zuließen. Die Anforderung „Summiere alle Zellen, die in Spalte A ein x und in Spalte B ein y haben" konnten die beiden Funktionen nicht leisten. Stattdessen musste man auf die Matrixformel

`{=SUMME(WENN((A1:A10="x")*(B1:B10="y");C1:C10))}`

oder für das Zählen

`{=SUMME(WENN((A1:A10="x")*(B1:B10="y");1))}`

zurückgreifen. Die neuen Alternativen lauten:

`=SUMMEWENNS(C:C;A:A;"x";B:B;"y")`
`=SUMMEWENNS(A:A;"x";B:B;"y")`

Die alten Varianten funktionieren natürlich immer noch. Dabei ist bemerkenswert, dass in Matrixformeln nun ganze Spalten angesprochen werden können, was zuvor nicht der Fall war:

`{=SUMME(WENN((A:A="x")*(B:B="y");1))}`

Schließlich haben alle Restriktionen, die sich auf die 65.536 verfügbaren Zeilen und 256 verfügbaren Spalten beziehen, ihre Gültigkeit verloren. In XL 2007 stehen über eine Million Zeilen und 16.384 Spalten zur Verfügung, die in Ihre Berechnungen, auch mit Matrixformeln, einbezogen werden können. Was die Performance betrifft, dürfen Sie aber keine Wunder erwarten. Wenn Sie sehr große Bereiche berechnen lassen, benötigt das eine Menge Rechenpower und die Gefahr, seinen PC mit einer Excel-Formel lahmzulegen ist durch die extrem gestiegene Tabellengröße (Faktor 1.024) größer geworden.

1.12.2 Iteration und andere Berechnungsoptionen

So wie alle anderen Berechnungsoptionen, kann die Excel-Iteration nicht mehr über den Menüpunkt *Excel>Optionen* aufgerufen werden, der in XL 2007 weggefallen ist. Stattdessen gibt es einen gut versteckten Schalter, den Sie unter der Schaltfläche *'Office'* (Abbildung 1.25) finden, um zu den Berechnungsoptionen zu gelangen (Abbildung 1.26).

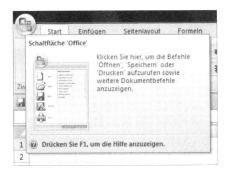

Abbildung 1.25: Excel-Optionen über die Schaltfläche Office aufrufen (1)

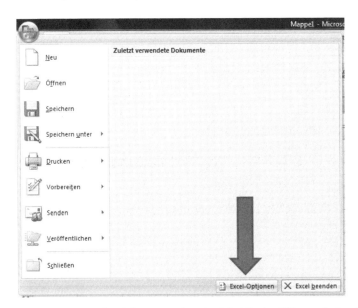

Abbildung 1.26: Excel-Optionen über die Schaltfläche Office aufrufen (2)

In dem daraufhin erscheinenden Dialog *Excel-Optionen* klicken Sie auf den Menüpunkt *Formeln* und sehen dann rechts die Berechnungsoptionen, unter denen Sie wie gewohnt die Excel-Iteration aktivieren können (Abbildung 1.27).

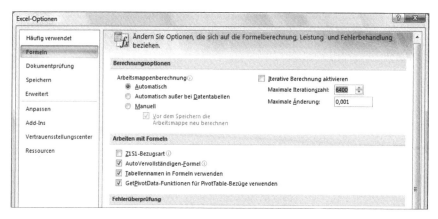

Abbildung 1.27: Einstellen von Berechnungsoptionen

1.12.3 Menüpunkt Daten

Dieser Menüpunkt steht nach wie vor zur Verfügung und subsumiert die wichtigsten Features des Rätsel-Knackers (Abbildung 1.28). Unter dem Auswahlfeld *Was-Wäre-Wenn-Analyse* findet man die Zielwertsuche und den Szenario-Manager, die zuvor beide dem Menüpunkt *Extras* zugeordnet waren, sowie die *Datentabelle*, mit der Mehrfachoperationen durchgeführt werden. Auch der Solver ist unter dem Menüpunkt *Daten* zu finden, sofern er als Add-in geladen ist.

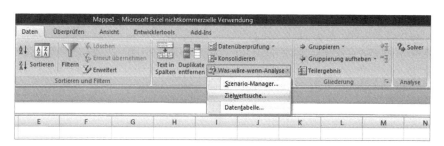

Abbildung 1.28: Der Menüpunkt Daten enthält u.a. Was-Wäre-Wenn-Analylsen.

Das Laden von Add-ins kann auch nicht mehr über den Menüpunkt *Extras* vollzogen werden, sondern über die Schaltfläche *Office* und dann *Excel-Optionen>Add-Ins*. Dann muss man in dem in Abbildung 1.29 gezeigten Dialog auf den Schalter *Gehe zu* klicken, hinter dem sich der Dialog verbirgt, in dem ein Add-in aktiviert oder deaktiviert werden kann.

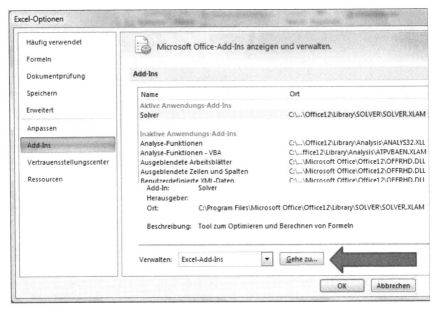

Abbildung 1.29: Aktivierung von Add-ins

1.12.4 AutoFilter

Auch der AutoFilter ist weiterhin über den Menüpunkt *Daten* zu finden, aber im Gegensatz zu den soeben beschriebenen Features wurde die Funktionalität des Auto-Filters erheblich erweitert. Dazu ein kleines Beispiel in den Abbildung 1.30 bis 2.32. In Spalte A steht eine Zahlenreihe und in Spalte B die ermittelten Teilersummen dieser Zahlen. Bei Klick auf das Filter-Drop-down einer Spalte sehen wir einen Dialog (Abbildung 1.31), in dem Sie nun mehr Möglichkeiten haben als in den bisherigen Excel-Versionen. Hervorzuheben ist dabei vor allem die Liste der Kontrollkästchen, über die beliebig viele Elemente ein- oder ausgeblendet werden. In unserem Beispiel deaktivieren wir nur das Element mit der 1, um alle Nicht-Primzahlen anzuzeigen. Das

Resultat sehen wir in Abbildung 1.32. Neu ist auch, dass Sie nun an dem Filtersymbol erkennen, ob für eine Spalte ein Filter aktiv ist oder nicht.

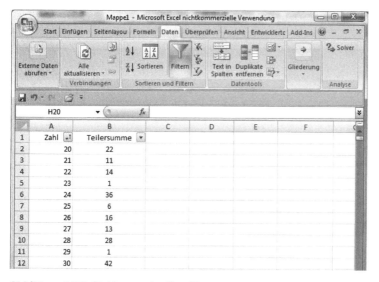

Abbildung 1.30: Aktivierung des AutoFilters

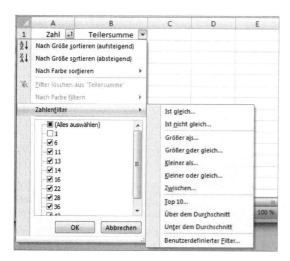

Abbildung 1.31: Einstellungsoptionen im Filter-Drop-down

	A	B	C	D	E
1	Zahl ▾1	Teilersumme ▾✔			
2	20	22			
3	21	11			
4	22	14			
6	24	36			
7	25	6			
8	26	16			
9	27	13			
10	28	28			
12	30	42			

Abbildung 1.32: Kennzeichnung einer Spalte mit aktivem Filter

1.12.5   VBA-Makros

Zumindest die für dieses Buch relevanten Makros werden durch die neue Excel-Version nicht tangiert. Doch wie kommt man neuerdings überhaupt in die VBA-Entwicklungsumgebung? Die meisten Shortcuts funktionieren zum Glück noch und so können Sie weiterhin mit $\boxed{\text{Alt}}$ + $\boxed{\text{F11}}$ den VBA-Editor öffnen. Ohne dieses Tastenkürzel ein VBA-Modul zu finden, ist sehr tricky, da hätten wir eigentlich eine eigene Rätselaufgabe daraus machen können. Wählen Sie dazu die – im Zweifelsfall immer einschlägige – Schaltfläche *Office*, dann die *Excel-Optionen* und dann müssen Sie im Abschnitt *Häufig verwendet* den Haken *Entwicklerregisterkarte in der Multifunktionsleiste anzeigen* anklicken (Abbildung 1.33).

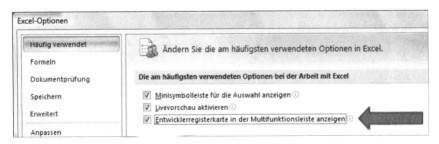

Abbildung 1.33: Aktivierung der Entwicklertools

Dadurch wird Ihnen der in Abbildung 1.34 gezeigte Menüpunkt zur Verfügung gestellt, in dem alles vereint ist, was das Programmiererherz begehrt. Von hier können Sie Makros aufzeichnen, in die VBA-Umgebung wechseln oder Steuerelemente einbinden. Eigentlich ganz schick, man muss es nur erst mal finden.

Abbildung 1.34: Menüpunkt mit den VBA-Entwicklertools

1.12.6 Punkt(XY)-Diagramm

Zu guter Letzt sei noch das Punkt(XY)-Diagramm erwähnt, das im Zusammenhang mit Excel-Rätseln der wichtigste Diagrammtyp ist, den wir oft eingesetzt haben, um Aufgabenstellungen zu visualisieren. Gleich im ersten Rätsel kommt dieses Diagramm zum Einsatz, wobei der Aufbau dort noch für die Excel-Versionen bis XL 2003 beschrieben ist.

Doch auch die Diagrammhandhabung ist in XL 2007 etwas gewöhnungsbedürftig. Zu finden sind die Diagramme über den Menüpunkt *Einfügen* (Abbildung 1.35), aus dem man dann direkt einen der gängigsten Diagrammtypen auswählen kann. Das Punkt(XY)-Diagramm ist auch darunter.

Abbildung 1.35: Menüpunkt Einfügen zum Auswählen von Diagrammen

Nach Auswahl eines Diagramm-Untertypes kann man dann genauso schnell wie bisher ein Diagrammobjekt in der Tabelle platzieren. Doch das nachträgliche Umformatieren empfinden wir als eher umständlich. Klickt man auf ein Diagrammobjekt, z.B. die Datenreihe, doppelt, kommt man nicht mehr in den Dialog zur Formatierung der Datenreihe, sondern man bekommt zusätzliche Menüs zum Konfigurieren des Diagramms (Abbildung 1.36), auf die wir aber nicht näher eingehen wollen, da dies für unser Rätselbuch unerheblich ist.

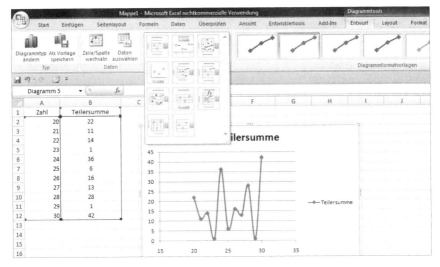

Abbildung 1.36: Einfügen und Formatieren eines Punkt(XY)-Diagramms

Damit haben wir bereits die wesentlichen Änderungen von XL 2007 abgearbeitet, die Sie als Rätsel-Knacker benötigen. Zusammenfassend kann man nur sagen: Es ist in der neuen Version keine Excel-Funktionalität verschwunden, man muss sie nur suchen und finden. Aber diese Rätsel, die Microsoft standardmäßig mitgeliefert hat, dürften Ihnen als Knobelfan ja nicht allzu viele Mühen bereiten ☺.

KAPITEL 2

Aufgaben

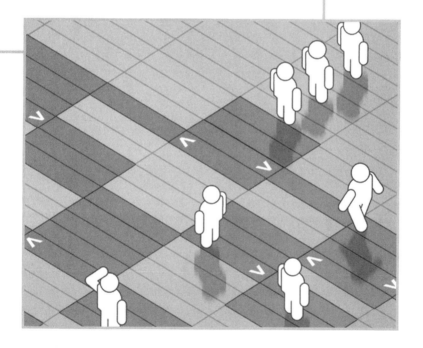

2.1   Eine kleine Bastelstunde

Welches Gebilde ergeben folgende x/y-Koordinaten (Abbildung 2.1)?

	A	B
1	x	y
2	1	5,7
3	1,5	6,6
4	6,9	6,6
5	4,75	2,95
6	3,5	4,9
7	4,83	4,9
8	4,2	3,85
9	5,3	5,7
10	1	5,7
11	3,7	1
12	4,8	1
13	2,5	4,9
14	3,5	4,9
15	2,5	4,9
16	4,8	1
17	7,4	5,6
18	6,9	6,6

Abbildung 2.1: Die x/y-Koordinaten

2.2   Ein sonderbarer Geburtstagskuchen

Ein Informatiker schenkt seiner Frau diesen Kuchen (Abbildung 2.2) zum Geburtstag.

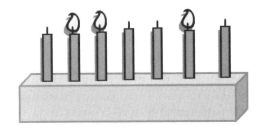

Abbildung 2.2: Geburtstagskuchen

Sie sagt: „Danke, Schatz, aber jetzt hast du mich vier Jahre zu alt gemacht." Er: „Kein Problem, Spatz." Er zündet noch eine Kerze an. „So, jetzt passt es wieder."

Wie alt ist die Frau geworden?

2.3   Vier Riesenschildkröten

Die vier Riesenschildkröten Mara, John, Peter und Henry sonnen sich am Strand der Galapagosinseln. Da sinniert Mara:

„Wir sind zusammen 262 Jahre alt. Wäre ich 2 Jahre älter, John 3 Jahre jünger, Peter 4-mal so alt und Henry hätte nur 20 % seines Alters auf dem Buckel, dann wären wir alle gleich alt."

a) Wie alt sind die vier Schildkröten jeweils und wie alt wären Sie, wenn Maras Überlegungen zuträfen?

b) Für welches summierte Alter <= 1.000 Jahre gibt es durchweg ganzzahlige Lösungen (wir unterstellen, dass die Schildkröten wirklich uralt werden können!)?

2.4   Fünfzig Cent Wechselgeld

a) Wie viele verschiedene Möglichkeiten gibt es, 50 Cent Wechselgeld raus zu geben? Eine Fünfzigcent Münze oder 50 Eincent Münzen oder...(Abbildung 2.3)

b) Was hat der Euro mit der Schnapszahl 88888 zu tun?

Abbildung 2.3: Alle Euromünzen von einem bis fünfzig Cent

2.5   Die Pokémon-Börse

Der kleine Jonas ist mit seinem Vater bei einer Pokémon-Börse. Dort gibt es Pokémon-Karten zu kaufen, die in drei Preiskategorien eingeteilt sind:

▨ häufige Pokémon kosten 0,50 €/Stück

▨ seltene Pokémon kosten 3,- €/Stück

▨ sehr seltene Pokémon kosten 10,- €/Stück

Jonas hat von seinem Vater 20,– € erhalten. Da er aber mindestens fünf von den sehr seltenen Pokémons haben möchte, bietet ihm der Vater einen Deal an:

Er kauft ihm genau 200 Karten für 200,– € – wenn Jonas ihm die 3 Teilmengen nennen kann. Dabei muss von jeder Preiskategorie mindestens 1 Karte dabei sein. Falls es ihm nicht gelingt, bekommt er gar keine Karten – auch nicht für 20,– €.

Jonas lässt sich auf den Deal ein und geht 10 Minuten später stolz und überglücklich mit seinen 200 Karten nach Hause. Welche Teilmengen hat er errechnet und wie viele (welche) Lösungsmöglichkeiten gibt es?

2.6   Ganz schön sexy!

Folgende Gleichungen aus Abbildung 2.4 sind sowohl mathematisch als auch mithilfe von Excel-Formeln zu lösen:

9	9	9	=	6
8	8	8	=	6
7	7	7	=	6
6	+ 6	– 6	=	6
5	5	5	=	6
4	4	4	=	6
3	3	3	=	6
2	2	2	=	6
1	1	1	=	6
0	0	0	=	6

Abbildung 2.4: Gleichungen

Es sind nur die mathematischen Operationen/Zeichen aus Abbildung 2.5 erlaubt:

$$+ \quad - \quad \times \quad \div \quad \sqrt{\quad} \quad ()!$$

Abbildung 2.5: Erlaubte Operationen

Die Gleichung für die 6 ist bereits vorgegeben. Im Übrigen lassen sich alle Gleichungen ohne Taschenrechner lösen!

Zusatzfrage:

Finden Sie eine Excel-Formel, die für alle Ziffern von 0 bis 9 das Ergebnis 6 ergibt. Erlaubt ist der Einsatz jeder denkbaren Funktion. In der Formel selbst müssen alle 3 gleichen Ziffern vorkommen und es dürfen keine weitere(n) Zahl(en) oder irgendwelche Zeichenketten (Strings) in der Formel existieren.

2.7 Jetzt fahren wir Achterbahn

Gegeben ist folgender Algorithmus: Eine Zahl wird, falls sie gerade ist, durch 2 dividiert. Wenn sie ungerade ist, wird sie mit 3 multipliziert und 1 dazuaddiert. Dieses wird wiederholt, bis das Ergebnis 1 ist. Dann nennt man die Anfangszahl wundersam oder auch Achterbahnzahl. In der Mathematik ist das die Collatz-Folge.

Welche Zahl bis 1.000 benötigt die meisten Rechenschritte, um zu beweisen, dass sie eine wundersame Zahl ist? Wie viele Rechenschritte benötigt sie und welches ist die höchste Zahl, die sie auf ihrer Achterbahnfahrt einnimmt? Welche Zahl bis 1.000 legt im Verhältnis zu ihrer eigenen Größe die längste Achterbahnfahrt zurück?

2.8 Eine besondere Zahl

Nehmen Sie eine durch 3 teilbare Zahl kleiner als 1.000 und addieren Sie die Kuben ihrer Ziffern. Mit der so gefundenen Zahl wiederholen Sie das, bis Sie bei einer besonderen (!) Zahl hängen bleiben.

a) Bei welcher Zahl bleiben Sie hängen und wie viele Schritte sind dazu höchstens notwendig? Welches ist die kleinste Startzahl, für die diese Anzahl Schritte erforderlich ist?

b) Die im Aufgabenteil *a* gefundene Zahl weist noch eine weitere Besonderheit auf, die etwas mit Fakultät zu tun hat. Welche Besonderheit ist das?

2.9 Bombenstimmung

Sie haben 2 Zündschnüre, dazu ein Päckchen Streichhölzer. Jede Zündschnur brennt exakt 1 Stunde lang. Allerdings verbrennt eine Schnur nicht gleichmäßig. Es kann also sein, dass 20 % der Schnur in 80 % der Zeit abbrennt. Sicher ist nur, dass jede Schnur insgesamt exakt 1 Stunde brennt. Wie schaffen Sie es, genau 45 Minuten abzumessen (eine Uhr steht Ihnen natürlich nicht zur Verfügung).

2.10   Fermat und andere Vermutungen

Der berühmte Satz des Pythagoras

$$a^2 + b^2 = c^2$$

bildete die Grundlage für eines der größten Rätsel, das die Mathematiker in den letzten Jahrhunderten weltweit beschäftigte.

Es ist kein Problem, für obige Gleichung ganzzahlige Lösungen zu finden, beispielsweise

3^2 + 4^2 = 5^2

oder

6^2 + 8^2 = 10^2

Seltsamerweise ist die Zweierpotenz die einzige Potenz, mit der man auf diese Weise ganzzahlige Lösungen bilden kann. Für

$$a^3 + b^3 = c^3$$

oder noch allgemeiner ausgedrückt

$$a^n + b^n = c^n \text{ mit } n > 2$$

existiert keine ganzzahlige Lösung (außer 1). Die Aufgabe klingt ja total simpel, doch der Beweis ist unvorstellbar kompliziert. Der Mathematiker Fermat war der erste, der im 17. Jahrhundert behauptete, es beweisen zu können. Da seine Dokumente aber verloren gingen, blieb er der Außenwelt den Beweis schuldig, sodass diese Aufgabe als die Fermat'sche Vermutung (oder Fermats letzter Satz) in die Geschichte einging. Erst 1995 gelang dem Mathematiker Andrew Wiles, nach vielen Jahren harter Arbeit und Forschung, der Beweis.

a) Beweisen oder widerlegen Sie, dass es für die Gleichungen

$$a^3 + b^3 + c^3 = d^3$$
$$a^5 + b^5 + c^5 + d^5 = e^5$$

keine ganzzahligen Lösungen gibt.

b) Jemand stellte die Vermutung auf, dass es für nachfolgende Gleichung keine ganzzahlige Lösung gibt:

$$a^4 + b^4 + c^4 = d^4$$

Wer war das und hatte er/sie Recht?

2.11 Oh, du Fröhliche ...

Von einer Zahl bildet man die *Quersumme* ihrer Ziffernquadrate (z.B. für die Zahl 34: $3^2 + 4^2 = 25$). Mit der so ermittelten Zahl geht man genauso vor – usw. Endet die Folge mit 1, ist die Zahl fröhlich. In der Mathematik heißt dieses Verfahren Steinhaus-Zyklus.

Von den 10 Zahlen 5 - 12 - 23 - 37 - 48 - 55 - 64 - 77 - 80 - 98 ist nur eine fröhlich. Welche ist dies?

2.12 Gezinkte Würfel

Auf dem Tisch liegen drei gezinkte Würfel. Statt der üblichen Augenzahlen von 1–6 zeigen diese Würfel folgende Werte:

a) Würfel: 1; 3; 3; 4; 4; 4

b) Würfel: 1; 1; 3; 4; 5; 5

c) Würfel: 1; 2; 2; 3; 5; 6

Zwei Spieler nehmen jeder einen Würfel. Wer eine höhere Zahl würfelt, bekommt vom anderen 100 Euro. Die gleiche Augenzahl bleibt außen vor.

a) Welchen Würfel wählen Sie, um auf Dauer zu gewinnen? Begründen Sie diese Entscheidung.

b) Modellieren Sie die drei Würfel mit Excel-Formeln und überprüfen Sie Ihre Schlussfolgerung von Aufgabe *a* empirisch.

2.13 Geht dir ein Licht auf?

Absolut fernab von Excel:

Sie wohnen im fünften Stock Ihres Hauses, in dem es keinen Aufzug gibt. Dort befinden sich 3 Schalter. Nur einer davon schaltet die Glühbirne im Keller an, die anderen beiden bewirken nichts. Da der Weg in den Keller sehr lang ist und Sie nicht unnötig viele Treppen steigen möchten, wollen Sie jetzt mit nur einem „Kellergang" herausfinden, welches der richtige Schalter ist. Welche(n) Schalter betätigen Sie (Abbildung 2.6)?

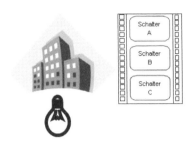

Abbildung 2.6: Das Haus, die 3 Schalter und die Glühbirne im Keller

2.14 Die härtesten zwei Stunden meines Lebens

Bilden Sie nur unter Verwendung der vier Grundrechenarten aus den folgenden je vier Zahlen jeweils die Zahl 24. Fakultäten, Potenzen etc. sind nicht erlaubt und die Zahlen bleiben einstellig – (Klammern) sind erlaubt.

Zum Beispiel könnte man die Ziffern

2 3 5 6

als

= 5*6 - 2*3

darstellen. Nicht erlaubt wäre

= 26 - 5 + 3

Weil 26 nicht einstellig ist.

a) – 6 8 9 9
   – 1 3 4 6
   – 3 3 7 7
   – 1 3 4 8

   Die Aufgabenstellung ist klar – was aber soll dann diese Überschrift? Im Jahre 2003 stellten wir diese Aufgabe in einem Excel-Forum. Die Ziffernfolge 1-3-4-6 hat anscheinend einige in den Suizid getrieben und der, der es löste, kommentierte es mit eben diesen Worten. Ein anderer reagierte daraufhin: „Ich hab nach einer Stunde entnervt aufgegeben."

   Das waren zwei Diplomingenieure.

b) Und weil es so schön ist, noch ein paar Varianten. Bilden Sie mit der Ziffernfolge 3-5-7-9 solche Formeln, die als Ergebnis

– 85

– 43

– 20

ergeben.

c) Finden Sie eine Lösung für die vier voneinander verschiedenen Ziffern a, b, c und d, die Sie wie in den vorherigen Aufgaben anordnen und die als Ergebnis abc liefern.

d) Wie Aufgabe c, nur müssen a, b, c und d aufsteigend sortiert sein.

2.15 Ein gewisser Herr Kaprekar

a) Denken Sie sich irgendeine vierstellige Zahl, bei der mindestens zwei Ziffern verschieden sein müssen. 5.555 geht also nicht, 5.556 wäre aber o.k. Bilden Sie aus den vier Ziffern die größtmögliche und dann die kleinstmögliche Zahl und ziehen die kleinere von der größeren ab. Mit dem Resultat gehen Sie in gleicher Weise vor. Wiederholen Sie das ganze einige Male.

Welche Zahlen erhalten Sie am Ende der Prozedur und was ist das Besondere daran?

b) Es gibt nur eine Zahlenlänge, die die gleiche Besonderheit aufweist wie die der vierstelligen Zahlen. Welche Zahlenlänge ist dies und welche Besonderheit ist gemeint?

c) Ist die Anzahl der Ziffern der Quadratzahl ungerade, kommt die Mittlere nach rechts. Nehmen Sie eine Zahl und bilden Sie ihr Quadrat. Dann trennen Sie die Ziffern der Quadratzahl in der Mitte, addieren die linke Hälfte zu der rechten Hälfte und subtrahieren die Ursprungszahl. Bei welchen Zahlen erhalten Sie null als Ergebnis und was hat das mit dem Aufgabenteil *a* zu tun?

2.16 Art of Excel

Eine einzige Formel in A1 – kopiert bis V22 – ergibt das Kunstwerk in Abbildung 2.7.

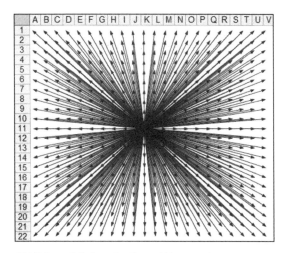

Abbildung 2.7: Das Ein-Formel-Kunstwerk

Wie lautet die Formel in A1 und wie wird das „Diagramm" erstellt?

2.17 Origami und Optimierung

Vor Ihnen liegt ein quadratisches Stück Pappe mit einer Seitenlänge von 20 cm (Abbildung 2.8). Daraus soll ein Kästchen (ohne Deckel) gebastelt werden, indem an jeder Ecke ein identisches Quadrat ausgeschnitten wird und die entstehenden Ränder nach oben gebogen werden.

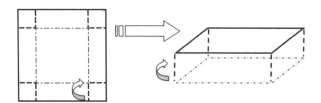

Abbildung 2.8: Bastelvorlage Kästchen

Wie tief müssen Sie einschneiden, um das Volumen des Kästchens zu maximieren, und wie viele cm³ sind es dann?

2.18   6 Primeln hintereinander

Multiplizieren Sie eine Primzahl X mit 2 und addieren Sie 1. Mit der so gefundenen Zahl gehen Sie identisch vor usw., usw.

Was ist die kleinste Zahl, bei der so hintereinander sechs Primzahlen gebildet werden (inklusive der Ausgangszahl)?

2.19   Gespiegelte Zahlen

Palindromzahlen sind von links und von rechts gelesen (gespiegelt) identisch. Das Palindromverfahren verlangt, zu der Ausgangszahl die gespiegelte Zahl zu addieren und das mit der so entstandenen Zahl zu wiederholen. Ein Beispiel mit der Ausgangszahl 46, die nach nur zwei Schritten ein Palindrom erreicht:

1. Schritt 46 + 64 = 110

2. Schritt 110 + 011 = 121

Nach wie vielen Schritten erreicht die Zahl 89 ein Palindrom?

2.20   Quadratisch, praktisch, gut

a) Wie viele Quadrate sehen Sie in Abbildung 2.9?

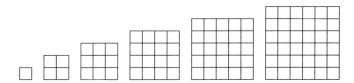

Abbildung 2.9: Quadratisch, praktisch, besser

b) Und wie viele Quadrate wären es insgesamt, wenn sich diese Reihe bis zu einer Matrix mit 100 x 100 Zellen fortsetzen würde?

2.21 Genial vereimert

a) In „Stirb langsam 3" musste Bruce Willis zwecks Entschärfung einer Bombe mit einem 3-Liter- und einem 5-Liter-Kanister 4 Liter zusammenschütten. Aus einem Brunnen stand ihm dabei beliebig viel Wasser zur Verfügung. Wie hat er das Problem gelöst?

b) Als Weltretter ist Bruce Willis unschlagbar, doch als Knobler machen Sie ihm (hoffentlich) noch etwas vor. Deshalb nun noch eine ähnliche, aber weitaus schwierigere Aufgabe. Sie haben drei Eimer mit folgendem Fassungsvermögen: 10 Liter, 7 Liter und 3 Liter (Abbildung 2.10). Der 10-Liter-Eimer ist komplett gefüllt, die anderen beiden Eimer sind leer. Die Eimer haben keine Messskala.

Durch Umfüllen muss jetzt erreicht werden, dass im 10- und im 7-Liter-Eimer jeweils 5 Liter sind (der 3-Liter-Eimer ist dann logischerweise leer).

Wie viele und welche Umfüllungen sind vonnöten?

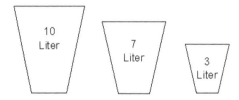

Abbildung 2.10: Die drei Eimer

2.22 Vierzig Gramm

Ein Juwelier verkauft Schmuckstücke mit einem Gewicht von 1 Gramm bis 40 Gramm. Zum Wiegen benutzt er eine Balkenwaage, und das Gewicht der Schmuckstücke in g ist immer ganzzahlig.

Wie viele Gewichte benötigt der Juwelier mindestens, um alle Grammzahlen zwischen 1 und 40 darstellen zu können?

2.23 Das A & O

Am Anfang war das Wort und das Wort war

AAA_OOO

Erzeugen Sie durch schrittweise Transformation dieser Zeichenkette das Wort

OOO_AAA

Dabei müssen einige Regeln beachtet werden:

- Bei jeder Transformation tauscht der Unterstrich _ mit einem anderen Zeichen den Platz.
- Die Zeichen O dürfen sich grundsätzlich nur nach links bewegen.
- Die Zeichen A dürfen sich grundsätzlich nur nach rechts bewegen.
- Der Bindestrich und das andere zu tauschende Zeichen müssen entweder direkt benachbart sein oder es darf höchstens ein weiteres Zeichen zwischen ihnen liegen.

Mit diesen vier Regeln ist das System vollständig definiert. Falls Sie es noch nicht ganz verstanden haben, stellen Sie sich vor, alle A wären Frösche und alle O wären Kröten. Sie alle sitzen auf Steinen und wollen einen Bach überqueren. Die Frösche wollen nach rechts, die Kröten wollen nach links. Der Unterstrich symbolisiert den einzigen Stein, der immer frei ist und der besprungen werden kann. Die Sprungkraft der Tiere reicht gerade aus, einen anderen Quaker zu überspringen.

a) Finden Sie die Folge von Transformationen, die ans Ziel führt. Machen Sie es auf einem Blatt Papier, mit Streichhölzern oder wie auch immer, das bleibt Ihnen überlassen.

b) Modellieren Sie die Transformation über Excel-Formeln. Hilfreich könnten dabei die Funktionen WENN, TEIL, ERSETZEN und FINDEN sein.

2.24 Alle Neune

In diesem Abschnitt geht es um kuriose neunstellige Zahlen, in denen die Ziffern von 1 bis 9 jeweils einmal vorkommen.

a) Es existiert eine einzige neunstellige Zahl, die durch neun teilbar ist sowie ihre n Stellen von links durch n teilbar sind. Die linke Stelle ist natürlich durch eins teilbar, die linken zwei Stellen sind durch zwei teilbar, die linken drei Stellen sind durch drei teilbar und so fort. Die Zahl 987.654.321 hat sich wirklich viel Mühe gegeben, ist aber leider knapp gescheitert. Welche Zahl ist die richtige?

b) Was ist das Einmalige an der neunstelligen Zahl 923.187.456?

c) Was hat die Zahl 831.596.742 Besonderes zu bieten?

2.25   Ein Ausrutscher

Nachfolgende zehn Zahlen haben bis auf eine die gleiche Eigenschaft. Wie heißt diese Eigenschaft und welche Zahl ist der Ausrutscher?

7.420.738.134.810
2.310
9.699.690
223.092.870
304.250.263.527.210
510.510
6.469.693.230
4.954.950
200.560.490.130
30.030

2.26   Beim Barras

Auf dem Kasernenhof stehen bis zu 2.000 Rekruten.

„Alle antreten in Zweierreihen!" – geht nicht auf (einer bleibt übrig).

„Alle antreten in Dreierreihen!" – geht nicht auf (einer bleibt übrig).

Ebenso bleibt bei Vierer-, Fünfer- und Sechserreihen jeweils einer übrig.

Erst bei Siebenerreihen geht es auf.

Wie viele Rekruten sind es mindestens und wie viele sind es höchstens?

2.27 Ast vom Baum des Pythagoras

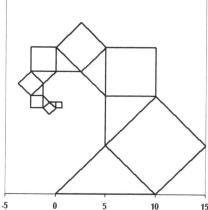

Abbildung 2.11: Ast vom Baum des Pythagoras

Das Diagramm in Abbildung 2.11 zeigt ein geometrisches Gebilde, das einem Ast des *Baums des Pythagoras* ähnelt, der aus aufeinanderfolgenden Quadraten und rechtwinkligen (und in diesem Fall auch gleichschenkligen) Dreiecken besteht. Die Hypotenuse des unteren Dreiecks hat eine Länge von 10 cm.

a) Welche Fläche hat das kleinste der Quadrate?

b) Konstruieren Sie den Ast aus einer einzigen, durchgängigen Datenreihe, die Sie dann in einem Punkt(XY)-Diagramm darstellen. Dies lässt sich bewerkstelligen, ohne dass die Datenreihe Lücken aufweist oder eine Linie mehrfach durchlaufen wird. Sehr hilfreich sind Ihnen dabei die Funktionen SIN(BOGENMASS(Grad)) und COS(BOGENMASS(Grad)).

2.28 Mustergültige Formeln

Erzeugen Sie für die in Abbildung 2.12 abgebildeten 7*7-Matrizen – ausschließlich mithilfe der *Bedingten Formatierung* – die gezeigten Muster:

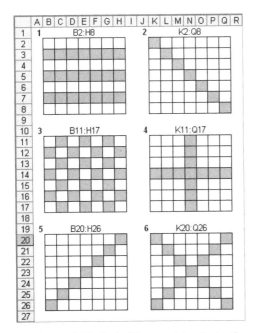

Abbildung 2.12: Sechs Muster mit bedingter Formatierung

Alle Zellen sind „jungfräulich", haben also *keine* Hintergrundformatierung und beinhalten auch *keinerlei Werte*. Wir haben lediglich die Gitternetzlinien ausgeblendet (*Extras>Optionen>Ansicht>Gitternetzlinien*) und die sechs Zellbereiche mit Rahmen versehen.

Gesucht ist für jeden einzelnen Zellbereich eine einzige Formel, die das angezeigte Muster erzeugt.

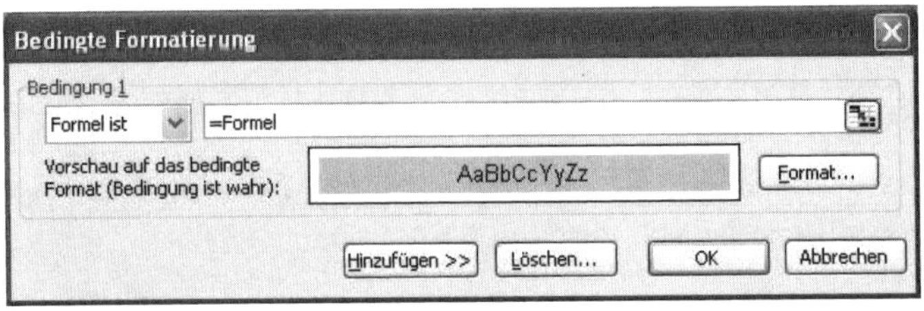

Abbildung 2.13: Dialog Bedingte Formatierung

Dort, wo in Abbildung 2.13 =*Formel* steht, soll die jeweils gesuchte Formel hinein. Die Formeln sollen auch uneingeschränkt für eine proportional vergrößerte Matrix (z.B. 30*30) funktionieren!

2.29 Eine besondere Formel

Was ist das Besondere an der Formel in Abbildung 2.14?

$$f(x) = x^2 + x + 41$$

Abbildung 2.14: Die besondere Formel

Und bis zu welcher ganzzahligen Zahl für *x* „funktioniert" das Besondere?

2.30 Die blitzgescheite Kellnerin

Eine Kellnerin und ein Barkeeper haben gemeinsam ihr jeweiliges Trinkgeld gezählt (beide kennen also beide Beträge). Drei Typen – A, B und C – betreten die Bar.

Die Kellnerin fragt den Barkeeper: „Wie viel Geld haben die wohl dabei?"

Der Barkeeper: „Multipliziert man die drei Beträge, wären es 2.450 – in der Summe ist es aber nur so viel wie dein Trinkgeld."

Die Kellnerin rechnet: „Da fehlt eine Angabe!"

Der Barkeeper: „Stimmt – der Reichste von den Dreien hat nicht mehr als mein Trinkgeld dabei."

Die Kellnerin: „Dann ist alles klar."

Wie hoch sind die Trinkgelder der Kellnerin und des Barkeepers und wie viel Geld haben A, B und C dabei?

2.31 Chiffre – dem Geheimdienst auf der Spur

a) Entschlüsseln Sie folgenden nach der Cäsar-Verschlüsselung chiffrierten Text:

KEJJCDXKGNBWMNGKPGJCGPFG,WOFCUCNNGUBWDGITGKHGP!

b) Dieser Text ist auf eine quadrierte(!) Art und Weise verschlüsselt. Dabei wird unterstellt, dass es den Buchstaben Q im Alphabet nicht gibt, dieses also nur aus 25 Buchstaben besteht.

FAXVHIGATXVTVWWAHVPITCYWNIVAHFAT

Für beide Aufgaben gilt, dass die Satzzeichen korrekt sind und nicht entschlüsselt zu werden brauchen. Die Leerzeichen zur Trennung der Wörter müssen hingegen selbst ermittelt werden.

2.32 Einser, Zweier und ...?

Gegeben sind die Zahlenfolgen der Tabelle in Abbildung 2.15.

	A	B	C	D	E	F	G
1	1						
2	1	1					
3	2	1					
4	1	2	1	1			
5	1	1	1	2	2	1	
6							

Abbildung 2.15: Zahlenfolgen mit Einsern und Zweiern

Wie setzen sich die Folgen in den nächsten Zeilen fort? Wie viele Zeilen können in Excel mit der gleichen Logik fortgesetzt werden?

2.33 Die Elefantentankstelle

Ein Bananenhändler besitzt 3.000 Bananen, die er zum 1.000 km entfernten Markt bringen will. Als Transportmittel steht ihm ein Elefant zur Verfügung. Dieser benötigt pro km, den er zurücklegt, eine Banane (quasi als Treibstoff). Dieser Elefant kann maximal 1.000 Bananen tragen. Wie viele Bananen kommen maximal am Markt an?

2.34 Elfmeterschießen

Bei einem Fußballspiel kommt es zum Elfmeterschießen. Der Trainer einer Mannschaft muss nun aus 11 Spielern 5 Elfmeterschützen auswählen.

a) Wie viele Wahlmöglichkeiten gibt es, fünf Spieler aus der Mannschaft auszuwählen? Listen Sie alle Möglichkeiten in einer Excel-Spalte auf.

b) Inwiefern ändert sich die Situation, wenn es nicht nur darum geht, wer schießt, sondern auch die Reihenfolge festgelegt werden muss? Wie viele Möglichkeiten gibt es dafür und wie können diese in einer Excel-Tabelle aufgelistet werden?

Tipp: In beiden Fällen eignet sich zum Auflisten am besten ein Makro.

c) Und noch eine kleine Zusatzaufgabe. Bei der aus 11 Spielern bestehenden Mannschaft spielt normalerweise jeder stets auf der gleichen Position. Im nächsten Training nach dem – natürlich gewonnenen – Elfmeterschießen sagt der Trainer: „Beim nächsten Spiel darf jeder mal auf einer anderen Position spielen als sonst üblich." Wie viele Möglichkeiten hat der Trainer, die Mannschaft neu aufzustellen?

2.35 Ellenbogentaktik

In einer Firma ist die Stelle eines Gruppenleiters zu besetzen. Einer von drei Sachbearbeitern kommt dafür infrage. Die Entscheidung steht bereits fest, wurde aber noch nicht bekannt gegeben. Der erste Büroknecht Andy hält sich für besonders clever, geht zum Oberboss und sagt: „Einer meiner beiden Kollegen Bert und Claus, wird ja auf jeden Fall nicht befördert. Dann kannst du mir doch auch sagen, wer es ist." Der Boss überlegt einen Moment und antwortet schließlich: „Warum eigentlich nicht. O.k., Claus wird nicht befördert."

Andy freut sich tierisch und denkt: „Klasse, einen meiner beiden Konkurrenten habe ich schon aus dem Weg geräumt. Jetzt stehen meine Chancen 50 zu 50, dass ich der Glückliche bin, der befördert wird."

Freut er sich zu Recht, weil er seine Chancen verbessert hat, oder unterliegt er einem Trugschluss?

2.36 Der brave Hausmann

Eine Geschäftsfrau geht auf Reisen und lässt Ihrem Gatten 200,- € Taschengeld da. Dieses Barvermögen möchte er bestmöglich auf den Kopf hauen und geht in ein Feinkostgeschäft, das Waren zu folgenden Preisen anbietet:

Artikel 1	25,99 €
Artikel 2	12,50 €
Artikel 3	5,49 €
Artikel 4	79,00 €
Artikel 5	7,29 €
Artikel 6	15,99 €
Artikel 7	49,90 €
Artikel 8	4,98 €
Artikel 9	20,00 €
Artikel 10	9,99 €
Artikel 11	19,90 €
Artikel 12	65,00 €
Artikel 13	17,50 €
Artikel 14	29,80 €
Artikel 15	14,79 €
Artikel 16	30,00 €
Artikel 17	55,00 €
Artikel 18	24,00 €
Artikel 19	36,90 €
Artikel 20	38,50 €

Der Hausmann möchte von jedem Artikel nur ein Exemplar erwerben und seine 200,- € so gut wie möglich ausnutzen, also so wenig wie möglich Geld übrig behalten.

Welche Artikel soll er wählen? Tipp: Der Excel-Solver dürfte hier gute Dienste leisten.

2.37 Sieben Kisten

Folgende 33 Gewichte aus Abbildung 2.16 sollen in 7 Kisten gepackt werden, sodass alle Kisten gleich schwer sind:

Anzahl	kg je Gewicht
7	252
6	10
5	127
4	106
3	12
2	37
2	9
1	85
1	84
1	46
1	442

Abbildung 2.16: Die zu verteilenden Gewichte

Wie müssen die Gewichte auf die sieben Kisten verteilt werden?

2.38 Hau den Lukas

Ende des 12. Jahrhunderts wurde in Italien der damals bedeutendste Mathematiker geboren: Leonardo da Pisa, genannt *Fibonacci* (von: Filius Bonacci, Sohn des Bonacci). In seinem Widmungsprolog „liber abacci" findet sich auch die berühmte Fibonaccifolge wieder. Sie beginnt mit den Zahlen 1 und 1 und geht weiter mit der Addition der jeweiligen beiden Vorgängerzahlen:

1, 1, 2, 3, 5, 8, 13, 21, 34, 55 usw.

Berechnungen: 1 + 1 = 2, 1 + 2 = 3, 2 + 3 = 5, 3 + 5 = 8, 5 + 8 = 13, 8 + 13 = 21, 13 + 21 = 34 usw.

Fibonacci löste damit das „Kaninchenproblem", indem er die Entwicklung der Population eines Kaninchenpaares (unter bestimmten Bedingungen) ermittelte. Weiterhin nähert sich das Verhältnis einer Zahl der Fibonaccifolge gegen unendlich zu ihrer direkten Vorgängerzahl der berühmten Zahl *Phi*, dem sogenannten *Goldenen Schnitt* (1,618) (Abbildung 2.17).

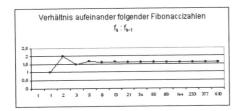

Abbildung 2.17: Fibonaccifolge und der Goldene Schnitt

Im 19. Jahrhundert entwickelte der französische Mathematiker Edouard *Lucas* eine Zahlenfolge, die der Fibonaccifolge sehr ähnlich ist. Sie dient zahlentheoretischen und kryptographischen Zwecken. Die Startglieder der Folge können unterschiedlich sein. In unserer Aufgabe beginnt sie mit 1 und 3 und nimmt dann mathematisch denselben Verlauf wie die Fibonaccifolge (Addition der beiden Vorgängerzahlen):

1, 3, 4, 7, 11, 18, 29, 47 usw.

Dividieren Sie die zweite durch 10 teilbare *Fibonaccizahl* durch die erste durch 10 teilbare und Sie erhalten eine *Lucaszahl* x.

Nennen Sie in der mit 1 und 3 beginnenden *Lucasfolge* die auf x folgende erste ungerade Nicht-*Primzahl*.

2.39 The next Generation

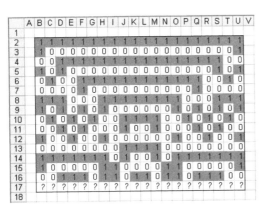

Abbildung 2.18: Fünfzehn Generationen einer sich fortpflanzenden Zellkultur

Abbildung 2.18 zeigt eine sich nach unten fortpflanzende Zellkultur. Eine Zelle kann immer nur den Zustand 1 (lebend) oder 0 (tot) einnehmen. Jede Zelle bezieht sich nur auf über ihr liegende Zellen.

Wie sieht die 16. Generation in der 17. Zeile aus? Welche Zellen dieser Zeile zeigen eine 1 und welche eine 0? Welche Formel steht in Zelle B2 (kopiert bis U17) die über Leben oder Tod der nächsten Generation entscheidet?

2.40 Der Sieger im pascalschen Dreieck

Das pascalsche Dreieck besteht aus in Dreiecksform angeordneten Zahlen – beginnend mit 1. Jede Zahl stellt dabei die Summe von zwei Vorgängerzahlen dar.

Welche Zahl kleiner als 2^{24}, außer der 1, kommt im pascalschen Dreieck am häufigsten vor, und wie oft kommt sie vor?

2.41 Immer der Reihe nach

Finden Sie das nächste logische Element der Zahlen- und Zeichenfolgen. Die Folgen sind entweder mathematisch, Excel-spezifisch oder „nur" logisch.

a) 1 - 2 - 4 - 8 - 16 - 13 - 7 - 14 - 9 - 18 - 17 - 15 - 11 - 3 - 6 - 12 - 5 - 10 - ???

b) 37.622 – 37.987 – 38.353 – 38.718 – 39.083 - ???

c) 15 - 5111 - 011 - 051 - 00 - 0015 - ???

d) P - L - O - K - I - J - U - H - ???

e) Adresse - Breite - Dateiname - Farbe - Format - ???

f) B - A - @ - ? - > - ???

g) 13 - 17 - 31 - 37 - 71 - 73 - 79 - 97 - 107 - 113 - ???

h) S - I - E - W - R - E - ???

i) 3 - 7 - 20 - 55 - 148 - 403 – 1.097 – 2.981 – 8.103 – ???

j) 1 - 2,00 - 3 € – 4 € - 05.01.1900 - 00:00 - ???

k) 25 - 100 - 169 - 225 - 289 - 400 - 625 - 676 - ???

l) E - A - d - g - h - ???

m) 10.000 – 121 – 100 – 31 – 24 – ???

n) M – D – M – D – ??? (selbstverständlich nicht M)

o) 1 – 4 – 10 – 20 – 35 – 56 – 84 – ???

p) Wie werden die obere und die untere Zeile fortgeführt?

A E F H I K …

B C D G J O …

q) 23 – 35 – 46 – ???

2.42 Der Sammler

Ein Sammler ist auf der Jagd nach einer Serie von Abziehbildern, die in den Verpackungen von Schokoriegeln versteckt sind. Zu der Serie gehören fünf verschiedene Motive, die alle gleich oft vorkommen.

a) Wenn der Sammler fünf Schokoriegel kauft, wie hoch ist dann die Wahrscheinlichkeit, dass er bereits alle verfügbaren Motive erhalten hat?

b) Wie hoch ist die Wahrscheinlichkeit, dass er genau drei verschiedene Motive erhalten hat?

c) Wie viele Schokoriegel wird der Sammler im Durchschnitt kaufen müssen, um wahrscheinlich in den Besitz aller verschiedenen Motive zu kommen?

2.43 Das Ur-Sudoku

Was wäre ein Knobelbuch ohne *Sudoku-Rätsel*? Um dem Zeitgeist zu folgen, haben wir einen Sudoku-Generator entwickelt, der folgendes Rätsel aus Abbildung 2.19 ausgespuckt hat.

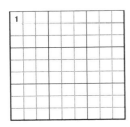

Abbildung 2.19: Sudoku-Rätsel mit nur einer Vorgabe

a) Lösen Sie obiges Sudoku-Rätsel. Es wurden keine Vorgaben vergessen und es handelt sich auch nicht um einen Druckfehler. Natürlich ist dieses Sudoku-Rätsel nicht eindeutig. Finden Sie eine von vielen möglichen Lösungen.

b) Spaß beiseite, jetzt wird's ernst. Finden Sie eine Excel-Formel, die Sie in A1 schreiben und bis I9 kopieren, um ein gültiges Sudoku mit nur dieser einen vorgegebenen Zahl zu erhalten.

2.44   Telepathie

Dies ist jetzt eigentlich keine Knobelei, sondern mehr ein Vorführeffekt, da Sie das Teil erst basteln müssen. Wir haben es im Internet gefunden und es hat uns so gut gefallen, dass wir es sofort in Excel nachbauen und den scheinbaren „Zaubertrick" entlarven wollten.

Denken Sie sich eine beliebige 2-stellige Zahl. Ziehen Sie jetzt von dieser Zahl ihre Quersumme ab.

Beispiel: Sie merken sich die Zahl 61.

61 - (6 + 1) = 54

Suchen Sie dann das zum Ergebnis passende Symbol in Abbildung 2.20 und konzentrieren Sie sich darauf. Blättern Sie auf die nächste Seite bzw. betätigen Sie in der nachgebauten Excel-Anwendung die Taste ⌊Bild ↓⌋.

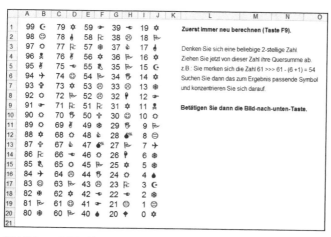

Abbildung 2.20: Magische Zahlen und Zeichen

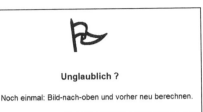

Unglaublich ?

Noch einmal: Bild-nach-oben und vorher neu berechnen.

Abbildung 2.21: Telepathische Lösung

Entspricht das in Abbildung 2.21 gezeigte Zeichen Ihrem gemerkten Zeichen? Mit Sicherheit ja. Stellt sich nun die Frage: Warum???

2.45 Verkürzungswettbewerb

In den deutschsprachigen Excel-Foren hat sich unter den Formelfreaks eine sportliche Disziplin entwickelt: das Formelverkürzen. Dabei geht es darum, zu einer gegebenen Aufgabenstellung die kürzeste Formel zu finden, die ohne Einschränkungen funktioniert.

Beispielsweise stellte jemand im Jahre 2001 die Frage: „Wenn die Zellinhalte von A1 und B1 identisch *und* Zahlen sind, soll 1 ausgegeben werden. Wenn die Zellinhalte identisch sind, aber Text (Zeichenketten) enthalten, soll 1,5 ausgegeben werden. In allen anderen Fällen – die Zellinhalte sind also nicht identisch – soll 0 ausgegeben werden. Vorraussetzung ist, dass beide Zellen nicht leer sind. Außerdem sind Wahrheitswerte oder Fehlerwerte in A1 und B1 verboten."

Diese Lösung wurde als Erstes gesandt:

D1: =WENN(UND(ISTZAHL(A1);A1=B1);1;WENN(A1=B1;1,5;0))

In Abbildung 2.22 wurde die Formel von D1 nach D2:D4 kopiert und soll einige mögliche Ergebnisse demonstrieren.

D1	▼		*fx* =WENN(UND(ISTZAHL(A1);A1=B1);1;WENN(A1=B1;1,5;0))			
	A	B	C	D	E	F	G
1	123	123		1			
2	1	0		0			
3	Halli	Hallo		0			
4	x	x		1,5			
5							

Abbildung 2.22: Beispielergebnisse mit der Ursprungsformel

Kürzen Sie obige Formel (49 Zeichen) so weit wie möglich. Wir sind damals bei 18 Zeichen gelandet – das war stundenlange, konzentrierte Arbeit (an dem Tag waren alle Beteiligten in ihren Firmen sicherlich überbezahlt).

2.46 Der Wurm und das Gummiband

Ein Wurm bewegt sich am Anfang eines einhundert Zentimeter langen Gummibandes und möchte auf die andere Seite gelangen. Nachdem er einen Zentimeter zurückgelegt hat, braucht der Wurm eine Verschnaufpause. Gerade in dem Moment, in dem er ausruht, verlängert sich das Gummiband gleichmäßig um einhundert weitere Zentimeter. Danach bewegt er sich wieder einen Zentimeter voran und bei erneuter Pause verlängert sich das Gummiband wieder um einhundert Zentimeter. So geht das bis in alle Ewigkeit weiter.

Kann der Wurm das Ende des Gummibandes überhaupt jemals erreichen? Kann er zumindest einen bestimmten Anteil des Bandes hinter sich lassen, sagen wir 10 %?

2.47 Der betrügerische Zwerg

Sie sind Betreiber einer Goldmine und haben 10 Zwerge beschäftigt, die den ganzen Tag Gold für Sie abtragen und daraus Goldbarren herstellen. Jeder einzelne Barren wiegt exakt 1 Kilogramm und jeder Zwerg erzeugt seinen eigenen Goldbarrenhaufen (Abbildung 2.23).

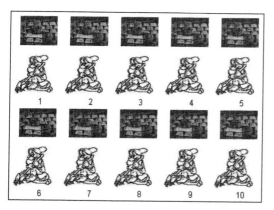

Abbildung 2.23: Die 10 Zwerge und ihre Goldbarrenhaufen

Eines Tages erhalten Sie einen Hinweis, dass ein Zwerg Sie hintergeht: Seine Goldbarren wiegen nur 900 Gramm – die restlichen 100 Gramm schafft er für seine eigene Altersvorsorge beiseite. Sie haben eine riesengroße Digitalwaage (diese zeigt das Gewicht auf 1 Gramm genau an) und müssen *mit einem einzigen* Wiegevorgang den Betrüger entlarven. Wie bestücken Sie die Waage?

2.48 Zehn plus zehn gleich neunzehn

18 = 9 + 9 und
81 = 9 * 9 ist ja klar!

Dann stimmt aber logischerweise auch:

19 = 10 + 10 und
91 = 10 * 10

Sowie:

17 = 8 + 8 und 71 = 8 * 8
16 = 7 + 7 und 61 = 7 * 7
15 = 6 + 6 und 51 = 6 * 6

usw.

Wieso und wann stimmt das?

2.49 Der Boss

Unterhalb der Zahl 1.000 gibt es zehn Quadratzahlen, die sich als Summe zweier anderer Quadratzahlen darstellen lassen. Beispiel:

$169 = 13^2 = 5^2 + 12^2$

Nur eine davon ist der Boss: Diese lässt sich nämlich durch zwei unterschiedliche Quadratesummen darstellen.

$a^2 = b^2 + c^2 = d^2 + e^2$

Welche 10 Quadratzahlen sind es und wer ist der Boss (Knut)?

2.50 Wann haben Sie das letzte Mal einen Entrops geknürzt?

Nur Logik – garantiert ohne Excel!

- 27 Entropse verforkeln das Gnumpf und knürzen die Kalinise.
- 6 Entropse nupen den Plgl, knürzen die Kalinise und verforkeln das Gnumpf.
- 41 Entropse nupen den Plgl.
- 21 Entropse verforkeln das Gnumpf und nupen den Plgl.
- 8 Entropse knürzen weder die Kalinise noch nupen sie den Plgl noch verforkeln sie das Gnumpf.
- 49 Entropse verforkeln das Gnumpf.
- 17 Entropse knürzen die Kalinise und nupen den Plgl.
- 43 Entropse knürzen die Kalinise.

Wie viele Entropse gibt es mindestens?

2.51 Eine Folklegende

Wer ist 14.326 (Vorname) und 20.991.973 (Nachname)? Vor- und Nachname zusammen (ohne trennendes Leerzeichen): 752.449.373.223. Und was hat diese Person mit der Zahl 35 und mit Folk zu tun?

2.52 Beweis oder Widerlegung

Wir behaupten, dass die Formel

`{=REST(WURZEL(PRODUKT(GANZZAHL(A1)+{0.1.2.3})+1);1)=0}`

stets WAHR ergibt, vorausgesetzt in A1 steht eine Zahl und Excels Rechengrenze wird nicht gekillt.

Widerlegen oder beweisen Sie obige Behauptung und: Was wird da überhaupt behauptet?

2.53 N-Eck und Kreis

Ein regelmäßiges n-Eck umschließt einen Kreis. Dieser Kreis umschließt ein zweites n-Eck (Abbildung 2.24).

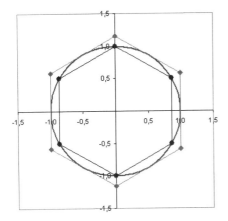

Abbildung 2.24: Kreis zwischen innerem und äußerem n-Eck

a) Passt der Kreis besser in das äußere n-Eck oder passt das innere n-Eck besser in den Kreis? Oder anders ausgedrückt: In welchem Fall ist die Flächendifferenz kleiner? Gilt das Ergebnis für alle *n* oder existiert eine Eckenzahl, bei der es kippt?

b) Zeichnen Sie die beiden n-Ecke in einem Punkt(XY)-Diagramm, nachdem Sie die Koordinaten der Eckpunkte bestimmt haben.

2.54 Übers Pi brechen

Die Kreiszahl *Pi* mit dem Wert 3,1415926535... (= Umfang dividiert durch Durchmesser eines Kreises) ist eine irrationale Zahl mit unendlich vielen Nachkommastellen. Irrationale Zahlen haben unter anderem die Eigenschaft, dass sie nicht als Brüche zweier natürlicher Zahlen darstellbar sind.

Auch die Euler-Zahl *e* = 2,7182818284..., die Basis des natürlichen Logarithmus, ist eine solche irrationale Zahl. Sie erhält man, wenn man die Gleichung $(1 + 1/n)^n$ gegen unendlich streben lässt.

Seit ewigen Zeiten versuchen Mathematiker schon, beste Näherungen für *Pi* (und *e*) zu finden. Welche Divisionen von je zwei ganzen Zahlen unter 1.000 kommen diesen beiden irrationalen Zahlen am nächsten? Der Chinese Tsu Chu'ung-Chi (430–501 n.Chr.) hielt darin 800 Jahre lang den Weltrekord (mit dem hier gesuchten Bruch für *Pi*). 272/100 und 314/100 wäre trivial, wir suchen natürlich eine bessere Annäherung.

2.55 Vierstellige Primpalindromzahlen

Palindromzahlen sind von links und von rechts gelesen identisch. Es gibt 90 dreistellige Palindromzahlen. Die nachfolgenden 15 sind auch gleichzeitig Primzahlen:

101 - 131 - 151 - 181 - 191 - 313 - 353 - 373 - 383 - 727 - 757 - 787 - 797 - 919 - 929

Wie viele vierstellige Palindromzahlen gibt es, die gleichzeitig Primzahlen sind? Nennen Sie die kleinsten drei.

2.56 Der permutierte Salesman

Ein Händler hat fünf Kunden, die in den Orten A, B, C, D und E wohnen. Er selbst wohnt in dem Ort H und möchte alle Kunden mit Waren beliefern. Als ökonomisch denkender Mensch möchte er dazu natürlich die kürzeste Strecke wählen. Die Position der Orte ist über ihre x/y-Koordinaten bestimmt, womit auch ihre Entfernung zueinander bekannt ist. Bei einer Route H>A>B>C>D>E>H ergibt sich beispielsweise die in Abbildung 2.25 gezeigte Gesamtstrecke von 64,8 km:

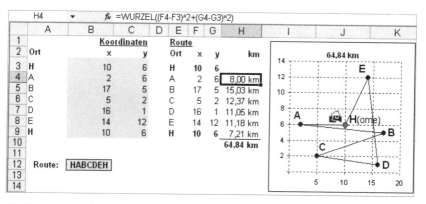

Abbildung 2.25: Beispielroute des Händlers mit den fünf Kunden A–E

Die Abbildung 2.26 zeigt eine vollständige Entfernungstabelle:

	H	A	B	C	D	E
H		8,0	7,1	6,4	7,8	7,2
A	8,0		15,0	5,0	14,9	13,4
B	7,1	15,0		12,4	4,1	7,6
C	6,4	5,0	12,4		11,0	13,5
D	7,8	14,9	4,1	11,0		11,2
E	7,2	13,4	7,6	13,5	11,2	

Abbildung 2.26: Entfernungstabelle

a) Wie viele verschiedene Routen gibt es, alle fünf Orte anzufahren?

b) Beweisen Sie Ihr Ergebnis von Aufgabe *a*, indem Sie alle Möglichkeiten in einer Excel-Spalte auflisten.

c) In *Excel – Das Zauberbuch* haben wir gezeigt, wie der Händler per „Trial and Error", also einer zufälligen Reihenfolge der Orte, eine recht brauchbare Routenplanung erhält. Er konnte sich aber nie hundertprozentig sicher sein, dass er wirklich die allerbeste Lösung gefunden hat. Mithilfe der in Aufgabe *b* angewandten Kombinatorik ist es möglich, den garantiert kürzesten Weg aufzuspüren. Wie würden Sie vorgehen? Das Excel-Feature *Mehrfachoperation* kann Ihnen dabei die Arbeit erleichtern.

2.57   Clevere Piraten

Fünf Piraten haben 501 Goldmünzen – diese sollen auf alle verteilt werden. Der Reihe nach muss jeder so lange sein „Gebot" für die Aufteilung der Goldmünzen auf die fünf Piraten abgeben (die Reihenfolge wird vorher gelost), bis mehrheitlich einem Gebot zugestimmt wurde.

Bedingungen:

- Keiner gibt sich selbst 0 Münzen.

- Keiner akzeptiert 0 Münzen.

- Über das jeweilige Gebot wird abgestimmt: Sofern keine Mehrheit da ist, wird der Gebotsgeber geköpft.

- Der Gebotsgeber hat eine eigene Stimme.

- Alle haben den totalen „Überlebenstrieb".

▓ Alle sind unendlich clever.

▓ Alle wollen das Maximum für sich herausholen (ohne geköpft zu werden oder leer auszugehen, wobei das Leben im Zweifel Priorität hat).

Ein Pirat wird ausgelost, das erste Gebot abzugeben. Welches Gebot (das die Mehrheit – inklusive seiner eigenen Stimme – annehmen wird) wird er abgeben?

Tipp:

Diese Aufgabe ist hammerharte Logik. Auf jeden Fall sollte man das Pferd von hinten aufzäumen: Was wäre, wenn Pirat 5 an die Reihe käme und alle Piraten vor ihm schon tot wären, da ihre Gebote abgelehnt wurden? Was wäre wenn Pirat 4 an die Reihe käme usw. – und genau das Wissen haben die vor einem drankommenden Piraten auch, da sie extrem clever sind.

2.58 Quadratesummen

Gauß musste in der Schule die Zahlen von 1 bis 100 addieren und nahm dazu die Formel

`(1 + 100) * 50 = 5.050`

zu Hilfe. Etwas schwieriger wird es, wenn nicht die Zahlen selbst, sondern deren Quadrate summiert werden sollen – formal ausgedrückt in der Abbildung 2.27.

$$y = \sum_{x=1}^{n} x^2$$

Abbildung 2.27: Summe von Quadratzahlen

a) Mit welcher kleinen Arrayformel lässt sich diese Berechnung allgemeingültig für beliebige *n* durchführen?

b) Vor einigen Jahrhunderten gab's noch keine Arrayformeln. Welcher schlaue Kopf hat sich trotzdem mit einer genialen Formel zu helfen gewusst und wie lautet die Formel?

c) Mit welchen Excel-Werkzeugen kann diese Aufgabe ebenso elegant gelöst werden, und das sogar für die Summe der Kuben (n^3)?

2.59 Schiffe verfolgen

Dies ist eine pazifistische Variante des beliebten Spiels „Schiffe versenken". Hier wird nämlich niemand versenkt, sondern nur verfolgt. Es sei ein 30 x 30 km großer See, der in ein Koordinatensystem eingeteilt ist. Auf diesem See fahren vier Schiffe. Ihre momentane Position wird durch die x/y-Koordinaten

1. Schiff: -10/10

2. Schiff: 10/10

3. Schiff: 10/-10

4. Schiff: -10/-10

beschrieben.

Die Schiffe verfolgen sich gegenseitig. Schiff 1 verfolgt Schiff 2, Schiff 2 verfolgt Schiff 3, Schiff 3 ist hinter Schiff 4 her und Schiff 4 macht schließlich Jagd auf Schiff 1. Jedes Schiff nimmt direkten Kurs auf seinen Nachfolger. Da sich dessen Position laufend verändert, muss der Jäger auch immer wieder seinen Kurs korrigieren. Das geht immer nur mit einer gewissen Verzögerung. Sobald die Schiffe einen Kilometer zurückgelegt haben, können sie den Kurs ändern. (Dauert eben seine Zeit, bis der Ausguck die Position bestimmt hat, der Kurs neu berechnet und an den Steuermann durchgegeben ist.) Die Schiffe fahren alle mit der gleichen Geschwindigkeit (Abbildung 2.28).

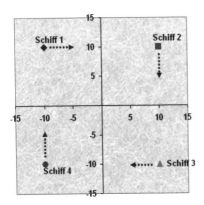

Abbildung 2.28: Vier Schiffe, die sich verfolgen

a) Bestimmen Sie die Position(en), an denen sich die Schiffe treffen, und machen Sie eine Aussage darüber, nach wie vielen zurückgelegten Kilometern dies der Fall sein wird. Ein bisschen Pythagoras und Dreisatz wird Ihnen dabei helfen.

b) Wo treffen sich die Schiffe, wenn das Schiff 1 im Mittelpunkt 0/0 startet?

2.60 Die Zeche vom Skatabend

Walter kommt nach einem Skatabend nach Hause. Fragt seine Frau: „Was habt ihr wieder alles verzecht?"

„Ich habe 20,50 € bezahlt und hatte 5 Bier und 2 Bratwürste.

Boris hatte drei Wasser, zwei Bier und eine Bratwurst für insgesamt 17,40 €.

Jens musste 23,20 € bezahlen und hatte 4 Wasser und 3 Bratwürste."

Frau: „Musst du denn so viel Bier trinken?"

Walter: „Ja, kein Wunder, bei den Wasserpreisen."

Wie kommt er zu diesem Schluss und wie viel teurer als das Bier ist denn Wasser?

2.61 Die Soldaten, der Fluss und die Brücke

Teil 1 – das Rätsel

Vier verwundete Soldaten befinden sich auf feindlichem Terrain und wollen in das angrenzende Heimatland fliehen. Sie befinden sich am Grenzfluss. Der einzige Weg ins Heimatland führt über eine beschädigte Brücke, die nur zwei Soldaten gleichzeitig tragen kann. Die Brücke ist vermint und es ist stockduster, sodass diejenigen, die hinübergehen wollen, eine Taschenlampe benutzen müssen, um nicht auf eine der Minen zu treten. Es ist allerdings nur eine einzige Taschenlampe vorhanden.

Weil die Soldaten verschieden stark verletzt sind, braucht jeder von ihnen unterschiedlich viel Zeit, um sich über die Brücke zu bewegen:

- Soldat 1: 5 Minuten
- Soldat 2: 10 Minuten
- Soldat 3: 20 Minuten
- Soldat 4: 25 Minuten

Der Feind wird die Soldaten in exakt einer Stunde erreichen. In welcher Reihenfolge müssen die Soldaten die Brücke passieren, um zu entkommen?

Noch ein kleiner Tipp: Denken Sie daran, dass die Taschenlampe immer hin und her transportiert werden muss! Die Soldaten werden sinnigerweise paarweise die Brücke überqueren, wobei dann natürlich der langsamere Soldat die Geschwindigkeit bestimmt.

Teil 2 – das Excel-Modell

Hier besteht das Hauptziel darin, diese Aufgabe in Excel zu modellieren und für andere „spielbar" zu machen. Sie haben die Aufgabe, die (vollkommen wasserdichten) benötigten Formeln, bedingten Formate und Gültigkeitsregeln zu erstellen. Das folgende Grundgerüst steht Ihnen zur Verfügung (Abbildung 2.29):

	A	B	C	D	E	F	G	H	I	J
1										
2		Soldat	Gehzeit	Hinweg1	Rückweg1	Hinweg2	Rückweg2	Hinweg3	Position/Status	
3		1	5						Muss noch rüber	
4		2	10						Muss noch rüber	
5		3	20						Muss noch rüber	
6		4	25						Muss noch rüber	
7			Minuten	0	0	0	0	0	0	
8										

Abbildung 2.29: Excel-Modell zur Aufgabenlösung

Die vorgegebene Wegezahl ist übrigens völlig ausreichend, da es mit mehr als drei Hinwegen ohnehin keine Lösung gibt.

Für die vier Soldaten gibt es 4 Zeilen (3 bis 6). Die Gehzeit für einen Weg je Soldat (in Minuten) geben wir in C3:C6 gemäß der Aufgabenstellung vor. Jetzt gibt es 5 Spalten (D bis H), die in der Reihenfolge von links nach rechts die Laufwege darstellen. Dabei dürfen auf jedem Weg maximal zwei Soldaten „bewegt" werden (da die Brücke sonst zusammenbricht). Ein Soldat wird bewegt, indem seine Nummer (gemäß B3:B6 – also 1, 2, 3 oder 4) in eine der Zellen im Bereich D3:H6 (in „seiner" Zeile) eingegeben wird. Dabei muss zwangsläufig sowohl chronologisch als auch logisch vorgegangen werden. Man kann also nicht z.B. Soldat 2 auf Rückweg 2 schicken, wenn er sich zu diesem Zeitpunkt nicht im Heimatland befindet. Spalte I ist mit einer Formel bestückt, die die Position/den Status jedes Soldaten angibt. Ist ein Soldat auf dem Hinweg über die Brücke gegangen, erscheint der Text „Angekommen". Ist er noch auf feindlichem Terrain (oder auch wieder dorthin zurückgegangen, weil er die Taschenlampe zurückbringen musste), erscheint „Muss noch rüber".

In Zeile 7 im Bereich D7:H7 sollen die Minuten je Weg errechnet werden. Wenn zwei Soldaten gleichzeitig gehen, muss dort natürlich die Zeit des langsameren erscheinen, da der schnellere auf ihn warten muss. In I7 werden die Minuten aus D7:H7 summiert. Das Ziel ist es, bei allen Soldaten den Status „Angekommen" zu erreichen und dabei die Gesamtzeit von 60 Minuten (I7) nicht zu überschreiten.

Zur Veranschaulichung haben wir ein paar Zellen mit Leben gefüllt (das muss nicht der korrekte Lösungsansatz sein) (Abbildung 2.30):

	A	B	C	D	E	F	G	H	I	J
1										
2		Soldat	Gehzeit	Hinweg1	Rückweg1	Hinweg2	Rückweg2	Hinweg3	Position/Status	
3		1	5						Muss noch rüber	
4		2	10	2	2				Muss noch rüber	
5		3	20	3					Angekommen	
6		4	25						Muss noch rüber	
7			Minuten	20	10	0	0	0	30	
8										

Abbildung 2.30: Excel-Modell mit Beispieldaten

In diesem Fall haben wir zunächst Soldat 2 und 3 losgeschickt. Das macht 20 Minuten (die Gehzeit des Langsameren). Dann schicken wir Soldat 2 mit der Taschenlampe wieder zurück. Macht 10 Minuten und somit in der Gesamtzeit 30 Minuten. Soldat 3 ist derzeit der einzige, der „Angekommen" ist. Hätten wir Soldat 2 noch nicht (mit der Taschenlampe) auf den Rückweg geschickt (Zelle E4 wäre also leer), dann hätte auch er den Status „Angekommen". Aber so haben sowohl er als auch die Soldaten 1 und 4 (die ja noch gar nicht gelaufen sind) den Status „Muss noch rüber".

Zusammengefasst suchen wir:

■ Formeln für die Zellen im Bereich D7:I7 (Minuten) sowie I3:I6 (Position/Status)

■ Eine allgemeingültige benutzerdefinierte Gültigkeit (*Daten>Gültigkeit>Zulassen: Benutzerdefiniert*) für den Bereich D3:H6, die dafür sorgt, dass ausschließlich chronologische und logische Eingaben möglich sind (nur **eine** Formel, die auf alle Zellen im Bereich D3:H6 angewandt werden kann!). Wird eine Falscheingabe getätigt, soll eine Fehlermeldung erscheinen und die Eingabe rückgängig gemacht werden.

Machen Sie die Anwendung funktionell und so wasserdicht wie möglich!

2.62 Stammbruchzerlegung

Jeder Bruch mit einer natürlichen Zahl in Zähler und Nenner kann durch die Summe einer endlichen Zahl an Stammbrüchen dargestellt werden. Ein Stammbruch ist ein Bruch, der im Zähler eine 1 stehen hat und damit auch der Kehrwert des Nenners ist.

Wird ein Bruch in solche Stammbrüche zerlegt, spricht man naheliegenderweise von Stammbruchzerlegung. Dabei wird vom Ausgangsbruch im ersten Schritt der größte Stammbruch abgezogen, der kleiner oder gleich dem Ausgangsbruch ist. Vom verbleibenden Rest wird wiederum der größtmögliche Stammbruch abgezogen. Das geht so lange weiter, bis kein Rest mehr übrig bleibt. Zwei Beispiele:

0,75 ist einfach: 1/2 + 1/4

0,85 ist aber NICHT: 1/2 + 1/4 + 1/10, sondern 1/2 + 1/3 + 1/60

$0,85 - 0,5 = 0,35$ – also ist der nächstmögliche kleinste Stammbruch: 1/3

Zerlegen Sie nun den Bruch 59/120 (Beispiel bei Wikipedia) in seine Stammbrüche. Von wem stammt dieses Verfahren und was hat dieses mit einer Raupe zu tun?

2.63 Umlage – wer bekommt wie viel von wem?

Jens, Walter (WF) und Boris kommen aus ihrem gemeinsamen Afrika-Urlaub zurück und möchten nun gegenseitig abrechnen.

Walter hat die Flugkosten für sich und Jens bezahlt (900,– €), Boris hat die Hotelkosten für sich und Walter übernommen (1.290,– €) und hat Jens zwischendurch 400,– € geliehen. Jens hat für alle die Safari bezahlt (840,– €) und beim ersten gemeinsamen Abend die Zeche von 360,– € übernommen, wobei davon 60,– € auf zwei Stangen Zigaretten für Walter und 30,– € auf eine Stange für Boris entfielen, an denen sich Jens als Nichtraucher nicht beteiligt. Außerdem hat er Walter noch 100,– € geliehen.

Am letzten Abend waren alle im Spielcasino und haben 660,– € gewonnen. Diesen Betrag hat Boris treuhänderisch eingesackt.

Wie sieht die Endabrechnung aus? Wer bekommt noch wie viel von wem?

2.64 Antikörper gehen auf Virenjagd

Irgendwo im Körper eines Mannes hat sich ein tödliches Virus eingenistet. An einer anderen Stelle befindet sich ein Antikörper, der das Virus unschädlich machen könnte. Der Antikörper vermehrt sich pro Minute um den Faktor 2, das Virus um den Faktor 2,2. Viren sind beliebig teilbar, es gibt also auch 0,5 Viren. Die Antikörper begeben sich auf Virenjagd. Sobald sie diese gefunden haben, benötigt ein Antikörper eine Minute, um ein Virus zu fressen. Wann müssen die Antikörper die Viren spätestens gefunden haben, um zu verhindern, dass sich die Viren uneinholbar vermehrt haben und der Mann das Zeitliche segnet?

2.65 Nachtclub-Statistik

Ein Nachtclub ist mäßig besucht.

Wie viele Gäste (der älteste ist 69) müssen mindestens anwesend sein, um statistisch (Wahrscheinlichkeit > 50 %) dafür zu sorgen, dass zwei gleich alt sind?

2.66 Die Excel-Waage

Stellen Sie sich eine Balkenwaage vor. Dazu haben Sie neun Goldstücke (a, b, c, d, e, f, g, h und i), die alle bis auf eins das gleiche Gewicht von 5 Gramm aufweisen. Das neunte Goldstück ist 1 Gramm schwerer als alle anderen.

a) Wie können Sie das Goldstück, das aus der Reihe tanzt, mit nur zwei Wiegungen bestimmen?

b) Sie bekommen nun drei Goldstücke dazu. Insgesamt sind es also 12, die von 1 bis 12 durchnummeriert werden. Als weitere Gemeinheit ist das eine Goldstück **entweder** 1 Gramm schwerer **oder** 1 Gramm leichter als alle anderen. Ein weiterer Wiegevorgang genügt (insgesamt also drei), um den Ausreißer zu identifizieren. Wie ist das möglich?

2.67 Gesellige Freunde

In einer Folge aus Zahlen ist das nächste Glied die Summe der Teiler der Vorgänger-zahl ohne die Zahl selbst. Diese Zahlenfolge bezeichnet man als Aliquot-Folge. Eine Zahl innerhalb der Folge bezeichnet man als defizient, wenn ihr Nachfolger (ihre Tei-lersumme) kleiner ist als sie selbst, und als abundant, wenn ihr Nachfolger größer ist.

Nach wie vielen Schritten erreicht die Aliquot-Folge, beginnend mit der Zahl 1.000, die Null?

2.68 Dreimal angeeckt

Die 1 ist die erste Zahl, die gleichzeitig Dreiecks-, Vierecks- und Sechseckszahl ist, wie in Abbildung 2.31 zu sehen ist. Nennen Sie die zweite.

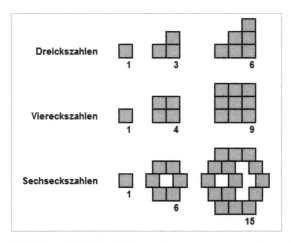

Abbildung 2.31: Visuelle Darstellung der ersten drei Dreiecks-, Vierecks- und Sechseckszahlen

2.69 Ein Liebesbrief

Nach der ganzen Mathematik mal etwas fürs Herz und eine Frage, die 20-mal so lang ist, wie die Antwort (garantiert ohne Excel).

Wer schrieb nachfolgenden Liebesbrief (erfolgreichen Heiratsantrag)?

An? Vorname? Nachname?

Ort, Datum?

Nehmen Sie es gut auf, sehr teure Freundin, dass ich über die wichtigste Angelegenheit schriftlich mein Herz vor Ihnen ausschütte, über welche es mündlich zu tun, ich bisher keine schickliche Gelegenheit gefunden habe.

Lassen Sie es mich endlich einmal Ihnen aus der Fülle meines Herzens sagen, dass ich ein Herz für Ihre stillen Engelstugenden, ein Auge für die edlen Züge habe, die Ihr Angesicht zu einem treuen Spiegel Ihrer Tugenden machen. Sie, gute, bescheidene Seele, sind so fern von aller Eitelkeit, dass Sie Ihren eigenen Wert selbst nicht ganz kennen. Sie wissen es selbst nicht, wie reich und gütig Sie der Himmel ausgestattet hat. Aber mein Herz kennt Ihren Wert – ach! mehr, als mit meiner Ruhe bestehen kann.

Längst gehört es Ihnen. Werden Sie es zurückstoßen? Können Sie mir das Ihrige geben? Können Sie, Teure, die dargebotene Hand annehmen, gern annehmen? An der Antwort auf diese Frage hängt mein Glück. Ich kann Ihnen zwar nicht Reichtum, nicht Glanz anbieten. Doch Ihnen, Gute – ich kann mich in Ihrer schönen Seele nicht geirrt haben –, sind ja Reichtum und Glanz ebenso gleichgültig wie mir. Aber ich habe mehr, als ich für mich allein brauche, genug, um zwei genügsamen Menschen ein sorgenfreies, anständiges Leben zu bereiten, meiner Aussichten in die Zukunft gar nicht einmal zu gedenken. Das Beste, was ich Ihnen anbieten kann, ist ein treues Herz voll der innigsten Liebe für Sie. Prüfen Sie, geliebte Freundin, sich selbst, ob dieses Herz Ihnen ganz genügt, ob Sie seine Empfindungen ebenso aufrichtig erwidern, ob Sie die Lebensreise, Hand in Hand mit mir, mit Wohlgefallen machen können, und entscheiden Sie bald. Ich habe, Beste, die Wünsche meines Herzens in kunstlosen, aber aufrichtigen Worten vorgestellt. Ich hätte es so leicht in ganz anderen tun können. Ich hätte Ihnen ein Gemälde von Ihren Reizen machen, das Sie, wenn es weiter nichts als Wahrheit wäre, als Schmeichelei würden aufgenommen haben; mit brennenden Farben könnte ich Ihnen ein Bild von meiner Liebe machen – ich dürfte ja nur meiner Empfindung das Reden erlauben –; ein Gemälde von der Seligkeit oder Trostlosigkeit, die mich erwarten, je nachdem Sie meine Wünsche erhören oder verwerfen. Aber ich habe das nicht gewollt. Verkennen Sie daran wenigstens die Reinheit meiner nicht selbstsüchtigen Liebe nicht – ich will Ihren Beschluss nicht bestechen. In der ernstesten Angelegenheit Ihres Lebens müssen Sie sich durch gar keine fremden Rücksichten bestimmen lassen. Sie sollen nicht meinem Glück ein Opfer bringen. Ihr eigenes Glück allein muss Ihre Entscheidung leiten. Ja Teuerste, so innig ich Sie auch liebe, so kann doch Ihr Besitz nur dann mich glücklich machen, wenn Sie es mir zugleich sind.

Ich habe Ihnen Geliebte, das Innere meines Herzens aufgedeckt: Sehnsuchtsvoll harre ich Ihrer Entscheidung entgegen.

Von ganzem Herzen

Der Ihrige

Unterschrift

2.70 Auf die inneren Werte kommt es an

Gegeben ist folgendes Gleichungssystem:

1. 6 + 7 = 8

2. 7 + 9 = 6

3. 28 = 39

Nach Lösung dieses Gleichungssystems können Sie Folgendes beantworten:

? * 7 = 6

Welchen ganzzahligen Wert hat das Fragezeichen?

2.71 Altweiber im Januar – Gauß forever

Im Jahre 2008 ist Altweiber schon am 31. Januar. Wann wird das das nächste Mal der Fall sein und wann ist es am 30.01.? Und wann vielleicht sogar schon am 29.01.? Und wann war Altweiber im Geburtsjahr von Carl Friedrich Gauß?

2.72 Mal umgekehrt: Formelentschlüsselung

Diesmal geht es nicht darum, eine Formel zu finden, sondern darum eine vorgegebene Formel zu verstehen. In der Zelle A2 steht eine zu untersuchende Zahl.

Die Formel, die die Zahl in A2 untersucht, lautet:

```
=REST(A2;SUMMENPRODUKT(("0"&TEIL(A2;SPALTE(2:2);1))*1))=0
```

Was errechnet diese Formel und wie heißt so eine Zahl, wenn sich als Ergebnis WAHR ergibt?

2.73 Keine Primzahlen

a) Die Zahlen 23, 37 und 43 sind keine Primzahlen mehr, wenn man vorne eine Stelle ergänzt.

Also: X23, X37 und X43

X = ?

Kleiner Tipp: X ist kein Faktor, der mit den Zahlen multipliziert wird, also nicht: X*23.

b) Auf einem Treffen der American Mathematical Society im Oktober 1993 trat F. N. Cole, als sein Vortrag an die Reihe kam, wortlos an die Tafel und begann, den Wert von 267^2 auszurechnen. Dann zog er 1 ab. Danach multiplizierte er zwei sehr große Zahlen miteinander. Die beiden Ergebnisse stimmten überein. Zum ersten und einzigen Mal brach das Publikum in Applaus aus. Cole ging zu seinem Platz zurück, ohne ein Wort gesagt zu haben, und niemand stellte eine Frage.

Was war damals für das Publikum so einleuchtend und genial zugleich, dass es sich zu Beifallsstürmen hinreißen ließ?

2.74 Harmoniebedürftige Zahlenfolge

Gegeben sind die sechs Zahlenfolgen in Abbildung 2.32:

	A	B	C	D	E	F	G
1	1						
2	2	2					
3	3	6	3				
4	4	12	12	4			
5	5	20	30	20	5		
6	6	30	60	60	30	6	
7	?	?	?	?	?	?	?

Abbildung 2.32: Sechs Zahlenfolgen mit fehlender 7. Reihe

Wie lautet die siebte Zahlenfolge in der siebten Zeile und wie heißt das Gebilde, das da entsteht?

(Kleiner Tipp: Es gibt übrigens auch Kehrwerte.)

2.75 Eine Million

a) Beweisen Sie, dass jede gerade Zahl als Summe zweier Primzahlen dargestellt werden kann.

b) Was hat die Aufgabe *a* mit der Überschrift zu tun.

2.76 Eine 1.700 Jahre alte Grabinschrift

Auf dem Grabstein steht, wie lang das Leben von ??? währte. Gott gönnte ihm, ein Sechstel seines Lebens als Knabe zu verbringen. Nach einem weiteren Zwölftel wuchs ihm ein Bart. Gott führte ihn in den Ehestand nach einem weiteren Siebtel. Fünf Jahre nach der Hochzeit schenkte er ihm einen Sohn. Unglückliches spät geborenes Kind! Nachdem es halb so alt geworden war wie sein Vater, starb es. Nachdem der Vater seinen Schmerz vier Jahre lang durch das Studium der Zahlen besänftigt hatte, beendete ??? sein Leben.

Wer war ???, wie alt wurde er und was ist in der Inschrift von der Logik her falsch? Wie alt wurde ???, wenn man den Logikfehler behebt?

2.77 Das Formelquiz

Ermitteln Sie die Lösungen der folgenden 100 Formeln. Als Lösungswerte kommen Zahlen, Texte, Wahrheitswerte (WAHR oder FALSCH) sowie Fehlerwerte (#NV, #DIV/ 0!, #WERT!) infrage. Matrizen sind als Matrixkonstanten eingearbeitet. Dabei gelten die deutschen Ländereinstellungen: Der Punkt (.) als horizontales und das Semikolon (;) als vertikales Trennzeichen der einzelnen Matrixelemente. Nutzen Sie beispielsweise die schweizerische Ländereinstellung, dann ist der Backslash (\) anstelle des Punktes (.) das Trennzeichen für horizontale Matrixelemente. Die Abbildung 2.33 verdeutlicht dies noch einmal:

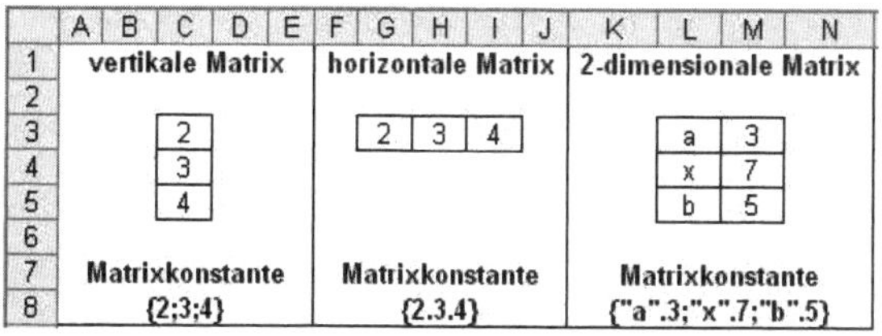

Abbildung 2.33: Matrizen und Matrixkonstanten

Beispielsweise schreiben wir (beispielhaft gemäß Abbildung 2.33) die Formel =SUMME(C3:C5) mit einer Matrixkonstanten wie folgt: =SUMME({2;3;4}), die Formel =SUMME(G3:I3) lautet dann =SUMME({2.3.4}) und =SVERWEIS("x";L3:M5;2;0) ergibt =SVERWEIS("x";{"a".3;"x".7;"b".5};2;0).

Formeln mit Matrixkonstanten werden als „normale" Formeln mit ⏎ abgeschlossen (nicht mit der Tastenkombination ⎡Strg⎤ + ⎡⇧⎤ + ⏎ für Arrayformeln). Dies gilt übrigens auch für alle anderen der 100 Formeln ohne Matrixkonstanten.

Gesucht ist der Rückgabewert der 100 Formeln, der zum Teil auch aus einer Matrix bestehen kann.

Ein Tipp vorab: Es geht teilweise sehr ins Detail! Schauen Sie also genau hin und überlegen Sie gut! Keine Formel gleicht der anderen …

Die 100 Formeln lauten:

1. =WERT("Hallo")

2. =1/FALSCH

3. =SUMME({2.4.6}*{1.2.3})

4. =SUMME({2.4.6}*{1;2;3})

5. =ZEILE(GV2)*SPALTE(D17343)

6. =VERGLEICH(5;{2.3.4.5.6};0)

7. =WENN(-5;1;0)

8. =WENN(0;1)

9. =WAHL(3;{1.2.3})

10. =1&2&3*5

11. =WAHR+WAHR

12. =BOGENMASS(360)/PI()

13. =LN(EXP(1))

14. ="a"="A"

15. =CODE("a")=CODE("A")

16. =ZEICHEN(CODE("a"))=ZEICHEN(CODE("A"))

17. =1>FALSCH

18. =WAHR+WAHR*FALSCH

19. =N("Hallo")

20. =VERGLEICH(5,5;{2.3.4.5.6})

21. =ODER({0.0.-2})

22. =TEXT(1;"TT.MM.JJJJ")

23. =MIN(FALSCH;2)

24. =OBERGRENZE(9,3;0,4)

25. =SUMMENPRODUKT(ZEILE(1:6))

26. =1*FALSCH+4*WAHR/FALSCH

27. =SVERWEIS(6;{1."x";7."y";5."z";0."a"};2;0)

28. =WECHSELN(WECHSELN("Excelformeln";"e";"i");"x";"u")

29. =SVERWEIS("7";{1."x";7."y";5."z"};2;0)

30. =VERWEIS(3;{9.8.7.6.5.4.3.2.1})

31. =VERKETTEN({1.2.3})="123"

32. =FINDEN("X";"Excel")

33. =SUCHEN("X";"Excel")

34. =SUCHEN("E";"Excel";SUCHEN("X";"Excel"))

35. =WAHL(3;9;8;7)

36. =HÄUFIGKEIT({1.2.3.4.5.6};{3.5})

37. =INDEX({1.2.3;4.5.6};2;3)

38. =VERGLEICH(6;INDEX({1.2.3;4.5.6};;3))

39. =VERGLEICH(7;WAHL(3;{1.2.3};{4.5.6};{7.8.9}))

40. =UND(0;0;0)

41. =UND(0=0;0=0;0=0)

42. =UND("x";"x";"x")

43. =ODER({2.4.6.8}<3)

44. =ODER({"2"."4"."6"."8"}<3)

45. =SUMMENPRODUKT(N(NICHT(7<{2.6.9})))

46. =UND(NICHT({0.0.0}))

47. =ANZAHL({#NV.#WERT!."x".WAHR.5.1E+99})

48. =KKLEINSTE({-2.FALSCH.2.4};2)

49. =KGRÖSSTE({"x"."y"."z".WAHR.-5.-7};2)

50. =TEXT("April27";"TT.MM.JJJJ")

51. =TEXT("April37";"TT.MM.JJJJ")

52. =MONAT(0)

53. =MONAT(5)

54. =TEXT(1;"TTTT")

55. =VERGLEICH("x";RÖMISCH({2.11.10.13.8});)

56. =DATUM(2000;3;0)

57. =TYP({2}) > TYP(2)

58. =ODER(KÜRZEN(ZUFALLSZAHL()*2)={0.1})

59. =SUMMENPRODUKT({2.3};{4.5})

60. =PRODUKT({2.3};{4.5})

61. =SUMME({2.3};{4.5})

62. =ISTZAHL("April7"+0)

63. =ISTZAHL(#NV)

64. =SUMME(REST({5.7};3))

65. =WOCHENTAG(HEUTE();2)=REST(HEUTE()-2;7)+1

66. =JETZT()-HEUTE()=REST(JETZT();1)

67. =ZUFALLSZAHL()>1

68. =(1=1)*NICHT(1=2)*ODER(NICHT(1=1);2=3)

69. =BEREICHE((A1:A8;A1:A7;A1:A6))

70. =SUMME(ABS({1.2.3.-9}))

71. =WENN("x";1;2)

72. =SUMME({2.4.6}/({WAHR.FALSCH.WAHR}+1))

73. =FAKULTÄT(ODER(1=2;1=3;1=4))

74. =LÄNGE("LÄNGE(8)")

75. =TEXT("01.01.1900";"[$-40c]MMMM")

76. =VERWEIS(2;1/{2.0.5.4.0.0.0.0})

77. =ZEILEN(1:3)*SPALTEN(B:D)

78. =ZEILE(1:3)*SPALTEN(B:D)

79. =ERSETZEN("Rätsel";1;3;"As")

80. =1=1=1

81. =1=NICHT(1)=FALSCH

82. =GESTUTZTMITTEL({1.5.6.7.10};0,4)

83. =KÜRZEN(2,33567;2)

84. =ADRESSE(5;3;4)

85. =STUNDE(0,5)

86. =MINUTE(0,5)

87. =LINKS(RECHTS("Excelformeln";9);3)

88. =GERADE(4,01)

89. =WIEDERHOLEN({1.2.3};4)

90. =SUMMENPRODUKT(ZEILE(INDIREKT("1:"&LÄNGE("abc"))))

91. =MODALWERT(1;2;3)

92. =MIN(5;MAX(MIN(4;2);6;1);3)

93. =VERGLEICH(4;{1.2.3.4.5}*2;0)

94. =NBW(10%;110;121)

95. =MMULT({2.4};{3;4})

96. =MTRANS({1.2.3.4})

97. =SUMME({WAHR.2."3"."4"})

98. =SUMME(WAHR;2;"3";"4")

99. =MITTELWERT({1.3.5."x"})

100.=MITTELWERT(1;3;5;"x")

2.78 Das Multiple-Choice-Quiz

Sind Sie schon Excel-Großmeister oder scheitern Sie bereits am Seepferdchendiplom? Testen Sie Ihr Excel-Wissen im 100-Fragen-Multiple-Choice-Test. Die Antworten beziehen sich immer auf die gute alte Excel-Welt bis Version 2003. Wo dies relevant ist, weisen wir in der Fragestellung darauf hin und beschreiben in der Lösung, was sich in der neuen Excel-Welt 2007 bezüglich der jeweiligen Fragestellung geändert hat. Los geht's:

1. Welche Farbe hat Excel nicht in der Standardpalette?

   a) Aquamarin

   b) Pflaume

   c) Lavendel

   d) Beige

2. Was wird beim Sortieren mitsortiert?

   a) Formeln

   b) Rahmen

   c) Beides

   d) Keines von beiden

3. Welchen Parameter kann man bei der Funktion DATEDIF nicht angeben?

   a) YD

   b) YM

   c) MD

   d) MY

109

4. Welche Symbolleiste enthält das Symbol zum Ein-/Ausblenden des Rasters? (bis XL 2003 ?)

a) *Zeichnen*

b) *Rahmenlinien*

c) *Formular*

d) *Grafik*

5. Welche Standard-Excel-Funktion gibt es?

a) HÄUFIGKEIT

b) SELTENHEIT

c) WENIGKEIT

d) BESONDERHEIT

6. Was macht die Funktion SUMMENPRODUKT (normalerweise)?

a) Produkte summieren

b) Summen multiplizieren

c) Summen produzieren

d) Wahlweise summieren oder multiplizieren

7. Wie viele verschiedene Farben kann eine Arbeitsmappe (bis XL 2003) enthalten?

a) 16

b) 56

c) 256

d) 16.777.216

8. Mit welchem Diagrammtyp kann man einen Kreis konstruieren?

a) Punkt(XY)-Diagramm

b) Liniendiagramm

c) Mit beiden

d) Keines von beiden

9. Welchen Fehlertyp gibt es nicht?

   a) #NULL!

   b) #BEZUG!

   c) #ZAHL!

   d) #NAME!

10. Welche Formel ergibt einen Fehlerwert?

   a) `=WAHL(1;0;INDIREKT("A0"))`

   b) `=WENN(-3,3;1;NV())`

   c) `=SUMMEWENN(K22:K25;NV();L22:L25)`

   d) `=TEXT(NV();"0;-0;0;[NV#]@")`

11. Welches Zahlenformat wird (standardmäßig) durch das Tausendersymbol der *Format*-Symbolleiste eingestellt?

   a) `#.##0,00;-###0,00;0,00`

   b) `_-* #.##0,00 ___-;-* #.##0,00 ___-;_-* "-"?? ___-;_-@_-`

   c) `#.##0;-###0;0`

   d) `0.000;-0.000;-0`

12. Wie lautet die korrekte Syntax für einen externen Bezug?

   a) `=+'C:\[Mappe2.xls]Tabelle1'!$H$16`

   b) `=+'C:\Mappe2.xls!Tabelle1'$H$16`

   c) `=+C:\Mappe2.xls[Tabelle1]!$H$16`

   d) `=+'C:\[Mappe2.xls!Tabelle1]'$H$16`

13. Mit *Bearbeiten> Gehe zu* (in XL 2007 mit $\boxed{\text{STRG}}$ + $\boxed{\text{G}}$) kommt man zu allen Zellen, die …

   a) gesperrt sind

   b) nicht gesperrt sind

   c) kommentiert sind

   d) formatiert sind

14. Wie viele Zellen hat eine Excel-Tabelle (bis XL 2003)?

a) 10.000

b) 65.536

c) 16.777.216

d) 4.294.967.296

15. Was kann man mit dem Excel-Feature *Daten>Reparieren* machen?

a) Dieses Feature wird nicht mehr unterstützt

b) Korrupte Arbeitsmappen komprimieren und reparieren

c) Fehlerprüfungen für definierte Datenbankbereiche durchführen

d) Das gibt es nicht

16. Welche Aussage ist wahr?

a) WAHR<FALSCH

b) FALSCH>1

c) 1>"a"

d) "a">"A"

17. Was ergibt die Formel =TEILERGEBNIS(9;{1.2})?

a) 2

b) 3

c) einen Fehlerwert

d) eine Fehlermeldung

18. Welche Aussage über Gültigkeitslisten stimmt?

a) Sie können bis zu 30 Einträge gleichzeitig anzeigen

b) Sie sind immer einspaltig

c) Sie gehören zu den Steuerelementen

d) Die Datenquelle darf maximal 1.000 Zeilen enthalten

19. Was lässt sich bis XL 2003 separat von einer Mappe in eine andere Mappe kopieren?

a) Die Liste der definierten Namen

b) Alle benutzerdefinierten Zahlenformate

c) Die Palette der 56 Farben

d) Die erfassten Szenarien

20. Welches Element der *Formular*-Symbolleiste besitzt keine Zellverknüpfung?

a) Schaltfläche

b) Bildlaufleiste

c) Optionsfeld

d) Kontrollkästchen

21. Welche bedingte Formatierung kann man erst ab XL 2007 festlegen?

a) Schrift

b) Rahmen

c) Zahlenformat

d) Muster

22. Wie viele bedingte Formate kann man bis XL 2003 für eine Zelle definieren?

a) Leider nur 2

b) 3

c) 30

d) Hängt von der Größe des Arbeitsspeichers ab

23. Welche Funktion findet man unter den Matrixfunktionen?

a) MDET

b) MINV

c) MTRANS

d) MMULT

24. Welche dieser vier Funktionen hat die meisten Parameter?

a) MMULT

b) MTRANS

c) BEREICHE

d) ZEILEN

25. Welchen Diagrammtyp gibt es nicht?

a) Zylinder

b) Pyramide

c) Kegel

d) Würfel

26. Welche Zahlenformat-Kategorie gibt es nicht?

a) Buchhaltung

b) Währung

c) Wissenschaft

d) Statistik

27. Eine Zelle ist gesperrt und trotzdem kann man ihren Inhalt überschreiben. Warum?

a) Die Sicherheitsstufe ist auf niedrig gesetzt

b) Unter *Extras>Optionen>Schutz* fehlt ein Haken bei *Sperrung aktiv*

c) Die Tabelle ist nicht geschützt

d) Die Arbeitsmappe ist nicht passwortgeschützt abgespeichert

28. Wie kann man einzelne Datenpunkte in einem Diagramm ausblenden?

a) In die entsprechende Zelle NV# schreiben

b) In die entsprechende Zelle "" schreiben

c) In die entsprechende Zelle 0 schreiben

d) Das ist leider nicht möglich

29. Was verursacht das WAHR in der Formel =SVERWEIS(10%;A:B;2;WAHR)?

   a) Excel sucht nicht mehr nach einer genauen Übereinstimmung

   b) Wenn das Suchkriterium mehrfach vorkommt, erscheint ein Fehlerwert

   c) Wenn das Suchkriterium nicht vorkommt, erscheint ein Fehlerwert

   d) Excel berücksichtigt bei der Suche nur Zahlen

30. In wie viele Teile kann man eine Tabelle teilen?

   a) 2

   b) 4

   c) 8

   d) 12

31. Die drei Dimensionen einer Pivot-Tabelle heißen Zeile, Spalte und ...

   a) Register

   b) Gruppe

   c) Seite

   d) Es gibt nur zwei Dimensionen

32. Was ergibt die Formel =SUMME({1.2.3.4}*{1.1})?

   a) 20

   b) #NV

   c) 48

   d) 576

33. Welche Aussage ist falsch?

   a) Ein Textfeld kann den Wert einer Zelle wiedergeben

   b) Ein Grafikobjekt kann einen ganzen Zellbereich anzeigen

   c) In einem Textfeld kann keine Berechnung ausgeführt werden

   d) Eine Zelle kann den Text eines Textfeldes wiedergeben

34. Was kann man **nicht** mit der Excel-Tabelle ausdrucken?

a) Zeilen- und Spaltenköpfe

b) Die Gitternetzlinien

c) Die Statusleiste

d) Wiederholungszeilen

35. Wann beginnt in Excel die Zeitrechnung?

a) 01.01.1900

b) 01.01.1980

c) 01.01.0000

d) 09.06.1972

36. Welcher Wochentag war der 01.01.1900?

a) Montag

b) Freitag

c) Samstag

d) Sonntag

37. Welche Taste wechselt zwischen relativen und absoluten Bezügen?

a) F3

b) F4

c) F5

d) F6

38. Welche Funktion berechnet den internen Zinsfuß einer Zahlungsreihe?

a) IKV

b) NBW

c) RMZ

d) ZW

39. Welches Excel-Feature besitzt bis XL 2003 eine eigene Symbolleiste?

a) Solver

b) Pivottabellen

c) Szenario-Manager

d) Spezialfilter

40. Was können Pivot-Tabellen **nicht** berechnen?

a) Produkt

b) Median

c) Standardabweichung

d) Varianz

41. Wie sortiert Excel aufsteigend?

a) 1, 2, a, b, A, B

b) A, B, a, b, 1, 2

c) 1, 2, a, A, b, B

d) a, A, b, B, 1, 2

42. Wie hoch ist die maximale Zoom-Stufe?

a) 150 %

b) 200 %

c) 400 %

d) 800 %

43. Welche Eingaben verlangt die Zielwertsuche?

a) Zielzelle, Zielwert und Zielfunktion

b) Zielwert, Zielzelle und Nebenbedingungen

c) Zielwert, Zielzelle und veränderbare Zelle

d) Zielfunktion, veränderbare Zelle und Zielzelle

44. Was ergibt die Formel =SUMME({1.2.3.4}*{1;1})?

   a) 20

   b) #NV

   c) 48

   d) 576

45. Was haben Solver und Zielwertsuche gemeinsam?

   a) Man kann eine veränderbare Zelle definieren

   b) Man kann Nebenbedingungen einstellen

   c) Man muss einen Zielwert definieren

   d) Sie sind Add-ins

46. Wie kann man den Text in einer Zelle ausrichten?

   a) Wellenförmig

   b) Um 90 Grad gedreht

   c) Auf dem Kopf stehend

   d) Als Spiegelschrift

47. Welche Formel summiert den Bereich D1:D5?

   a) =SUMME(INDIREKT("Z4S1:Z4S5";0))

   b) =SUMME(INDEX(A1:E5;;4))

   c) =SUMME(BEREICH.VERSCHIEBEN(A1:A5;0;4;5;1))

   d) Alle drei Formeln tun dies

48. Was kann man mit dem Spezialfilter machen?

   a) Duplikate eliminieren

   b) Standardabweichungen berechnen

   c) Zwischensummen erzeugen

   d) Daten transponieren

49. Wie viele Bedingungen kann man beim Autofilter bis XL 2003 pro Spalte einstellen?

a) Leider nur 2

b) 8

c) 30

d) Das hängt vom Arbeitsspeicher ab

50. Welche Informationsfunktion stellt Excel **nicht** zur Verfügung?

a) ISTFEHLER

b) ISTNV

c) ISTLEER

d) ISTVOLL

51. Welcher Diagrammtyp besitzt eine dritte Achse?

a) Oberfläche

b) Pyramide

c) Netz

d) Blasen

52. Welche Rubrik im Funktionsassistenten enthält die meisten Funktionen?

a) Statistik

b) Mathematik und Trigonometrie

c) Datum und Uhrzeit

d) Finanzmathematik

53. Die Funktion USDOLLAR() ...

a) ermittelt den aktuellen Dollarkurs

b) hat 2 Parameter

c) findet man in der Funktionskategorie *Statistik*

d) gibt es nicht

54. Die wievielte Excel-Version ist Excel XP?

   a) 3.

   b) 5.

   c) 10.

   d) 15.

55. Welche Excel-Version unterstützte erstmalig VBA?

   a) 3.

   b) 4.

   c) 5.

   d) 7.

56. Was kann man erst seit Excel XP in die Fußzeile einfügen?

   a) Dateiname

   b) Tabellenname

   c) Dateipfad

   d) Uhrzeit

57. Welches Steuerelement besitzt keine Value-Eigenschaft?

   a) Textfeld

   b) Bezeichnungsfeld

   c) Drehfeld

   d) Umschaltfläche

58. Mit welcher Tastenkombination wechselt man zur Formelansicht?

   a) `Strg` und `#`

   b) `Alt` und `#`

   c) `Strg` und `+`

   d) `Alt` und `+`

59. Was kann man sich mit dem Detektiv/der Formelüberwachung anzeigen lassen?

a) Nur die Spur zum Vorgänger

b) Nur die Spur zum Nachfolger

c) Die Spur zu einem Fehler

d) Die Spur zu bedingt formatierten Zellen

60. Wie erzeugt man die geschweiften Klammern einer Matrix-Formel?

a) Durch Drücken von $\boxed{\text{Strg}}$ + $\boxed{\Diamond}$ + $\boxed{\hookleftarrow}$

b) Einfach manuell eingeben

c) Excel erkennt automatisch, wenn es eine Matrix-Formel ist

d) Durch Drücken von $\boxed{\text{Strg}}$ + $\boxed{\text{Alt}}$ + $\boxed{\text{F9}}$

61. Welchen Editor kann man in Excel aufrufen?

a) Code-Editor

b) Script-Editor

c) HTML-Editor

d) GIF-Editor

62. Was macht man mit dem Excel-Feature *Daten>Konsolidieren*?

a) Einen Konzernabschluss erstellen

b) Zellen mit korrupten Bezügen entfernen

c) Gleich strukturierte Daten mehrerer Tabellen zusammenfassen

d) Nichts von alledem

63. Was kann man erst ab Version Excel XP einstellen?

a) Die maximale Spaltenzahl

b) Die Registerfarbe

c) Den Sekundärwert einer Zelle

d) Die Sortierung nach mehr als drei Kriterien

64. Nach wie vielen Spalten kann Excel bis XL 2003 gleichzeitig sortiert werden?

a) 1

b) 2

c) 3

d) 4

65. Was unterscheidet die Funktionen SUCHEN und FINDEN?

a) SUCHEN ignoriert Groß- und Kleinschreibung

b) Das Ergebnis von FINDEN ist eine Zahl

c) SUCHEN sucht nach einer Zeichenkette

d) FINDEN durchsucht einen Zellbereich

66. Welche Aussage ist nicht WAHR?

a) =10^20+1=10^20

b) =ISTFEHLER(10^333)

c) =1/10^222=1E-222

d) =10^200,1=WERT("1E+200,1")

67. Wie greift man auf das Excel-Feature MS Query zu?

a) *Einfügen>Objekt...*

b) *Extras>Add-In Manager...*

c) *Daten>Externe Daten...*

d) *Extras>Makros>Script-Editor*

68. Was ist das besondere an der Funktion TEILERGEBNIS?

a) Sie ignoriert Zellen, die selbst die Funktion TEILERGEBNIS enthalten

b) Sie kann keine externen Bezüge berechnen

c) Sie wird in bestimmten Intervallen neu berechnet

d) Sie wird im Funktionsassistenten nicht dokumentiert

69. Welche Funktion liefert einen Fehler, wenn Sie sich auf eine geschlossene Mappe bezieht?

a) INDEX

b) SUMME

c) INDIREKT

d) SVERWEIS

70. Wie bezeichnet man (korrekt) das kleine Feld zur Auswahl der Schriftart?

a) Listenfeld

b) Auswahlfeld

c) Kombinationsfeld

d) Variationsfeld

71. Die Funktion *Im Blocksatz ausrichten ...* (bis XL 2003)

a) findet man im Obermenü *Bearbeiten*

b) findet man im Obermenü *Format*

c) gibt es nur in Word

d) ist ein Add-in

72. Eine Gültigkeitsliste soll sich auf ein anderes Tabellenblatt beziehen.

a) Dies ist leider nicht möglich.

b) Der Zellbereich muss inklusive Blattname angegeben werden.

c) Dazu muss man für den Listenbereich einen Namen definieren

a) Die Option *Remotebezüge aktualisieren* muss aktiv sein

73. Welche Formel zur Berechnung über mehrere Tabellen funktioniert?

a) `=MEDIAN(Tabelle2:Tabelle3!C15:D18)`

b) `=SUMME(Tabelle2!D28:Tabelle3!H32)`

c) `=ZÄHLENWENN(Tabelle2:Tabelle3!A:A;"x")`

d) alle drei Formeln funktionieren

74. Welche Aussage ist verkehrt?

a) POTENZ(Zahl;2) ist die Umkehrfunktion von WURZEL

b) SVERWEIS ist die Umkehrfunktion von WVERWEIS

c) ZEICHEN ist die Umkehrfunktion von CODE

d) EXP ist die Umkehrfunktion von LN

75. Welche Diagrammtypen kann man **nicht** kombinieren?

a) Linien- und Säulendiagramm

b) Linien- und Balkendiagramm

c) Säulen- und Balkendiagramm

d) Alle drei Kombinationen sind möglich

76. Welchen Diagrammtyp unterstützt PivotChart **nicht**?

a) Liniendiagramm

b) Säulendiagramm

c) Balkendiagramm

d) Punkt(XY)-Diagramm

77. Welche dieser Logikfunktionen gibt es in Excel?

a) JA

b) NEIN

c) DOCH

d) NICHT

78. Wenn in einer Tabelle mehrere Optionsfelder aktiv sind, dann ...

a) stimmt irgendwas nicht

b) ist das völlig normal

c) haben sie unterschiedliche GroupName-Eigenschaften

d) steht die MultiSelect-Eigenschaft auf TRUE

79. Wie viele Gruppierungsebenen kann eine Excel-Tabelle enthalten?

a) 2

b) 3

c) 8

d) 30

80. Was haben Solver und Szenario-Manager gemeinsam?

a) Man definiert veränderbare Zellen

b) Es sind beides Add-ins

c) Man definiert Nebenbedingungen

d) Man kann mehrere Ergebniszellen definieren

81. MEHRFACHOPERATION findet man unter ...

a) den Add-in-Funktionen

b) dem Funktions-Assistenten

c) dem Formel-Editor

d) dem Menüpunkt *Daten*

82. Um negative Uhrzeiten darstellen zu können muss man ...

a) das Zahlenformat hh:mm;-hh:mm definieren

b) die Option *Alternative Formelberechnung* aktivieren

c) die Option *1904-Datumswerte* aktivieren

d) die Option *Negative Uhrzeiten zulassen* aktivieren

83. Welches Trennzeichen gibt der Dialog *Daten>Text in Spalten* standardmäßig **nicht** vor?

a) Punkt

b) Komma

c) Semikolon

d) Tabstopp

84. Welches Ergebnis liefert die Formel =INDIREKT("Z(-1)S(-1)";), wenn sie in Zelle A1 steht?

a) #WERT!

b) #BEZUG!

c) Den Wert aus IV65536

d) Einen Zirkelbezug

85. Welche Aussage ist FALSCH?

a) =WENN(A1>0;A1;0)=MAX(A1;0)

b) =RECHTS("abc123";3)=123

c) =RECHTS(LINKS("Frankfurt";6);4)=TEIL("Frankfurt";3;4)

d) =JAHR("09.06.1972")=TEXT(DATUM(1972;6;9);"JJJJ")*1

86. Was ergibt die Formel =LÄNGE("")=LÄNGE("""")?

a) WAHR

b) FALSCH

c) #WERT!

d) 9

87. Welche Aussage bezüglich Zirkelbezüge ist falsch?

a) Ein Zirkelbezug entsteht, wenn sich die Formel einer Zelle auf sich selbst bezieht

b) Excel kann Zirkelbezüge iterativ berechnen, wenn die entsprechende Option aktiv ist

c) Man sollte versuchen, Zirkelbezüge so weit wie möglich zu vermeiden

d) Die Formel =WENN(10>5;123;A1) in A1 löst einen Zirkelbezug aus

88. Um einen Zeilenumbruch innerhalb einer Zelle zu erreichen, benutze ich …

a) die $\boxed{\leftarrow}$-Taste (Eingabetaste)

b) die Kombination $\boxed{\text{Alt}}$ + $\boxed{\leftarrow}$

c) die Kombination $\boxed{\Diamond}$ + $\boxed{\leftarrow}$

d) einen Doppelklick

89. Für die Erstellung eines einfachen Diagrammes aus vorhandenen Daten benötige ich ca. ...

a) 30 Minuten

b) 5 Minuten

c) 5 Sekunden

d) mehr als 1 Stunde

90. MEHRFACHOPERATION ist ...

a) wenn man in viele Zellen das Gleiche schreibt

b) eine Was-Wäre-Wenn-Analyse

c) wenn man eine Formel nach unten kopiert

d) eine Wieso-Weshalb-Warum-Analyse

91. Womit kann man PLZ und Ort am schnellsten auf zwei Zellen aufteilen?

a) Mit dem Spezialfilter

b) Mit dem Menübefehl *Text in Spalten*

c) Mit einer Pivot-Tabelle

d) Natürlich mit der Tastatur

92. Was ist neu an der Excel-Version 2007?

a) Eine neue Funktionskategorie namens Bereichsrückgabefunktionen

b) Die Funktion WENNFEHLER

c) Die Steuerelemente werden nicht mehr unterstützt

d) Die Excel-4-Makrofunktionen werden nicht mehr unterstützt

93. Wenn ich bis XL 2003 bei gedrückter ⇧-Taste auf den Menüpunkt *Bearbeiten* klicke, dann ...

a) wird Excel beendet

b) passiert nichts Ungewöhnliches

c) kommt Dr. Watson mal vorbei

d) erscheint der Befehl *Bild kopieren*

94. In A1 steht =0,25+0,25. Was wird mir angezeigt?

a) 0,5

b) 12:00 Uhr

c) „Mahlzeit"

d) Das hängt von der Formatierung ab

95. In A1 steht ="a", aber Sie sehen aaaaaaaaaaaa. Warum?

a) Das liegt am Zahlenformat

b) Das liegt an der Textausrichtung

c) Da muss ein Virus dahinterstecken

d) Sie sollten Mal zum Augenarzt gehen oder weniger saufen

96. Löst die Formel =SVERWEIS("x";A:D;4;0) in D1 einen Zirkelbezug aus?

a) Ja

b) Nein

c) Nur wenn in A1 ein "x" steht

d) Nur wenn in Spalte A irgendwo ein "x" steht

97. Wie kann man die Formel ZW=(q^n-1)/(q-1) bequem nach q auflösen?

a) Mit einer Pivot-Tabelle

b) Mit einer Mehrfachoperation

c) Mit der Zielwertsuche

d) Das mache ich locker mit Papier und Bleistift

98. Was ergibt die Formel =SUMME({WAHR})

a) 1

b) 0

c) Dasselbe wie =SUMME(WAHR)

d) #WERT!

99. Beim Kopieren einer mit dem AutoFilter gefilterten Liste ...

    a) werden auch die ausgeblendeten Datensätze kopiert

    b) werden nur Werte und Formate kopiert, Formeln gehen verloren

    c) können maximal 1.000 Datensätze kopiert werden

    d) Dazu muss man den Spezialfilter nehmen

100. Wie viele Tabellenblätter kann eine Arbeitsmappe enthalten?

    a) Eine. Langt das nicht?

    b) 32

    c) 255

    d) Das hängt vom Arbeitsspeicher ab

KAPITEL 3

Lösungen

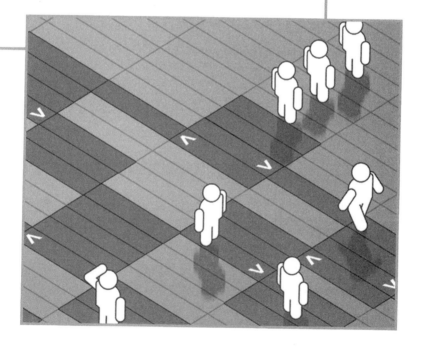

3.1 Eine kleine Bastelstunde

Das wird „Reutersvärd's unmögliches Dreieck" (aus 1934) – Abbildung 3.1.

Abbildung 3.1: Reutersvärd's unmögliches Dreieck

Und das basteln wir jetzt.

Die Werte stehen in Spalte A und B ab Zeile 2 und werden markiert (ohne X und Y).

Den Diagrammassistenten anklicken, *Punkt (XY)* und dort die Variante rechts unten *Punkte mit Linien ohne Datenpunkte* auswählen (Abbildung 3.2). Weiter – und man sieht schon was.

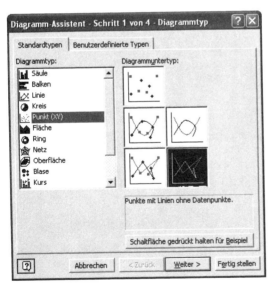

Abbildung 3.2: Diagramm-Assistent – Punkt (XY)-Diagramm – Schritt 1

Den zweiten Schritt des Diagramm-Assistenten überspringen wir, indem wir nochmals auf *Weiter* klicken. Dann erscheint der Dialog aus der Abbildung 3.3.

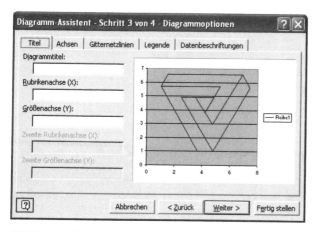

Abbildung 3.3: Diagramm-Assistent – Punkt (XY)-Diagramm – Schritt 3

Ein Titel wird nicht benötigt. Alle Achsen werden deaktiviert, ebenso die Gitternetzlinien, Legende und die Datenbeschriftungen. Dann klicken Sie auf *Fertig stellen* und müssten das in Abbildung 3.1 gezeigte Ergebnis erhalten.

	A	B	C	D	E	F	G
	x	y					
1	1	5,7					
2	1,5	6,6					
3	6,9	6,6					
4	4,75	2,95					
5	3,5	4,9					
6	4,83	4,9					
7	4,2	3,85					
8	5,3	5,7					
9	1	5,7					
10	3,7	1					
11	4,8	1					
12	2,5	4,9					
13	3,5	4,9					
14	2,5	4,9					
15	4,8	1					
16	7,4	5,6					
17	6,9	6,6					

Reihe 1   *fx* =DATENREIHE(;Tabelle1!$A$2:$A$18;Tabelle1!$B$2:$B$18;1)

Abbildung 3.4: Fertiges Diagramm mit aktivierter Datenreihe

Als Feintuning können Sie noch folgende Einstellungen vornehmen:

- Datenreihe doppelt anklicken: *Muster*; *Linie*: Farbe Schwarz; *Stärke*: die dickste; *Markierung*: ohne und *OK*.

- Zeichnungsfläche rechts anklicken, *Zeichnungsfläche formatieren*: kein *Rahmen* und keine *Fläche* und *OK*.

- Schließlich Doppelklick auf den noch verbliebenen Rahmen und dort das Gleiche: kein *Rahmen* und keine *Fläche* und *OK*.

- Unter *Extras>Optionen>Ansicht* die Gitternetzlinien deaktivieren.

3.2   Ein sonderbarer Geburtstagskuchen

Als Informatiker hatte der Ehegatte die glorreiche Idee, die Kerzen auf dem Kuchen im Binärsystem darzustellen. Jede Kerze steht für eine Zweierpotenz. Eine brennende Kerze repräsentiert eine 1 und die nicht angezündeten Kerzen stehen für eine 0. Obwohl die brennenden Kerzen zusammen vier Jahre über ihrem Geburtstag liegen, zündet er eine weitere Kerze an, um die Zahl um vier zu verkleinern. Wie geht das? Nun, ganz einfach indem man die Binärzahl bzw. den Kuchen von der anderen Seite betrachtet.

Berechnen wir zunächst die Binärzahl von beiden Seiten, wie in Abbildung 3.5 zu sehen ist.

	C2		f_x =A2*2^B2		
	A	B	C	D	E
1	Kerzen	2er Potenz aufsteigend	Jahre aufsteigend	2er Potenz absteigend	Jahre absteigend
2	0	0	0	6	0
3	1	1	2	5	32
4	1	2	4	4	16
5	0	3	0	3	0
6	0	4	0	2	0
7	1	5	32	1	2
8	0	6	U	0	0
9	Alter:		38		50

Abbildung 3.5: „Binäre" Kerzen in Dezimalzahlen umrechnen

Die Zweierpotenzen sind einmal aufsteigend sortiert (Spalte B) und einmal absteigend (Spalte D).

Die Formel in C2

C2: =A2*2^B2

berechnet eine Zweierpotenz, sprich den Wert einer Kerze. Die Formel wird bis C8 kopiert. Analog wird in Spalte E vorgegangen, nur von der anderen Seite betrachtet:

E2: =A2*2^D2 (und runterkopieren)

Wir erhalten in Summe die Dezimalzahlen 38 und 50. Da die Frau sich beschwert, vier Jahre zu alt gemacht worden zu sein, ist sie also entweder 46 oder 34 Jahre alt. Jetzt zünden wir nacheinander (und löschen im Misserfolg wieder) jede der vier kalten Kerzen an und schauen, ob eines der Ergebnisse eine 34 oder eine 46 auswirft (Abbildung 3.6).

C9		f_x =SUMME(C2:C8)		
A	B	C	D	E
Kerzen	2er Potenz aufsteigend	**Jahre aufsteigend**	2er Potenz absteigend	**Jahre absteigend**
0	0	0	6	0
1	1	2	5	32
1	2	4	4	16
1	3	8	3	8
0	4	0	2	0
1	5	32	1	2
0	6	0	0	0
Alter:		46		58

Abbildung 3.6: Das Alter der Frau ist entlarvt.

Na also, beim Anzünden der mittleren Kerze zeigt der Kuchen, von der einen Seite betrachtet, 46 Jahre an. Die Gattin zählt demnach zarte 46 Lenze.

3.3 Vier Riesenschildkröten

a) Mara ist 34, John 39, Peter 9 und Henry 180 Jahre alt. Träfen Maras Überlegungen zu, wären sie jeweils 36 Jahre alt.

b) Für insgesamt 34 positive Zahlen <= 1.000 gibt es ganzzahlige Lösungen.

Erläuterung zu a:

Wenn man versucht, nach den 4 Einzelaltern zu suchen, schlägt man sich mit 4 Unbekannten herum. Mit der Grundüberlegung, dass

`Alter_John - Alter_Mara = 5`

und

`Alter_Henry / Alter_Peter = 20`

ergeben müssen, kommt man natürlich auch mit „Trial and Error" zum Ziel. Sucht man hingegen nach dem *identischen* Ergebnis der 4 Berechnungen, hat man es nur noch mit *einer* unbekannten Größe zu tun. Sobald man diese ermittelt hat, ergeben sich die 4 Einzelalter von selbst.

Die mathematische Lösung dieser Aufgabe führt über ein Gleichungssystem mit nur einer Unbekannten. Da wir das Pferd quasi „von hinten aufzäumen", müssen in dieser Gleichung alle Rechenoperationen „umgedreht" werden: Aus Addition (+) wird Subtraktion (-) und aus Division (/) wird Multiplikation (*) – und natürlich vice versa. Somit stellen wir folgende Gleichung auf und lösen sie direkt nach x auf:

`(x-2)+(x+3)+(x/4)+(x*5)` = 262 (dann die Klammern auflösen)

`2x+1+0,25x+5x`   = 262 (dann alles zusammenfassen)

`7,25x+1`   = 262 (dann 1 subtrahieren)

`7,25x`   = 261 (und durch 7,25 dividieren)

`x`   = 36

Oder allgemein ausgedrückt:

`x = (Summiertes_Alter-1)/7,25`

Wer sich die Rechnerei zur Auflösung der Gleichung sparen möchte, kann auch auf die Excel-interne Zielwertsuche zugreifen (*Extras>Zielwertsuche*), die ihre Daseinsberechtigung exakt aus solchen Aufgaben mit einer Unbekannten bezieht. Die folgende Abbildung 3.7 zeigt das gesamte Excel-Modell (mit allen Formeln) zur Lösung der Aufgabe inklusive der *Zielwertsuche*-Einstellungen: *Zielzelle, Veränderbare Zelle* (das ist die Unbekannte) sowie *Zielwert*:

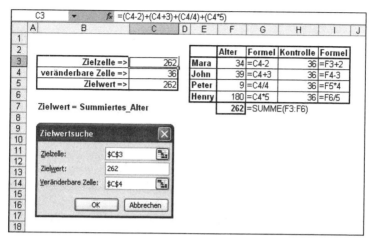

Abbildung 3.7: Lösung mittels Zielwertsuche

Erläuterung zu b:

Die allgemeingültige Formel zur Lösung der Gleichung hatten wir unter a) ermittelt mit

x = (Summiertes_Alter-1)/7,25

Eine ganzzahlige Lösung für *x* wird es immer nur dann geben, wenn *Summiertes_Alter-1* durch das nächste ganzzahlige Vielfache des Nenners (7,25) teilbar ist. Dieses Vielfache beträgt 4*7,25 = 29. Die neue Lösungsgleichung lautet dann

x = 4*(Summiertes_Alter-1)/29

Daraus folgt, dass es für die positiven Zahlen <= 1.000

1000/29 = 34,482 = 34

ganzzahlige Lösungen gibt. Die kleinste Alterssumme ist dabei 30, die folgenden ergeben sich jeweils aus der Addition von 29. Die größte Alterssumme beträgt somit 987 Jahre – die Älteste der vier Schildkröten hätte dabei schlappe 680 Jahre auf dem Buckel.

3.4   Fünfzig Cent Wechselgeld

a) Wir haben die Münzen 50 Cent, 20 Cent, 10 Cent, 5 Cent, 2 Cent und 1 Cent zur Verfügung. Wie viele von jeder Münze müssen wir nehmen, um insgesamt 50 Cents zu erhalten? Wir definieren dazu eine mehrdeutige Gleichung mit sechs Unbekannten:

a * 50 + b * 20 + c * 10 + d* 5 + e * 2 + f * 1 = 50

Zur Lösung dieser Gleichung eignet sich hervorragend eine VBA-Schleife. Diese Schleife muss nicht mal sehr intelligent sehr. Sie soll alle möglichen Kombinationen von a, b, c, d, e und f durchspielen. Für jeden Buchstaben nehmen wir eine For-Next-Schleife, die alle ineinander verschachtelt sind. Das einzige, was noch überlegt werden muss, ist, wie weit jede Schleife zu zählen hat. Ein Fünfziger kann nur einmal oder gar nicht vorkommen. Die Schleife *a* wird also nur zweimal durchlaufen. Zwanziger kann es maximal zwei geben, also hat die Schleife *b* drei Durchläufe. Am häufigsten wird die Schleife *f* durchlaufen, da das Wechselgeld ja im Extremfall aus fünfzig Eincent-Münzen bestehen kann.

Nach jedem Schleifendurchlauf wird geprüft, ob oben genannte Gleichung aufgeht. Falls ja, wird der Parameter *i* um eins erhöht. *i* enthält nach Beendigung der Schleifen das Ergebnis – die Anzahl aller Kombinationsmöglichkeiten.

```
Sub Wechselgeld1()
Dim a, b, c, d, e, f, i
For a = 0 To 1 '50er
 For b = 0 To 2 '20er
  For c = 0 To 5 '10er
   For d = 0 To 10 '5er
    For e = 0 To 25 '2er
     For f = 0 To 50 '1er
      If a * 50 + b * 20 + c * 10 + d * 5 + e * 2 + f = 50 Then
       i = i + 1
      End If
Next: Next: Next: Next: Next: Next
Msgbox i
End Sub
```

Sie erhalten folgende Meldung (Abbildung 3.8).

Abbildung 3.8: Ergebnisausgabe in der Messagebox

Es gibt also 451 Möglichkeiten. Dabei fällt auf, dass das Makro das Ergebnis nicht sofort ausspuckt, sondern schon einen Moment lang rechnen muss. Dies verwundert nicht, denn es muss sechs Schleifen durchlaufen. Die Durchläufe der einzelnen Schleifen multiplizieren sich und wir kommen somit auf insgesamt

$2 * 3 * 6 * 11 * 26 * 51 = 525.096$

Durchläufe. Aber es funktioniert.

Jetzt werden wir noch zu einer wichtigen Erkenntnis kommen, die grundsätzlich bei der Programmierung gilt: Wenn das Makro funktioniert, heißt das noch lange nicht, dass es ein gutes Makro ist. Bei dieser Anwendung kann man beispielsweise die Performance wesentlich erhöhen, wenn man ein wenig Gehirnschmalz in die Schleifen steckt. Wir haben nämlich jede Menge überflüssige Schleifendurchläufe produziert. Beim Extremfall des einen Fünfzigers leuchtet es sofort ein. Wenn ich den Fünfziger nehme brauche ich die anderen Schleifen nicht mehr anzusehen. Bei den kleineren Münzen gilt dies genauso.

Wenn schon zwei Zwanziger verbraten worden sind, muss die Schleife c der Zehner nicht mehr fünfmal durchlaufen werden, sondern nur noch einmal. Um diese Logik anzuwenden, müssen sich die Durchläufe einer Schleife dynamisch an den Stand der höheren Schleifen anpassen. Am Beispiel der 10er-Schleife:

```
For c = 0 To 5 - b * 2 '10er
```

b steht ja für die Anzahl benutzter Zwanziger. Wenn $b = 2$ ist, muss die Schleife c nur bis

$5 - 2 * 2 = 1$

durchlaufen werden. Bei der Fünferschleife (d), können die Zwanziger (b) und die Zehner (c) abgezogen werden, um die notwendige Anzahl Durchläufe zu berechnen:

```
For d = 0 To 10 - b * 4 - c * 2 '5 er
```

Wenn schon zwei Zwanziger und ein Zehner verwendet wurden, kann die Fünfer-schleife *d* sofort abgebrochen werden, denn 10 - 2 * 4 - 2 * 1 ergibt 0. Das gleiche Prinzip wird dann noch mal für die Schleife *e* der Zweier angewandt.

Für die Einer wird gar keine eigene Schleife mehr benötigt, sondern das Zwischenergebnis (s) der größeren Münzen wird mit einer variablen Anzahl der noch fehlenden Einer aufgefüllt – wie das folgende Makro zeigt. Natürlich nur, falls *s* < 50 ist.

Die Fünfziger-Schleife wird auch von vornherein weggelassen und *i* nur um eins erhöht. Es gibt ja nur eine Kombination, die einen Fünfziger enthält. Jetzt erhalten wir folgende Prozedur.

```
Sub Wechselgeld2()
Dim b, c, d, e, i, s, t, Schleifen
t = Timer
i = 1 '50 er
For b = 0 To 2 '20er
 For c = 0 To 5 - b * 2 '10er
  For d = 0 To 10 - b * 4 - c * 2 '5 er
   For e = 0 To 25 - b * 10 - c * 5 - d * 2 '2 er
    s = 20 * b + 10 * c + 5 * d + 2 * e
    If s <= 50 Then i = i + 1
     Schleifen = Schleifen + 1
   Next
  Next
 Next
Next
MsgBox "Kombinationen: " & i & vbCrLf & _
"benötigte Zeit: " & Timer - t & " Sec. " & vbCrLf & _
"Schleifen durchlaufen:  " & Schleifen
End Sub
```

Diesmal haben wir die Prozedur um ein Protokoll ergänzt, das zeigen soll, wie viel Zeit es benötigt und wie viele Durchläufe es vorgenommen hat (Abbildung 3.9 mit Vergleich zum „dummen" Makro).

Abbildung 3.9: Ergebnisvergleich „dummes" und „cleveres" Makro

Natürlich müssen beide Makros zum gleichen Ergebnis führen. Wir sehen aber, dass das zweite Makro nur 542 Durchläufe benötigt hat, also eine Trefferquote gültiger Kombinationen von über 83 % erzielt. Die Zeit, die es dafür benötigt, ist nicht messbar. Das erste Makro benötigt über 0,3 Sekunden, da es ja eigentlich ziemlich im Dunkeln tappt und nur in knapp einem Promille der Versuche einen Treffer erzielt. Für einen Programmierer sind 0,3 Sekunden Lichtjahre!

b) Addiert man alle Scheine und Münzen, die vom Euro verfügbar sind, erhält man 888,88.

=SUMME({500.200.100.50.20.10.5.2.1.0,5.0,2.0,1.0,05.0,02.0,01})) = 888,88

3.5 Die Pokémon-Börse

Es gibt zwei Möglichkeiten:

188/2/10 (häufig/selten/sehr selten) sowie 174/21/5.

Das ist eine klassische Aufgabe für den Solver (*Extras>Solver*) – und damit kommt er diesmal auch wunderbar klar. Das Grundgerüst der Tabelle inkl. der notwendigen Solver-Einstellungen sieht wie in Abbildung 3.10 aus.

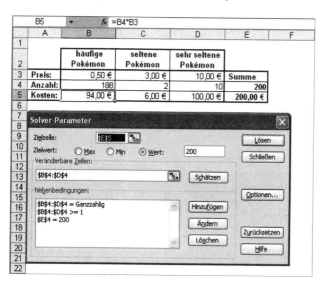

Abbildung 3.10: Lösung mit dem Solver

Die verwendeten Formeln:

B5: =B4*B3 (bis D5 kopieren)

E4: =SUMME(B4:D4) und nach E5 kopieren

Der Solver ermittelt auch manchmal die andere Lösung: 174/21/5 (scheint tages-formabhängig zu sein). Um zu testen, dass es wirklich nur diese zwei Lösungen gibt, geben Sie als zusätzliche Nebenbedingung D4>=6 ein (Sie sehen 188/2/10 aus der ersten Lösung) und anschließend D4<=4 – und Sie sehen Unsinn. Umgekehrt natür-lich, wenn die erste Lösung erscheint: D4>=11 und dann D4<=9.

In den Solver-Optionen empfiehlt es sich übrigens, *Lineares Modell voraussetzen* zu aktivieren, da es sonst zu leicht „krummen" Ergebnissen kommen kann (trotz der Neben-bedingung *Ganzzahlig*), wie Abbildung 3.11 zeigt:

E4	▾	*fx*	=SUMME(B4:D4)		
	A	B	C	D	E	F
1						
2		häufige Pokémon	seltene Pokémon	sehr seltene Pokémon		
3	Preis:	0,50 €	3,00 €	10,00 €	Summe	
4	Anzahl:	173,9999992	20,9999998	5	199,999999	
5	Kosten:	87,00 €	63,00 €	50,00 €	200,00 €	
6						

Abbildung 3.11: „Krumme" Solver-Lösung ohne Lineares Modell

3.6   Ganz schön sexy!

Mathem. Lösung	Lösung mit Excel
$\sqrt{9} \times \sqrt{9} - \sqrt{9} = 6$	=WURZEL(9)*WURZEL(9)-WURZEL(9)
$\sqrt{8 + 8 \div 8!} = 6$	=FAKULTÄT(WURZEL(8+8/8))
$7 - 7 \div 7 = 6$	=7-7/7
$6 + 6 - 6 = 6$	=6+6-6
$5 + 5 \div 5 = 6$	=5+5/5
$\sqrt{4} + \sqrt{4} + \sqrt{4} = 6$	=WURZEL(4)+WURZEL(4)+WURZEL(4)
$3 \times 3 - 3 = 6$	=3*3-3
$2 + 2 + 2 = 6$	=2+2+2
$(1 + 1 + 1)! = 6$	=FAKULTÄT(1+1+1)
$(0! + 0! + 0!)! = 6$	=FAKULTÄT(FAKULTÄT(0)+FAKULTÄT(0)+FAKULTÄT(0))

Abbildung 3.12: Lösung der Gleichungen

Die Lösungen für die Zahlen 2, 3, 5, 6 und 7 sind schnell gefunden (Abbildung 3.12). Bei der 4 und der 9 kommt die Wurzel ins Spiel. Des Pudels Kern ist in den restlichen drei Fällen (für 0, 1 und 8) die Fakultät, die mathematisch als ! (Ausrufezeichen) dargestellt wird. 5! bzw. FAKULTÄT(5) bedeutet dabei 1 * 2 * 3 * 4 * 5 = 120. Das Besondere ist 0! bzw. FAKULTÄT(0), denn sie wurde – ex definitione – als 1 festgelegt. Warum das so ist, dürfen Sie uns nicht fragen (bescheuert oder?) – es ist halt so.

Ach ja, sowohl in der Mathematik als auch in Excel gilt: Punkt- vor Strichrechnung. Und ein Taschenrechner war auch nicht nötig.

Die Zusatzfrage lässt sich zum Beispiel mit dieser Formel beantworten:

`=FAKULTÄT(LÄNGE(VERKETTEN(Zahl;Zahl;Zahl)))`

Dabei kann *Zahl* die Werte von 0 bis 9 annehmen – das Ergebnis ist immer 6, wie in Abbildung 3.13 zu sehen ist.

	A	B
1	Ergebnis:	Formel
2	6	=FAKULTÄT(LÄNGE(VERKETTEN(1;1;1)))
3	6	=FAKULTÄT(LÄNGE(VERKETTEN(2;2;2)))
4	6	=FAKULTÄT(LÄNGE(VERKETTEN(3;3;3)))
5	6	=FAKULTÄT(LÄNGE(VERKETTEN(4;4;4)))
6	6	=FAKULTÄT(LÄNGE(VERKETTEN(5;5;5)))
7	6	=FAKULTÄT(LÄNGE(VERKETTEN(6;6;6)))
8	6	=FAKULTÄT(LÄNGE(VERKETTEN(7;7;7)))
9	6	=FAKULTÄT(LÄNGE(VERKETTEN(8;8;8)))
10	6	=FAKULTÄT(LÄNGE(VERKETTEN(9;9;9)))

Abbildung 3.13: Lösung der Zusatzaufgabe

3.7 Jetzt fahren wir Achterbahn

Man hat noch keine Zahl gefunden, die nicht wundersam ist. Dies wäre nur dann der Fall wenn in der wiederholten Anwendung des Algorithmus eine Zahl ein zweites Mal vorkäme, denn das gäbe eine Endlosschleife. Doch einen solchen Fall hat man noch nicht gefunden. Bei jeder Zahl landet man früher oder später bei einer Zweierpotenz (2, 4, 8, 16, 32, usw.), die dann zwangsweise durch Halbierungen bei 1 landen muss.

Dennoch kann bis heute nicht bewiesen werden, dass alle Zahlen wundersam sind. Die Anzahl der Durchläufe, die zum Testen gebraucht werden, ist völlig unterschiedlich: Bei der Zahl 32 kommt man mit 5 Schritten zur 1, bei der 33 mit 26 Schritten.

Gesucht werden jetzt also die meisten Schritte für eine Zahl kleiner oder gleich 1.000. Und: Wer eine nicht wundersame Zahl findet, der muss wohl montags nie wieder aufstehen, da er den Nobelpreis in Mathematik erhalten hat.

Die zu untersuchende Zahl schreiben wir in A1. In A2 überprüfen wir jetzt diese Zahl auf die Teilbarkeit durch 2 und wenden dann – je nach Ergebnis dieser Prüfung – den in der Aufgabe beschriebenen Algorithmus an. Das Ganze wiederholt sich so lange, bis die 1 erreicht, also der „wundersame" Nachweis erbracht ist.

`A2: =WENN(ODER(A1=1;A1="");"";WENN(REST(A1;2)=1;A1*3+1;A1/2))`

Da wir die Anzahl der Rechenschritte noch nicht abschätzen können, kopieren wir diese Formel weit nach unten (ca. 500 Zeilen). Durch Ausprobieren landen wir beispielsweise bei der Zahl 27 bei 111 Schritten (prima: eine Schnapszahl) (Abbildung 3.14).

	A	B
1	27	
2	82	
3	41	
4	124	
5	62	
6	31	
7	94	
8	47	
9	142	
10	71	
107	5	
108	16	
109	8	
110	4	
111	2	
112	1	
113		

Abbildung 3.14: Die gesuchte wundersame Zahl

Die Anzahl der Rechenschritte liefert die Formel

`=VERGLEICH(1;A:A;0)-1` oder auch
`=ANZAHL(A:A)-1`

-1, da die Zahl selbst ja kein Schritt ist. Die höchste Zahl, die tangiert wurde, um von der banalen Zahl 27 auf 1 zu kommen, ist 9.232 (taucht in unserem Beispiel übrigens in der aus Platzgründen ausgeblendeten Zeile 78 auf).

Da das Ausprobieren bei 1.000 Zahlen sehr mühevoll ist, werden wir das jetzt noch automatisieren und die Ergebnisse dabei gleichzeitig protokollieren – zunächst ohne den Einsatz von VBA – unter Zuhilfenahme der Excel-Iteration. Später überprüfen wir die Ergebnisse noch mit einem VBA-Makro.

Zunächst schalten wir unter *Extras>Optionen>Berechnung* die Iteration an und stellen die maximale Iterationszahl auf *1000*, um Zirkelbezüge zu legitimieren (Abbildung 3.15).

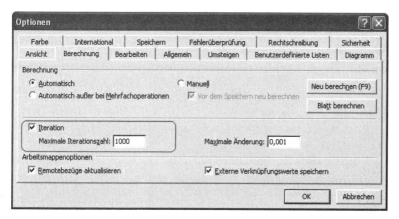

Abbildung 3.15: Aktivierung der Iteration unter *Extras>Optionen>Berechnung*

Die einzelnen Formeln, die die iterativen Ergebnisse protokollieren:

F1: =WENN(F6=1;0;WENN(ZÄHLENWENN(A:A;">0")-1>F3;A1-1;F1))
F2: =WENN(F6=1;0;WENN(ZÄHLENWENN(A:A;">0")-1>F3;MAX(A:A);F2))
F3: =WENN(F6=1;0;WENN(ZÄHLENWENN(A:A;">0")-1>F3;
ZÄHLENWENN(A:A;">0")-1;F3))

Die Zelle F6 – mit *an/aus* bezeichnet – ist dabei eine Steuerzelle. Mit dem Wert 1 werden alle Iterationsergebnisse auf 0 gesetzt. Ist sie leer oder enthält einen anderen Wert als 1, dann ist die Iteration aktiv.

Da sich die beiden ersten Formeln (F1 und F2) auf die dritte Formel in F3 beziehen, ist es wichtig, dass sie in der Berechnungsreihenfolge **vor** F3 stehen (Excel berechnet Zellen zunächst von links nach rechts – beginnend mit A1 – und dann von oben nach

145

unten). Stünde die Formel für die Rechenschritte (F3) also z.B. in D1, dann geht das mächtig in die Hose!

Jetzt brauchen wir noch den Zähler, der alle Startzahlen von 1 bis 1.000 durchprobiert:

A1: =WENN(F6=1;0;WENN(A1=1000;1;A1+1))

Das war die ganze Vorarbeit. Jetzt geben wir den Startschuss, indem wir die 1 aus der Steuerzelle F6 entfernen. Das Ergebnis sehen Sie in Abbildung 3.16.

	A1	▾		f_x	=WENN(F6=1;0;WENN(A1=1000;1;A1+1))	
	A	B	C	D	E	F
1	1000				Zahl	871
2	500				Höchste tangierte Zahl	190996
3	250				Rechenschritte	178
4	125					
5	376					
6	188				an / aus	0
7	94					
8	47					
9	142					
10	71					
11	214					
12	107					
13	322					
14	161					
15	484					

Abbildung 3.16: Iterationsmodell mit Ergebnis nach 1.000 Durchläufen

Die Zahl 871 benötigt die meisten Schritte, nämlich 178, und landet unterwegs bei der Zahl 190.996.

Last but not least können Sie diese Aufgabe auch mit VBA lösen. Daher soll diese Variante hier nicht fehlen. Die Funktionsweise haben wir innerhalb des Listings kommentiert.

```
Option Explicit
Sub Wundersam()
Dim k       As Long    'Variable für die Zahlen 1 bis 1.000
Dim lTemp   As Long    'temporäre Variable
Dim iCount  As Integer 'Zählvariable für die Rechenschritte
Dim lRow    As Long    'Variable als Zeilenzähler
'Zeilenzähler beginnt bei 2
lRow = 2
```

```
'Spalten A:B leeren
[a:b].Clear
'Spaltenüberschriften in A1 und B1
[a1] = "Zahl": [b1] = "Rechenschritte"
'Schleife über alle Zahlen von 1 bis 1.000
For k = 1 To 1000
  'Zahl (k) in Spalte A eintragen
  Cells(lRow, 1) = k
  'Die Zahl (k) an die Hilfsvariable lTemp übergeben
  lTemp = k
  'Zähler für die Rechenschritte zu Beginn auf 0 setzen
  iCount = 0
  'Algorithmus (/2 bzw. *3 + 1) so lange durchlaufen, bis 1 rauskommt
  Do Until lTemp = 1
    'Prüfen, ob die Zahl gerade ist. Falls ja, dann ...
    If lTemp Mod 2 = 0 Then
      '... Zahl durch 2 teilen
      lTemp = lTemp / 2
    Else
      '... andernfalls mit 3 multiplizieren und 1 addieren
      lTemp = lTemp * 3 + 1
    End If
    'Zähler für die Rechenschritte um 1 erhöhen
    iCount = iCount + 1
  Loop
  'Anzahl Rechenschritte in Spalte B bei zugehöriger Zahl (k) eintragen
  Cells(lRow, 2) = iCount
  'Zeilenzähler um 1 erhöhen
  lRow = lRow + 1
Next k
'Nach Spalte B absteigend sortieren - damit steht die gesuchte Zahl ganz oben
[a:b].Sort key1:=[b1], order1:=xlDescending, header:=xlYes
'Optimale Spaltenbreite einstellen - fertig!
Columns("a:b").AutoFit
End Sub
```

Das Endergebnis sieht dann so aus wie in Abbildung 3.17.

	A	B
1	Zahl	Rechenschritte
2	871	178
3	937	173
4	703	170
5	763	152
6	775	152
7	859	147
8	865	147
9	873	147
10	879	147
11	889	147
12	649	144
13	654	144
14	655	144
15	667	144
16	327	143
17	967	142
18	974	142
19	975	142
20	982	142

Abbildung 3.17: Sortiertes Makroergebnis nach den Achterbahnfahrten

Erfreulicherweise wird unser Ergebnis vom zuvor beschriebenen Iterationsverfahren bestätigt. Wenn Sie schließlich noch die Rechenschritte zu den Startzahlen ins Verhältnis setzen

C2: =B2/A2

und von der Spalte C das Maximum bilden,

=MAX(C:C)=4,11111

finden Sie dieses in der 187. Zeile bei der Ausgangszahl 27. Sie hat mit 111 Schritten die meisten Schritte im Verhältnis zu ihrer eigenen Größe.

3.8   Eine besondere Zahl

a) Zunächst listen wir alle durch 3 teilbaren Zahlen bis 1.000 auf.

A1: 3
A2: =A1+3

Mit folgender Formel wird die Summe ihrer Ziffernkuben gebildet.

B1: =SUMMENPRODUKT(TEIL(A1;ZEILE(INDIREKT("1:"&LÄNGE(A1)));1)^3)

Was genau macht diese Formel?

`TEIL(A1;3;1)^3`

würde beispielsweise die dritte Ziffer in Zelle A1 mit 3 exponieren. Die ersten drei Ziffern zu exponieren, funktioniert mit

`=TEIL(A1;{1;2;3};1)^3` oder auch `=TEIL(A1;ZEILE(1:3);1)^3`

Hat die Zelle aber weniger als 3 Ziffern, gibt es eine Fehlermeldung – also müssen wir die Zeilengrenze in der Funktion ZEILE dynamisieren. Das funktioniert mit der Funktion LÄNGE und angesprochen durch die Funktion INDIREKT:

`=TEIL(A1;ZEILE(INDIREKT("1:"&LÄNGE(A1)));1)^3`

Und jetzt noch SUMME() drum herum und schon haben wir die Summe der kubierten (ob's das Wort wohl gibt?) Ziffern.

SUMMENPRODUKT nehmen wir, da SUMME als Arrayformel mit ⌜Strg⌝ + ⌜⇧⌝ + ⌜↵⌝ abgeschlossen werden muss, was oft vergessen wird. Mit SUMMENPRODUKT ist es zwar genauso eine Arrayformel – der Abschluss mit ⌜↵⌝ alleine reicht aber aus.

B1 dann soweit nach rechts kopieren, wie maximal Rechenschritte nötig sind. Da wir das vorab nicht genau wissen, versuchen wir mit 18 Spalten (R) auszukommen (es langt auch). Ebenfalls kopieren wir alle Formeln bis Zeile 333 herunter (Ausschnitt: Abbildung 3.18).

	A	B	C	D	E	F	G	H	I	J	K	L	M	N	O	P	Q	R	S
56	168	729	1080	513	153	153	153	153	153	153	153	153	153	153	153	153	153	153	4
57	171	345	216	225	141	66	432	99	1458	702	351	153	153	153	153	153	153	153	11
58	174	408	576	684	792	1080	513	153	153	153	153	153	153	153	153	153	153	153	7
59	177	687	1071	345	216	225	141	66	432	99	1458	702	351	153	153	153	153	153	13
60	180	513	153	153	153	153	153	153	153	153	153	153	153	153	153	153	153	153	2
61	183	540	189	1242	81	513	153	153	153	153	153	153	153	153	153	153	153	153	6
62	186	729	1080	513	153	153	153	153	153	153	153	153	153	153	153	153	153	153	4
63	189	1242	81	513	153	153	153	153	153	153	153	153	153	153	153	153	153	153	4
64	192	738	882	1032	36	243	99	1458	702	351	153	153	153	153	153	153	153	153	10
65	195	855	762	567	684	792	1080	513	153	153	153	153	153	153	153	153	153	153	8
66	198	1242	81	513	153	153	153	153	153	153	153	153	153	153	153	153	153	153	4

Abbildung 3.18: Ermittlung der besonderen Zahl 153

Wie zu sehen ist, kommen wir mit diesem Verfahren zu dem bemerkenswerten Ergebnis, dass wir stets bei der Zahl 153 landen – der besonderen Zahl. Um noch einmal sicherzugehen, ob auch wirklich immer 153 erreicht wird, schreiben wir in S1

S1: `=VERGLEICH(153;B1:R1;0)`

und kopieren diese Formel ebenfalls bis Zeile 333. Da diese Formel immer eine Zahl und keinen Fehlerwert #NV! liefert, wird die Vermutung bestätigt: 153 wird immer gefunden.

Die maximale Anzahl benötigter Schritte finden wir mit

`=MAX(S:S)`

Diese Formel liefert 13 (Schritte). Und die kleinste Zahl, die 13 Schritte benötigt, ergibt sich mit

`=INDEX(A:A;VERGLEICH(MAX(S:S);S:S;0))`
`=177`

b) Die besondere Zahl 153 weist als zweite interessante Eigenschaft auf, dass sie das Ergebnis der Summe der Fakultäten der Zahlen 1 bis 5 ist:

$153 = 1! + 2! + 3! + 4! + 5!$

Als Excel-Formel ausgedrückt

`=SUMMENPRODUKT(FAKULTÄT({1.2.3.4.5}))`

oder auch

`=SUMMENPRODUKT(FAKULTÄT(ZEILE(1:5)))`

3.9   Bombenstimmung

Sie zünden Schnur 1 an beiden Seiten gleichzeitig und Schnur 2 nur an einer Seite an. Sobald Schnur 1 komplett verbrannt ist, sind exakt 30 Minuten vergangen. Just in diesem Moment zünden Sie auch Schnur 2 noch von der anderen Seite an. Von da an wird sie noch exakt 15 Minuten brennen und Sie haben somit genau 45 Minuten abgepasst.

Allgemein ausgedrückt:

Wenn die Zündschnur von beiden Seiten brennt, wird die Restbrenndauer halbiert. Die „jungfräuliche" Schnur brennt somit 60/2 = 30 Minuten. Die Restbrenndauer der zweiten Schnur beträgt in dem Moment, wenn die erste Schnur verbrannt ist, noch 30 Minuten. Wenn man sie nun auch von der anderen Seite entflammt, wird die Zeit auf 15 Minuten reduziert. Diese 15 Minuten und die zuvor schon verbrauchten 30 Minuten ergeben 45 Minuten. (Abbildung 3.19).

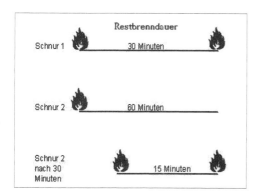

Abbildung 3.19: Brennverläufe der beiden Zündschnüre

3.10 Fermat und andere Vermutungen

a) Da wir weder Fermat noch Wiles heißen, tun wir uns mit dem Beweis von Behauptungen etwas schwer, und auch Excel ist dabei nicht wirklich hilfreich. Sie können zwar mit Excel zig Millionen Berechnungen prüfen, aber das Ergebnis kann allenfalls ein Indiz sein. Einen Beweis im mathematischen Sinne kann Excel nicht erbringen.

Also legen wir unsere Hoffnung auf die Widerlegung, denn das ist die Stärke von Excel. Wir listen zunächst mal drei aufeinanderfolgende Zahlen auf und schauen was passiert (Abbildung 3.20):

D4			f_x =(+A4^3+B4^3+C4^3)^(1/3)		
	A	B	C	D	E	F
1	a	b	c	d		
2	1	2	3	3,30193		
3	2	3	4	4,62607		
4	3	4	5	6		
5	4	5	6	7,39864		
6	5	6	7	8,81087		
7	6	7	8	10,2313		
8	7	8	9	11,657		
9	8	9	10	13,0862		
10	9	10	11	14,518		
11	10	11	12	15,9517		

Abbildung 3.20: Ganzzahlige Lösung für die Gleichung

Und wir hatten direkt Glück. Schon in der dritten Zeile haben wir den Treffer gelandet. Denn

3^3 + 4^3 + 5^3 = 6^3

was die Formel

D4: =(+A4^3+B4^3+C4^3)^(1/3)

bestätigt. Die Vermutung, dass es für diese Gleichung keine ganzzahligen Lösungen gibt, konnten wir also schon mal widerlegen.

Mit den vier Fünferpotenzen wird es schon etwas schwieriger. Mit der einfachen Auflistung verschiedener Zahlen, so wie zuvor, werden wir zu keinem Ergebnis kommen. Wir wollen zunächst mal hoffen, dass wir auf ein Ergebnis treffen, bei dem a, b, c, d und e nicht größer als 200 sind. Viel größer dürfen sie jedenfalls nicht sein, sonst wird es eine sehr langwierige Rechenprozedur. Innerhalb dieser Bandbreite versuchen wir nun die fünf Parameter so zu kombinieren, dass wir ein richtiges Ergebnis erhalten, und zwar mit folgendem Makro:

```
Sub makro1()
Dim a As Long, b As Long, c As Long, d As Long, e As Double
For a = 1 To 200
 For b = 1 To 200
  For c = 1 To 200
   For d = 1 To 200
    e = (a ^ 5 + b ^ 5 + c ^ 5 + d ^ 5) ^ (1 / 5)
    If Abs(e - Int(e)) < 0.00000000001 Then
     MsgBox a & "^5 + " & b & "^5 + " & c & "^5 + " _
     & d & "^5 = " & e & "^5"
    End If
Next: Next: Next: Next
End Sub
```

Jetzt wird es je nach Stärke Ihres PCs einige Minuten dauern (es dauert wirklich!), bis folgender Dialog (Abbildung 3.21) erscheint:

Abbildung 3.21: Ergebnis des „Fünferpotenz"-Makros

Wir haben also wieder eine ganzzahlige Lösung gefunden. Die etwas sonderbare IF-Prüfung `Abs(e - Int(e)) < 0.00000000001` ist deshalb notwendig, weil VBA, genau wie Excel auch, Rundungsprobleme hat. Wir wollen ja prüfen, ob e ganzzahlig ist.

`144 - (27 ^ 5 + 84 ^ 5 + 110 ^ 5 + 133 ^ 5) ^ (1 / 5)`

müsste eigentlich 0 ergeben – tut es aber nicht, sondern es wird

`-2,8421709430404E-14`

zurückgegeben. Dieser Wert ist winzig klein, nahe null, aber eben nicht genau null. Also kommen wir dem ungenauen Rechenprozessor mit dem Vergleich

`< 0.00000000001`

entgegen, um das richtige Ergebnis zu erhalten.

b) Diese Vermutung stellte Leonhard Euler auf. Leider sind wir weder in der Lage, dies zu beweisen noch zu widerlegen. Glücklicherweise hat das aber schon jemand anderes für uns getan. Naom Elkies von der Harvard-Uni fand im Jahre 1988 die „kleinstmögliche" Gleichung:

`2682440^4 + 15365639^4 + 18796760^4 = 20615674^4`

Da hätten wir lange rechnen können!

3.11   Oh, du Fröhliche …

Die 10 Zahlen müssen also auf die „fröhliche" Eigenschaft abgeklopft werden. Klar kann man das für jeden einzelnen Schritt zu Fuß machen – eleganter ist es aber, dieses zu automatisieren.

In A1 steht die zu untersuchende Zahl – beispielsweise die 12. Die Summe der Ziffernquadrate $1^2 + 2^2 = 5$ erhält man in A2 mit:

A2: `=TEIL(A1;1;1)^2+TEIL(A1;2;1)^2`

Die Summe der Ziffernquadrate des Ergebnisses aus A2 erhält man in A3 mit:

A3: `=TEIL(A2;1;1)^2 = 25`

Das Spielchen setzt sich jetzt in A4 (mit Bezug auf A3) fort und ist natürlich ziemlich mühsam, da man immer die Stellenzahl des Vorgängers berücksichtigen muss. Außerdem könnte die Ursprungszahl in A1 ja bis zu 15 Stellen (oder im Textformat auch viel mehr) umfassen.

Für die Zahl 987.654.321.234.564 – die übrigens eine fröhliche Zahl ist, wie Sie gleich selbst testen können – hieße das allein in A2:

A2: =TEIL(A1;1;1)^2+TEIL(A1;2;1)^2+TEIL(A1;3;1)^2+TEIL(A1;4;1)^2 ... bis ... +TEIL(A1;15;1)^2 (bzw. bis der Arzt kommt).

Das erschlagen wir jetzt aber mit nachfolgender Formel:

A2: =SUMMENPRODUKT((0&TEIL(A1;SPALTE($1:$1);1))^2)

Und kopieren A2 dann weit genug runter.

Wie funktioniert diese Formel?

SPALTE($1:$1) liefert ein Array der Zahlen 1 bis 256, jeweils für den Parameter [Erstes_Zeichen] in der Funktion TEIL. Um Teilergebnisse mit der Taste $\boxed{\text{F9}}$ besser zu visualisieren, reduzieren wir dieses aus 256 Zahlen bestehende Array jetzt auf 6 (A:F):

A2: =SUMMENPRODUKT((0&TEIL(A1;SPALTE(A:F);1))^2)

Markieren Sie den Formelteil TEIL(A1;SPALTE(A:F);1), betätigen $\boxed{\text{F9}}$ und Sie sehen:

=SUMMENPRODUKT((0&{"1"."2".""."".""."",""})^2)

Aus der Auswertung von 0& und dem {Array} ergibt sich

=SUMMENPRODUKT({"01"."02"."0"."0"."0"."0"}^2)

SUMMENPRODUKT führt innerhalb der schließenden Klammern für alle 6 Werte eine Rechenoperation (hier ^2) durch und addiert diese dann.

Deshalb die vorangestellte Null: 0&. Ohne diese würde 4-mal ""^2 gerechnet werden, was die Fehlermeldungen #WERT! erzeugt.

Das mit Nullen ("0") aufgefüllte Array kann nun mit ^2 potenziert werden. Es bleibt:

=SUMMENPRODUKT({1.4.0.0.0.0})

Da ist jetzt alles paletti und ergibt als Summe 5. Von den 10 in der Aufgabenstellung aufgeführten Zahlen ist nur die 23 eine fröhliche Zahl.

Wiederholt sich in der Zahlenfolge eine Zahl (bei der 12 ist es als erste die 89), führt das natürlich zu einer Endlosschleife, wie in Abbildung 3.22 in der Spalte A zu sehen ist. In Spalte B und C werden die zwei fröhlichen Zahlen gezeigt, bei denen der Algorithmus bei 1 landet (die Ausgangszahlen stehen somit in B1 bzw. C1 und die SUMMENPRODUKT-Formel in Zeile 2 wird dementsprechend auf B1 bzw. C1 angepasst).

	A	B	C
1	12	23	987.654.321.234.564
2	5	13	391
3	25	10	91
4	29	1	82
5	85	1	68
6	89	1	100
7	145	1	1
8	42	1	1
9	20	1	1
10	4	1	1
11	16	1	1
12	37	1	1
13	58	1	1
14	89	1	1
15	145	1	1
16	42	1	1
17			

Abbildung 3.22: Eine traurige und zwei fröhliche Zahlen

Übrigens: Die „normale" Quersumme einer Zahl erhält man mit derselben Formel, wenn man am Ende nicht mit ^2 potenziert, sondern mit *1 multipliziert.

3.12   Gezinkte Würfel

a) Lassen Sie zuerst den Gegner wählen und treffen Sie dann Ihre Entscheidung. Damit sind Sie immer auf der sicheren Seite, denn
   - Würfel a gewinnt gegen Würfel c,
   - Würfel b gewinnt gegen Würfel a und
   - Würfel c gewinnt gegen Würfel b.

Um das zu beweisen werten Sie alle möglichen Wurfkonstellationen aus und vergleichen, wer gegen wen wie oft gewonnen hat (Abbildung 3.23).

	A	B	C	D	E	F	G	H	I	J	K	L	M	N	O	P	Q	R	S	T	U
1	Wurf				A gegen B						B gegen C						C gegen A				
2	Kombi				B gewinnt gegen A						C gewinnt gegen B						A gewinnt gegen C				
3							13x	16x	7x				15x	16x	5x				15x	18x	3x
4					A	B	A>B	A<B	A=B		B	C	B>C	B<C	B=C		C	A	C>A	C<A	C=A
5	1	1			1	1	0	0	1		1	1	0	0	1		1	1	0	0	1
6	1	2			1	1	0	0	1		1	2	0	1	0		1	3	0	1	0
7	1	3			1	3	0	1	0		1	2	0	1	0		1	3	0	1	0
8	1	4			1	4	0	1	0		1	3	0	1	0		1	4	0	1	0
9	1	5			1	5	0	1	0		1	5	0	1	0		1	4	0	1	0
10	1	6			1	5	0	1	0		1	6	0	1	0		1	4	0	1	0
11	2	1			3	1	1	0	0		1	1	0	0	1		2	1	1	0	0
12	2	2			3	1	1	0	0		1	2	0	1	0		2	3	0	1	0
13	2	3			3	3	0	0	1		1	2	0	1	0		2	3	0	1	0
14	2	4			3	4	0	1	0		1	3	0	1	0		2	4	0	1	0
15	2	5			3	5	0	1	0		1	5	0	1	0		2	4	0	1	0
16	2	6			3	5	0	1	0		1	6	0	1	0		2	4	0	1	0
17	3	1			3	1	1	0	0		3	1	1	0	0		2	1	1	0	0
18	3	2			3	1	1	0	0		3	2	1	0	0		2	3	0	1	0
19	3	3			3	3	0	0	1		3	2	1	0	0		2	3	0	1	0
20	3	4			3	4	0	1	0		3	3	0	0	1		2	4	0	1	0
21	3	5			3	5	0	1	0		3	5	0	1	0		2	4	0	1	0
22	3	6			3	5	0	1	0		3	6	0	1	0		2	4	0	1	0
23	4	1			4	1	1	0	0		4	1	1	0	0		3	1	1	0	0
24	4	2			4	1	1	0	0		4	2	1	0	0		3	3	0	0	1
25	4	3			4	3	1	0	0		4	2	1	0	0		3	3	0	0	1
26	4	4			4	4	0	0	1		4	3	1	0	0		3	4	0	1	0
27	4	5			4	5	0	1	0		4	5	0	1	0		3	4	0	1	0
28	4	6			4	5	0	1	0		4	6	0	1	0		3	4	0	1	0
29	5	1			4	1	1	0	0		5	1	1	0	0		5	1	1	0	0
30	5	2			4	1	1	0	0		5	2	1	0	0		5	3	1	0	0
31	5	3			4	3	1	0	0		5	2	1	0	0		5	3	1	0	0
32	5	4			4	4	0	0	1		5	3	1	0	0		5	4	1	0	0
33	5	5			4	5	0	1	0		5	5	0	0	1		5	4	1	0	0
34	5	6			4	5	0	1	0		5	6	0	1	0		5	4	1	0	0
35	6	1			4	1	1	0	0		5	1	1	0	0		6	1	1	0	0
36	6	2			4	1	1	0	0		5	2	1	0	0		6	3	1	0	0
37	6	3			4	3	1	0	0		5	2	1	0	0		6	3	1	0	0
38	6	4			4	4	0	0	1		5	3	1	0	0		6	4	1	0	0
39	6	5			4	5	0	1	0		5	5	0	0	1		6	4	1	0	0
40	6	6			4	5	0	1	0		5	6	0	1	0		6	4	1	0	0

Abbildung 3.23: Auswertung aller Wurfkonstellationen

Alle 6 * 6 = 36 Kombinationen, die beim Wurf zweier „normaler" Würfel möglich sind, werden in den Spalten B und C aufgelistet. In den benachbarten Spalten treten die Würfel A, B und C paarweise gegeneinander an. Dabei werden die Ziffern der Spalten A und B durch die tatsächlichen Augen der gezinkten Würfel ausgetauscht. Beispielsweise der Würfel A in Spalte E:

`E5:=INDEX({1;3;3;4;4;4};B5)`

Sowie der Würfel B in Spalte F:

`F5:=INDEX({1;1;3;4;5;5};C5)`

In den nächsten drei Spalten wird geprüft, wer bei jedem Wurf als Sieger hervorgeht.

G5: =(E5>F5)*1
H5: =(E5<F5)*1
I5: =(E5=F5)*1

Die Formeln in den fünf Spalten werden jeweils bis Zeile 40 kopiert.

Dann nur noch summieren (Zeile 3) und somit ermitteln, welcher Würfel in der Mehrzahl der Fälle gewonnen hat. Das gleiche Spielchen wiederholt sich dann analog für die Paarungen B gegen C und C gegen A.

b) Soweit wurden die theoretischen Gewinnchancen bestimmt. Nun gilt es zu prüfen, ob die tatsächlichen Resultate mit der Theorie übereinstimmen. Dazu benötigen wir natürlich Würfel mit den entsprechenden Augenzahlen, und dafür bietet Excel die schöne Funktion ZUFALLSZAHL() an. Sie liefert eine zufällige Fließkommazahl zwischen 0 und 1.

Einen herkömmlichen Würfel mit den Ziffern 1 bis 6 erhält man mit der Formel
=KÜRZEN(ZUFALLSZAHL()*6)+1

Für die gezinkten Würfel wird die Formel wie folgt erweitert:
- Würfel A
   =INDEX({1;3;3;4;4;4};KÜRZEN(ZUFALLSZAHL()*6)+1)

- Würfel B
   =INDEX({1;1;3;4;5;5};KÜRZEN(ZUFALLSZAHL()*6)+1)

- Würfel C
   =INDEX({1;2;2;3;5;6};KÜRZEN(ZUFALLSZAHL()*6)+1)

Jetzt lassen Sie zwei Würfel gegeneinander antreten, indem Sie deren Formel in zwei benachbarten Spalten weit nach unten kopieren. Sie müssen natürlich im Experiment möglichst viele Würfe durchführen, um die Theorie empirisch nachweisen zu können.

In der Theorie gewinnt B in 44,44 % der Fälle gegen A und verliert nur in 36,11 %. Wenn Sie das Experiment in zehntausend Zeilen durchführen (Abbildung 3.24), müssten Sie im Schnitt ca. 4.400 Siege von B erhalten und nur ca. 3.600 Niederlagen – remis ergo ca. 2.000 Mal.

F2		▼	*fx* =100*SUMME(C:C)/10000&" %"					
1 2		A	B	C	D	E	F	G	H
1		A	B	A>B: 3608	B>A: 4420	A=B: 1970	A>B	B>A	A=B
2		4	5	0	1	0	36,08 %	44,21 %	19,71 %
3		4	1	1	0	0			
4		1	1	0	0	1			
5		4	5	0	1	0			
9998		4	1	1	0	0			
9999		4	5	0	1	0			
10000		4	4	0	0	1			
10001		1	5	0	1	0			
10002									

Abbildung 3.24: Der gezinkte Würfel B siegt über Würfel A.

Passt also!

3.13 Geht dir ein Licht auf?

Logischerweise hilft es nicht, alle 3 Schalter anzuschalten. Auch mit 2 Schaltern kommt man nicht weiter, da man, sofern die Glühbirne beim Kellerbesuch an ist, immer noch nicht weiß, welcher der beiden Schalter dafür zuständig war.

Also schaltet man zunächst nur Schalter A an, wartet ein paar Minuten, schaltet diesen wieder aus und betätigt dann Schalter B. Jetzt flitzt man in den Keller. Dort angekommen, ist es entweder hell oder dunkel. Ist es hell, war es Schalter B. Ist es dunkel, prüft man die Temperatur der Glühbirne. Ist sie warm, war es Schalter A (den hatten wir ja zunächst eine Zeit lang angelassen, damit die Birne auch heiß wird), ansonsten ist es der noch nicht betätigte Schalter C.

Ziehe ins Erdgeschoss!

3.14 Die härtesten zwei Stunden meines Lebens

a) – 6 8 9 9 24=8*9/(9-6)
  – 1 3 4 6 24=6/(1-3/4) – sieht doch wirklich nicht schlimm aus.
  – 3 3 7 7 24=(3/7+3)*7
  – 1 3 4 8 24=(1+3)*4+8

b) Ziffernfolge 3-5-7-9

- 85=(3+7)*9-5
- 43=((9+7)*3)-5
- 20=(7-9/3)*5

c) Kombinieren Sie a, b, c, d um als Ergebnis abc zu erhalten. Dazu sind uns folgende Beispiele eingefallen:

- 3*6*9+1 = 163
- (7*4+1)*5 = 145
- 9*6*(2+1) = 162

Vielleicht finden Sie noch andere Lösungen!?

d) Jetzt das Ganze noch mit a, b, c, d aufsteigend sortiert:

(2+5*6)*8 = 256

Fällt Ihnen eigentlich auf, dass diese Aufgabenstellung etwas mit Kombinatorik zu tun hat? Nun, es gibt bei vier Ziffern genau

$4 * 3 * 2 * 1 = 24$ Möglichkeiten, diese anzuordnen, also Permutationen zu bilden. Natürlich sind viele Permutationen äquivalent, z.B. $1 + 2 + 3 + 4$ und $1 + 2 + 4 + 3$, aber das stört uns jetzt mal nicht. Zwischen zwei Ziffern können je vier verschiedene Operanden zum Einsatz kommen, das macht $4 * 4 * 4 = 64$ verschiedene Möglichkeiten, Operanden zu kombinieren. Klammern können nur auf 11 unterschiedliche Weisen eingesetzt werden. Diese sind:

- 1 + 2 + 3 + 4
- (1+2)+ 3 + 4
- 1 + 2 +(3+4)
- (1+2)+(3+4)
- 1 +(2+3)+ 4
- (1+2+3)+ 4
- 1 +(2+3+4)
- (1+(2+3))+ 4
- ((1+2)+3)+ 4
- 1 +((2+3)+4)
- 1 +(2+(3+4))

Fassen wir zusammen: Es gibt 24 Ziffernanordnungen, 64 Operandenkombis und 11 Klammerstellungen. Das ergibt insgesamt 24 * 64 * 11 = 16.896 unterschiedliche Möglichkeiten, bei dieser Aufgabenstellung ein Ergebnis zu erhalten. Zum manuellen Ausprobieren sehr viel, aber für ein Makro absolut überschaubar. Also basteln wir doch eines:

```
Sub FormelParsing()
On Error Resume Next
Dim O As Variant 'Operanden (Grundrechenarten)
Dim N(1 To 4) As Double 'Ziffern
Dim Ergebnis As Double
Dim Formel As String
Dim K As Long 'Klammersetzung
Dim a As Long, b As Long, c As Long, d As Long 'Ziffernposition
Dim x As Long, y As Long, z As Long 'Operandenkombi
Dim i As Long 'Zähler richtiger Lösungen

O = Array("+", "-", "/", "*")

N(1) = 1
N(2) = 3
N(3) = 4
N(4) = 6
Ergebnis = 24

Range("A1:A1000").ClearContents
For a = 1 To 4
For b = 1 To 4
For c = 1 To 4
For d = 1 To 4

  If a <> b And a <> c And a <> d And b <> c And b <> d And c <> d Then

For x = 0 To 3
For y = 0 To 3
For z = 0 To 3
 For K = 1 To 11
  Select Case K
  Case 1
   Formel = N(a) & O(x) & N(b) & O(y) & N(c) & O(z) & N(d)
```

```
Case 2
  Formel = "(" & N(a) & O(x) & N(b) & ")" & O(y) & N(c) & O(z) & N(d)
Case 3
  Formel = "(" & N(a) & O(x) & N(b) & O(y) & N(c) & ")" & O(z) & N(d)
Case 4
  Formel = "((" & N(a) & O(x) & N(b) & ")" & O(y) & N(c) & ")" & O(z) & N(d)
Case 5
  Formel = "(" & N(a) & O(x) & "(" & N(b) & O(y) & N(c) & "))" & O(z) & N(d)
Case 6
  Formel = N(a) & O(x) & N(b) & O(y) & "(" & N(c) & O(z) & N(d) & ")"
Case 7
  Formel = N(a) & O(x) & "(" & N(b) & O(y) & N(c) & O(z) & N(d) & ")"
Case 8
  Formel = N(a) & O(x) & "((" & N(b) & O(y) & N(c) & ")" & O(z) & N(d) & ")"
Case 9
  Formel = N(a) & O(x) & "(" & N(b) & O(y) & "(" & N(c) & O(z) & N(d) & "))"
Case 10
  Formel = "(" & N(a) & O(x) & N(b) & ")" & O(y) & "(" & N(c) & O(z) & N(d)
  & ")"
Case 11
  Formel = N(a) & O(x) & "(" & N(b) & O(y) & N(c) & ")" & O(z) & N(d) & ")"
End Select

  If Not IsError(Evaluate(Formel)) Then
      'fängt z.B. 1/0 Fehler ab
    If Evaluate(Formel) = Ergebnis Then 'richtige Lösung
      i = i + 1
      Cells(i, 1).Value = Formel & "=" & Ergebnis
        'schreibt richtige Lösungen in Spalte A
    End If
    End If
  Next K
Next z: Next y: Next x

  End If

Next d: Next c: Next b: Next a
End Sub
```

In das Datenfeld N(1 to 4) werden zunächst die vier Ziffern geschrieben. Die `For-Next`-Schleifen für *a, b, c* und *d* erzeugen dann alle möglichen Permutationen der Ziffern. Die `For-Next`-Schleifen mit *x, y,* und *z* variieren die vier möglichen Operanden, die in das Datenfeld *O* geschrieben wurden. Die `Select-Case`-Anweisung fügt nun in den 11 verschiedenen Ausprägungen die Klammern bei.

Wir erhalten eine Zeichenkette, die in die Variable *Formel* geschrieben wird. Mit der Funktion `Evaluate` ist es nun möglich, diese Zeichenkette auszuwerten. Wenn das Ergebnis der Berechnung dem gewünschten *Ergebnis* entspricht, wird es in die Excel-Tabelle geschrieben.

3.15   Ein gewisser Herr Kaprekar

a) Probieren wir es beispielsweise mit der Zahl 2.415:

5421 - 1245 = 4176
7641 - 1467 = 6174
7641 - 1467 = 6174

Aha, eine Endlosschleife die bei 6.174 endet. Noch ein Versuch mit der 9.998:

+9998 - 8999 = 0999 (Klappt nur, wenn man mit den führenden Nullen weiterrechnet.)

9990 - 0999 = 8991
9981 - 1899 = 8082
8820 - 0288 = 8532
8532 - 2358 = 6174
7641 - 1467 = 6174

Na so was, schon wieder eine Endlosschleife und sogar die gleiche. Nun gilt es zu prüfen, ob dies immer der Fall ist. Wir formulieren das Problem à la Excel. Die Ausgangzahl steht in A1. Wir benötigen eine Formel, die die Ziffern der Ausgangszahl aufsteigend sortiert und das macht jene hier:

`=SUMME(KGRÖSSTE(TEIL(TEXT(A1;"0000");{1.2.3.4};1)*1;{4.3.2.1})*10^{0.1.2.3})`

Die Funktion TEXT sorgt hier dafür, dass auch bei dreistelligen Ergebnissen die führende Null berücksichtigt wird. TEIL übergibt die einzelnen Ziffern an ein Array mit vier Elementen, die jeweils eine Ziffer enthalten. Die Funktion KGRÖSSTE sortiert nun das Array aufsteigend, um daraufhin dessen Elemente mit der richtigen 10er-Potenz zu multiplizieren. Schließlich werden die vier potenzierten Ziffern wieder summiert.

Die absteigend sortierte Zahl erhalten wir analog, nur dass die Funktion KGRÖSSTE durch KKLEINSTE ersetzt wird:

`=SUMME(KKLEINSTE(TEIL(TEXT(A1;"0000");{1.2.3.4};1)*1;{4.3.2.1})*10^{0.1.2.3})`

Die zweite Formel von der ersten Formel abgezogen führt schon zum richtigen Resultat. Zum besseren Verständnis, was da eigentlich gerechnet wird, stellen wir diese Berechnung auch noch mal als Gleichungen dar. Dabei bezeichnen wir die größte Ziffer als *a*, die nächste Ziffer als *b*, die nächste als *c* und die kleinste Ziffer als *d*. Nun gilt (Abbildung 3.25):

	1000*a	+ 100*b	+ 10 * c	+ d
−	a	+ 10*b	+ 100 * c	+ 1000*d
=	999*a	+ 90*b	-90*c	-999*d
=	**999 * (a - d) + 90* (b - c)**			

Abbildung 3.25: Berechnung in Gleichungsform

Also können wir direkt die kleinste Ziffer von der größten Ziffer subtrahieren und das Ergebnis mit 999 multiplizieren. Die drittgrößte Ziffer subtrahieren wir von der zweitgrößten und multiplizieren mit 90. Diese Erkenntnis können wir nutzen, um die Excel-Formeln erheblich zu verkürzen. Dann ergibt sich das Bild in Abbildung 3.26 mit

A2: `=SUMME(KGRÖSSTE(TEIL(TEXT(A1;"0000");{1.2.3.4};1)*1;{1.2.3.4})*`
`{999.90.-90.-999})`

A2 wird beliebig nach unten kopiert. Sie werden sehen, dass Sie nicht sehr weit kopieren müssen, denn spätestens nach sieben Schritten erreichen Sie immer die Zahl 6.174. Entdeckt hat diese Zahl der indische Mathematiker *Kaprekar*, deshalb heißt sie auch Kaprekar-Konstante.

A2	▼	*fx*	=SUMME(KGRÖSSTE(TEIL(TEXT(A1;"0000");		
			{1.2.3.4};1)*1;{1.2.3.4})*{999.90.-90.-999})		

	A	B	C			
1	1000	1234	2645	3998	2447	5552
2	999	3087	4086	6084	4995	2997
3	8991	8352	8172	8172	5355	7173
4	8082	6174	7443	7443	1998	6354
5	8532	6174	3996	3996	8082	3087
6	6174	6174	6264	6264	8532	8352
7	6174	6174	4176	4176	6174	6174
8	6174	6174	6174	6174	6174	6174
9	6174	6174	6174	6174	6174	6174
10	6174	6174	6174	6174	6174	6174

Abbildung 3.26: Verschiedene Ausgangszahlen führen zur Kaprekar-Konstanten.

b) Sie können dieses Verfahren natürlich auch für Zahlen anderer Länge ausprobieren. In den beiden langen Formeln müssen dann nur die Arrays {1.2.3.4}, {4.3.2.1} und {0.1.2.3} an die Zahlenlänge angepasst werden. Für dreistellige Zahlen lautet die Formel in A2:

A2: =SUMME(KGRÖSSTE(TEIL(TEXT(A1;"000");{1.2.3};1)*1;{1.2.3})*{99.0.-99})

Und die Kaprekar-Konstante beträgt 495.

Es gibt sonst keine Zahlenlänge, die nur eine Kaprekar-Konstante aufweist. Sechs-, acht- und neunstellige Zahlen können sich zwischen zwei Zahlen nicht entscheiden. Zehnstellige Zahlen sind noch etwas wechselhafter und schwanken zwischen drei Zahlen. Für fünf- und siebenstellige Zahlen gibt es keine Konstante – die Folge endet in einer sich wiederholenden Kette.

c) Zahlen, auf die diese Bedingung zutrifft, heißen Kaprekarzahlen.

z.B.: 297^2 = 88.209   209 + 88 - 297 = 0

Die ersten neun Kaprekarzahlen lauten: 1 9 45 55 99 297 999 7.272 142.857

Der Excel-technische Nachweis (außer für 1) erfolgt mit der Formel

A3:=LINKS(A1^2;KÜRZEN(LÄNGE(A1^2)/2))+RECHTS(A1^2;LÄNGE(A1))-A1

Zum Beispiel ist

296^2 = 87616

87.616 wird aufgeteilt in 87 und 616.

RECHTS(296^2;LÄNGE(296)) = 616
LINKS(296^2;KÜRZEN(LÄNGE(296^2)/2))
= LINKS(296^2;KÜRZEN(2,5)) = 87

Im Klartext: Wenn die Anzahl Ziffern der Quadratzahl ungerade ist, wird die mittlere Ziffer auf die rechte Seite gepackt. Dazu wird die halbe Ziffernanzahl von 2,5 mit KÜRZEN auf 2 abgerundet.

Dieses Beispiel ergibt keine Kaprekarzahl: 616 + 87 - 296 = 407 und nicht null.

3.16 Art of Excel

Zuerst erzeugen Sie quadratische Zellen: Hier betrug die Zeilenhöhe 14,25 und die Spaltenbreite 1,9 Pixel (das ist rechnerabhängig).

In A1 schreiben Sie die Hammerformel

A1: =$K$11

kopieren diese bis V22, und Sie sehen dann die allseits beliebte Meldung in Abbildung 3.27:

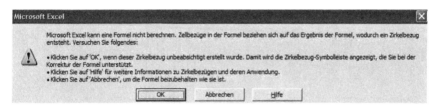

Abbildung 3.27: Zirkelbezug-Dialog

Bestätigen Sie mit *Abbrechen*, löschen die „Formel" in K11 und wählen den Menüpunkt *Extras>Formelüberwachung>Spur zum Nachfolger*. Dann erscheint unser „Diagramm".

3.17 Origami und Optimierung

„Optimierung" – da sollte man sofort an den Solver denken – und der ist in diesem Fall extrem einfach zu bestücken.

In A1 steht die Seitenlänge des Kartons – also 20.

In B1 erstmal nichts – da soll der Solver die Schnitttiefe ausspucken.

In A3 steht das zu optimierende Volumen des Kästchens = Länge * Breite * Höhe.

Länge und Breite sind identisch (Seitenlänge des Kartons minus 2 * Schnitttiefe) und die Höhe ist die Schnitttiefe – also:

A3: =(A1-2*B1)*(A1-2*B1)*B1 bzw. =(A1-2*B1)^2*B1

Der Solver wird mit nur 2 (in Worten: zwei) Eingaben bestückt – weniger geht nicht (Abbildung 3.28)!

Die Zielzelle ist A3.

Der Zielwert ist MAX (voreingestellt).

Die veränderbare Zelle ist B1.

Und lösen – das war's.

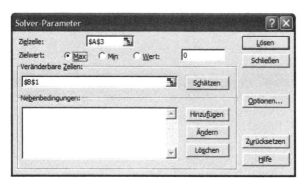

Abbildung 3.28: Solvereinstellungen

Als Ergebnis erhalten wir eine Schnitttiefe von 3,333 cm und ein optimales Volumen von ca. 592,6 cm³.

Ist der Solver nicht verfügbar oder Sie ohne PC: ein kleiner Exkurs zurück zur Penne.

Optimierung: Klickediklick – da war doch was!? Kurvendiskussion/Extremwerte/ Ableitungen – mein Gott: Unterprima – das ist 40 Jahre her!

Die Seitenlänge des Pappdeckels: a = 20 cm.

x ist die Seite des auszuschneidenden kleinen Quadrats und das wird die Höhe H.

V ist das Volumen des Kästchens = Länge * Breite * Höhe (L * B * H), und da wir vor uns ein quadratisches Stück Pappe haben, sind Länge und Breite identisch (L^2 * H). Die Länge L sind 20 cm minus zweimal die Einschnitttiefe x: also a - 2x. Die Grundfläche des zu optimierenden Kästchens ist: (a-2x) * (a-2x) = $(a-2x)^2$ und multipliziert mit der Höhe (H = x) erhalten wir das Volumen. Ich glaube, das war Obertertia:

$(a-b)^2 = a^2 - 2ab + b^2$.

```
V = (a-2x)² * x = (20-2x)² *x = (400-80x+4x²)*x = 4x³-80x²+400x
```

So lautet auch die Funktion: $f(x) = 4x^3 - 80x^2 + 400x$

die erste Ableitung: $y' = 12x^2 - 160x + 400$

die zweite Ableitung: $y'' = 24x - 160$

Damit ein Maximum entsteht, muss y' gleich null und y'' kleiner null sein.

Die zwei Lösungen (Maxima) der quadratischen Gleichung

(y'): $12x^2 - 160x + 400 = 0$

sind 10 und 3,333.

Erstere (10) ist für diese Aufgabe absoluter Blödsinn: Da hätten wir den Karton geviertelt und das atemberaubende Volumen von null cm^3 erzielt. Das Ergebnis der zweiten Ableitung ist auch noch positiv – ergo auch der mathematische Exitus: requiescat in pace.

Die Solver-Lösungen sind sehr genau – man darf aber nie vergessen, dass es immer nur Näherungen sind – Letzteres ist exakte Mathematik.

3.18   6 Primeln hintereinander

Die gesuchte Zahl ist 89 – sie lässt sich wie folgt ermitteln:

	A1	▼	*fx*	89	
	A	B	C	D	E
1	89		WAHR	=primzahl(A1)	
2	179	=A1*2+1	WAHR	=primzahl(A2)	
3	359	=A2*2+1	WAHR	=primzahl(A3)	
4	719	=A3*2+1	WAHR	=primzahl(A4)	
5	1439	=A4*2+1	WAHR	=primzahl(A5)	
6	2879	=A5*2+1	WAHR	=primzahl(A6)	
7					

Abbildung 3.29: 6 Primeln in Folge finden

Ausgehend vom Wert in A1 wird in A2 bis A6 die Zahlenfolge in Abbildung 3.29 generiert mit:

A2: =A1*2+1 (runterkopieren bis A6)

In Spalte C werden die Zahlen daraufhin überprüft, ob sie Primzahlen sind. Nur dann ist das Ergebnis WAHR. Zur Abwechselung greifen wir hier einmal auf eine eigene Funktion, PRIMZAHL(), zurück, die in einer Schleife von zwei bis zur abgerundeten Wurzel der zu überprüfenden Zahl ermittelt, ob es einen Teiler größer als 1 gibt. Weiter muss nicht gesucht werden, denn wenn es keinen Teiler gibt, der kleiner oder gleich der Wurzel ist, dann kann auch kein Teiler existieren, der größer als die Wurzel ist. Wird also kein Teiler gefunden, liefert die Funktion WAHR/TRUE (es ist eine Primzahl), andernfalls FALSCH/FALSE.

```
Function Primzahl(ByVal DieZahl As Long) As Boolean
Dim x As Long
'Vorab auf die Sonderfälle 1 und 2 überprüfen
If DieZahl = 2 Then Primzahl = True: Exit Function
If DieZahl = 1 Then Primzahl = False: Exit Function
'Schleife von 2 bis zur abgerundeten Wurzel der Zahl
For x = 2 To Int(Sqr(DieZahl))
   'Prüfung, ob der Divisionsrest 0 ergibt
   If DieZahl Mod x = 0 Then
      'Falls ja: keine Primzahl und Funktion verlassen
      Primzahl = False
      Exit Function
   End If
Next x
'Die Schleife wurde nicht abgebrochen, daher ist es eine Primzahl
Primzahl = True
End Function
```

Diese VBA-Function rufen wir in C1:C6 auf.

C1: =PRIMZAHL(A1) (bis C6 kopieren)

Da wir natürlich keine Lust haben, die Ausgangszahl in Zelle A1 durch manuelles Ausprobieren zu variieren, überlassen wir auch hierbei VBA die Arbeit, indem wir mit einer Schleife den Wert in A1 so lange ändern, bis alle 6 Zahlen Primzahlen sind, also C1:C6 durchweg WAHR ergibt.

```
Sub Zahl_ermitteln()
Dim x As Long
For x = 1 To 1000
   Range("A1") = x
   If [AND(C1:C6=TRUE)] Then Exit Sub
Next x
End Sub
```

Die Prüfung [AND(C1:C6=TRUE)] entspricht der Arrayformel {=UND(C1:C6=WAHR)}. Über die [eckigen Klammern] können Excel-Formeln, sogar Arrayformeln, auch direkt in VBA ausgewertet werden. Selbiges ist übrigens auch mit der Evaluate-Methode möglich.

3.19 Gespiegelte Zahlen

Die Zahl 89 benötigt 24 Schritte. Das manuell durchzuführen bedeutet, sich einen Wolf zu rechnen – aber wozu gibt's Excel. Die Ausgangszahl steht in A2 (Abbildung 3.30). In C2 erzeugen wir das Spiegelbild der Zahl mit der Formel:

C2:
=SUMMENPRODUKT(TEIL(A2*10^(16-LÄNGE(A2));ZEILE($1:$16);1)*10^(ZEILE($1:$16)-1))

Wie funktioniert sie?

ZEILE($1:$16) ist ein Platzhalter für die Zahlen 1 bis 16. Die Ausgangszahl kann also maximal 16 Stellen haben, danach ist die exakte Rechengenauigkeit von Excel am Ende.

A2*10^(16-LÄNGE(A2))

lässt unsere Ausgangszahl zu einer 16-stelligen Zahl mutieren, sodass wir 8.900.000.000.000.000 erhalten.

TEIL(A2*10^(16-LÄNGE(A2));ZEILE($1:$16);1)

listet dann jede Ziffer dieser Zahl in einem Array separat auf:

{"8";"9";"0";"0";"0";"0";"0";"0";"0";"0";"0";"0";"0";"0";"0";"0"}

Multipliziert werden diese mit 10^(ZEILE($1:$16)-1 mit dem Resultat:

{8;90;0;0;0;0;0;0;0;0;0;0;0;0;0;0}

Die erste Ziffer (die 8) wird mit 1 multipliziert; die zweite (die 9) mit 10; die dritte (die 0) mit 100 usw. Um das ganze SUMMENPRODUKT herum ergibt dann 8 * 1 + 9 * 10 + 0 * 100 ... und wir haben unsere Spiegelzahl 98.

In E2 addieren wir beide Zahlen:

E2: =A2+C2

In F2 überprüfen wir direkt, ob sie identisch (palindrom) sind:

F2: =(A2=C2)+0

Diese Formel liefert 1 (identisch/palindrom) oder 0 (nicht identisch/nicht palindrom).

Das Ergebnis aus E2 übernehmen wir für den nächsten Berechnungsschritt in A3 mit

A3: =E2

Jetzt kopieren wir sowohl A3 als auch C2, E2 und F2 runter bis Zeile 40.

Damit sind wir auch bereits am Ende und können die gesuchte Anzahl an Schritten ermitteln mit:

H2: =VERGLEICH(1;F2:F40;0)-1

Die Anzahl der gefundenen Palindrome erhalten wir schlussendlich, indem wir in Spalte F die Einser zählen:

H5: =ZÄHLENWENN(F:F;1)

	A	B	C	D	E	F	G	H
1	Ausgangszahl	+	Spiegelzahl	=	Ergebnis	1 = Palindrom		Anzahl Schritte:
2	89	+	98	=	187	0		24
3	187	+	781	=	968	0		
4	968	+	869	=	1837	0		Stück:
5	1837	+	7381	=	9218	0		1
6	9218	+	8129	=	17347	0		
7	17347	+	74371	=	91718	0		
8	91718	+	81719	=	173437	0		
9	173437	+	734371	=	907808	0		
10	907808	+	808709	=	1716517	0		
11	1716517	+	7156171	=	8872688	0		
12	8872688	+	8862788	=	17735476	0		
13	17735476	+	67453771	=	85189247	0		
14	85189247	+	74298158	=	159487405	0		
15	159487405	+	504784951	=	664272356	0		
16	664272356	+	653272466	=	1317544822	0		
17	1317544822	+	2284457131	=	3602001953	0		
18	3602001953	+	3591002063	=	7193004016	0		
19	7193004016	+	6104003917	=	13297007933	0		
20	13297007933	+	33970079231	=	47267087164	0		
21	47267087164	+	46178076274	=	93445163438	0		
22	93445163438	+	83436154439	=	176881317877	0		
23	176881317877	+	778713188671	=	955594506548	0		
24	955594506548	+	845605495559	=	1801200002107	0		
25	1801200002107	+	7012000021081	=	8813200023188	0		
26	8813200023188	+	8813200023188	=	17626400046376	1		
27	17626400046376	+	67364000462671	=	84990400509047	0		
28	84990400509047	+	74090500409948	=	159080900918995	0		

Abbildung 3.30: Fertiges Modell zur Palindrom-Ermittlung

Werden schließlich alle Zahlen palindromisch? Das ist (noch) nicht bewiesen. Bisher konnte unter 10.000 nur die 196 und logischerweise alle Folgezahlen noch nicht auf diese Weise palindromisiert werden. 50.000 Umstellungen wurden durchgeführt, die Zahl hatte da bereits 26.000 Stellen.

3.20 Quadratisch, praktisch, gut

a) Nicht 6, nicht 91, sondern 196 Quadrate sind es. Das kleine Quadrat links ist ein Solist. Das nächste daneben besteht aus vier einzelnen Quadraten, die insgesamt aber auch ein Quadrat bilden, also zusammen fünf. Die nächste Gruppe besteht aus neun Einzellern, vier Quadraten mit Kantenlänge 2 und einem Quadrat, das alle neun Zellen vereint – ergibt 14.

Die nächste Gruppe im Ritter-Sport-Format enthält:

- 16 Einer
- 9 Vierer (Kantenlänge 2)
- 4 Neuner (Kantenlänge 3)
- 1 Sechzehner (Kantenlänge 4).

Wer es nicht glaubt, sieht es in Abbildung 3.31 veranschaulicht:

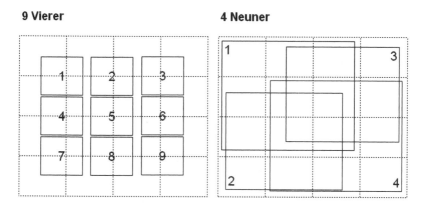

Abbildung 3.31: Versteckte Quadrate

Dazu kommen die sechzehn einzelligen Quadrate und das eine Gesamtquadrat, zusammen also 30.

Beim Fünfer wird's jetzt langsam etwas unübersichtlich, deshalb fassen wir die bisherigen Ergebnisse erst mal zusammen, um für das weitere Zählen Schlüsse daraus ziehen zu können.

1. Gruppe: 1 Quadrat

2. Gruppe: 1 Quadrat + 4 Quadrate = 5 Quadrate

3. Gruppe: 1 Quadrat + 4 Quadrate + 9 Quadrate = 14 Quadrate

4. Gruppe: 1 Quadrat + 4 Quadrate + 9 Quadrate + 16 Quadrate = 30 Quadrate

Wie wir sehen erhalten wir eine Kumulation von Zweierpotenzen. Und so geht es natürlich weiter. Bei der fünften Gruppe von Quadraten kommen weitere $5^2 = 25$ dazu und bei der letzten $6^2 = 36$.

Allgemein beinhaltet eine Gruppe von $n * n$ Einzellern

=SUMME(ZEILE(INDIREKT("1:"&n))^2) Quadrate.

Mathematisch (siehe Bronstein) ist das die endliche numerische Reihe $n(n+1)$ $(2n+1)/6$.

Insgesamt ergeben sich

1 + 5 + 14 + 30 + 55 + 91 = 196 Quadrate

b Eine Matrix mit Kantenlänge 100 würde alleine

=SUMME(ZEILE(INDIREKT("1:"&100))^2) = 338.350

Quadrate beinhalten. Aber das allein genügt nicht zur Lösung von Teil *b* der Aufgabe. Denn dazu müssen alle Quadrate aller Matrizen bis zur Kantenlänge 100 addiert werden. Also auch die 140 Quadrate der 7-x-7-Matrix, die 204 Quadrate der 8-x-8-Matrix, usw.

Tabellarisch können wir die Reihe wie in Abbildung 3.32 folgt produzieren:

B7	▼	f_x {=SUMME(ZEILE(INDIREKT("1:"&A7))^2)}		
	A	B	C	D	E
1	n	Anzahl Q	Anzahl Q kumuliert		
2	1	1	1		
3	2	5	6		
4	3	14	20		
5	4	30	50		
6	5	55	105		
7	6	91	196		
8	7	140	336		
9	8	204	540		
10					

Abbildung 3.32: Kumulierte Quadrate

Spalte B zeigt die Anzahl der Quadrate einer Matrix mit Kantenlänge *n*. Spalte C zeigt die Kumulation aller Matrizen bis zu einer Kantenlänge von *n*. Wenn Sie alle drei Spalten bis zu n = 100 runterkopieren, erhalten Sie in Spalte C

`8.670.850 Quadrate.`

Exkurs

Diese Zahl lässt sich aber auch ohne Kopieraktion ermitteln. Für das Verhältnis zwischen *n* und *Anzahl Q kumuliert* gilt:

`Anzahl Q kumuliert = 1/12*n^4+1/3*n^3+5/12*n^2+1/6*n`

Zum Beweis (Abbildung 3.33):

B3	▼	f_x =1/12*A3^4+1/3*A3^3+5/12*A3^2+1/6*A3		
	A	B	C	D	E
1	n	Anzahl Q kumuliert			
2	8	540			
3	100	8670850			
4					

Abbildung 3.33: Kumulierte Quadrate, ermittelt mit einer Formel

Doch wie kommt man auf die Multiplikatoren 1/12, 1/3, 5/12 und 1/6? Indem man *n* in Spalte A und die *kumulierte Anzahl Quadrate* in Spalte C auf einen funktionalen Zusammenhang hin überprüft, und zwar mit der Funktion RGP. Bezogen auf die Abbildung 3.33:

`=RGP(C2:C9;A2:A9^{1.2.3.4};0) =`
`={0,0833333333333329.0,33333333333334.0,416666666666628.0,166666666666732.0}`

Stellt man diese Fließkommazahlen in Bruchdarstellung dar, erhält man die zuvor genannten Polynomkoeffizienten 1/12, 1/3, 5/12 und 1/6.

Als Diagramm (in Abbildung 3.34) mit der polynomischen Trendlinie vom Grad 4 (5E-11 ist null):

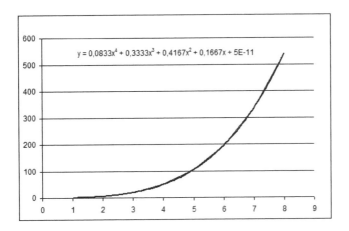

$$y = 0{,}0833x^4 + 0{,}3333x^3 + 0{,}4167x^2 + 0{,}1667x + 5E\text{-}11$$

Abbildung 3.34: Grafische Darstellung der RGP-Funktion

3.21 Genial vereimert

a) Er füllt zunächst den 5-Liter-Eimer. Mit dessen Inhalt befüllt er den 3-Liter-Eimer. Dann schüttet er das Wasser aus dem 3-Liter-Eimer weg. Nun schüttet er die übrigen zwei Liter aus dem 5-Liter-Eimer in den 3-Liter-Eimer. Jetzt wird der 5-Liter-Eimer erneut gefüllt. Schließlich kann er einen Liter in den 3-Liter-Eimer umfüllen, damit dieser voll ist und im 5-Liter-Eimer vier Liter verbleiben.

b) Mit 9 Umfüllungen kommt man zum Ziel. Zunächst wird der 7-Liter-Eimer gefüllt. Der neue Stand in den Eimern ist also 3 Liter – 7 Liter – 0 Liter. Dann wird der 3-Liter-Eimer aus dem 7-Liter-Eimer gefüllt. Es ergeben sich die Eimerstände 3 Liter – 4 Liter – 3 Liter usw. Alle Umfüllungen sehen dann aus wie in Abbildung 3.35.

Excel mit Formeln dazu zu bringen, die Lösung selbständig zu finden, ist entweder extrem kompliziert oder unmöglich. Folgendes Excelmodell bietet nur eine Hilfestellung, die das Ausprobieren erleichtert. Sie müssen dann nur noch in den

Spalten E und F manuell eintragen, welche zwei Eimer bei der Umfüllung betroffen sind. Die Füllmengen und die neuen Wasserstände berechnen sich dann automatisch.

	A	B	C	D	E	F	G
					von	nach	
1		10-Liter-Eimer	7-Liter-Eimer	3-Liter-Eimer	Eimer	Eimer	Liter
2	Ausgangsfüllung	10	0	0			
3	1. Umfüllung	3	7	0	1	2	7
4	2. Umfüllung	3	4	3	2	3	3
5	3. Umfüllung	6	4	0	3	1	3
6	4. Umfüllung	6	1	3	2	3	3
7	5. Umfüllung	9	1	0	3	1	3
8	6. Umfüllung	9	0	1	2	3	1
9	7. Umfüllung	2	7	1	1	2	7
10	8. Umfüllung	2	5	3	2	3	2
11	9. Umfüllung	5	5	0	3	1	3

Abbildung 3.35: Lösung mit 9 Umfüllungen

In den Zellen B1 bis D1 stehen die Zahlen 10, 7 und 3. Der Text „-Liter-Eimer" wird über das benutzerdefinierte Zahlenformat

`0"-Liter-Eimer"`

erzeugt. Das machen wir deshalb so, weil mit den Zellen B1:D1 weitergerechnet werden muss. In E3:F11 (könnten auch noch mehr Zeilen sein) werden die Eingaben 1, 2 oder 3 gemacht. 1 steht für den 10-Liter-Eimer, 2 für den 7-Liter-Eimer und 3 für den 3-Liter-Eimer. Die Formeln der Spalten B:D, die den Füllstand der Eimer fortschreiben, lauten:

```
B2: 10
C2: 0
D2: 0
B3: =WENN(E3=1;B2-G3;WENN(F3=1;B2+G3;B2))
C3: =WENN(E3=2;C2-G3;WENN(F3=2;C2+G3;C2))
D3: =WENN(E3=3;D2-G3;WENN(F3=3;D2+G3;D2))
```

B3:D3 wird bis Zeile 11 kopiert. In Spalte G wird berechnet, wie viele Liter bei der aktuellen Umfüllung umgefüllt werden.

```
G3: =MIN(INDEX(B2:D2;E3);INDEX($B$1:$D$1;F3)-INDEX(B2:D2;F3))
```

Dies wird ebenso bis Zeile 11 kopiert und fertig!

Excel selbst ist nun mit seinem Latein am Ende, doch mit VBA ist eine vollständige Lösung möglich, die das eigene Ausprobieren überflüssig macht. Der naheliegende Gedanke ist der, alle Möglichkeiten per Makro auszuprobieren und zu schauen ob eine Kombination von 9 Füllungen zum richtigen Resultat führt. Bei solchen Überlegung muss man sich zunächst klar machen, wie viele Möglichkeiten insgesamt vorhanden sind und ob diese Anzahl von einem Makro zu packen ist.

Bei jeder Umfüllung gibt es theoretisch 6 Permutationen, von einem Eimer in einen anderen Eimer zu schütten (1>2, 1>3, 2>1, 2>3, 3>1, 3>2). Bei 9 Umschüttungen macht dies 6^9, also über 10 Millionen Durchläufe – selbst für ein Makro sehr viel. Denkt man darüber nach, wird klar, dass viele dieser Möglichkeiten ungültig sind. Offensichtlich ist dies bei der ersten Schüttung, dort gibt es nur die Möglichkeiten 1>2 und 1>3. Und auch bei den folgenden Schüttung kommen stets weniger als sechs Optionen tatsächlich in Frage.

Deshalb bauen wir ein Makro, das nur die tatsächlich gültigen Versuche weiterverfolgt und im gegenteiligen Fall abbricht:

```
Option Explicit
Dim Eimer(1 To 3, 0 To 9) As Long 'aktuelle Eimerfüllung
Dim vonE(1 To 9) As Long 'von Eimer (Spalte E)
Dim nachE(1 To 9) As Long 'nach Eimer (Spalte F)
Dim EimerGröße(1 To 3) 'Fassungsvermögen (B1:D1)
Dim cU As Long 'Anzahl Umfüllungen (9)
Dim Zähler As Long 'Anzahl gültiger Umfüllungen nach cU Schritten

Sub Aufruf() 'Initialisierung und erster Aufruf der rekursiven Prozedur
Dim U As Long
Eimer(1, 0) = 10
Eimer(2, 0) = 0
Eimer(3, 0) = 0
EimerGröße(1) = 10
EimerGröße(2) = 7
EimerGröße(3) = 3
cU = 9 'Anzahl Umfüllungen
Zähler = 0
U = 1
Vereimert U 'Ruft die Prozedur auf
MsgBox Zähler ' Nur für die Statistik. Zählt die insgesamt 9536 gültigen Durchläufe
End Sub
```

```
Sub Vereimert(ByVal U As Long)
Dim Füllmenge As Long
Dim x As Long
Dim y As Long
For x = 1 To 6 ' Je Umfüllung gibt es 6 Permutationen vonE > nachE
 vonE(U) = Array(1, 1, 2, 2, 3, 3)(x - 1)
 nachE(U) = Array(2, 3, 1, 3, 1, 2)(x - 1)
 If Eimer(vonE(U), U-1) > _
  (EimerGröße(nachE(U)) - Eimer(nachE(U), U - 1)) Then
  Füllmenge = (EimerGröße(nachE(U)) - Eimer(nachE(U), U - 1))
 Else
  Füllmenge = Eimer(vonE(U), U - 1)
 End If ' Gleiche Berechnung wie in Spalte G
 If Füllmenge > 0 Then ' wenn Füllmenge = 0, wird Pfad abgebrochen
  Eimer(vonE(U), U) = Eimer(vonE(U), U - 1) - Füllmenge
  Eimer(nachE(U), U) = Eimer(nachE(U), U - 1) + Füllmenge
  Eimer(6 - vonE(U) - nachE(U), U) = _
  Eimer(6 - vonE(U) - nachE(U), U - 1)
  If U = cU Then 'letzte Umfüllung wurde durchgeführt
   Zähler = Zähler + 1
   'Prüfung, ob letzte Umfüllung zum gewünschten Ergebnis (5,5,0) geführt hat:
   If Eimer(1, cU) = 5 And Eimer(2, cU) = 5 And _
   Eimer(3, cU) = 0 Then
   For y = 1 To cU ' Schreibt die richtigen Umfüllungen in Spalte E:F
   Cells(y + 2, 5) = vonE(y)
   Cells(y + 2, 6) = nachE(y)
   Next
   End If
  Else
   Vereimert U + 1 'Prozedur wird rekursiv aufgerufen für die nächste Umfüllung
  End If
 End If
Next x
End Sub
```

Das besondere an dieser Prozedur ist, der rekursive Aufruf, d.h. sie ruft sich selbst auf, wenn eine gültige Umfüllung durchgeführt wurde. Der Zähler beweist, dass dann insgesamt nur gut 9.536 Durchläufe ausprobiert wurden anstatt 10 Millionen.

3.22 Vierzig Gramm

Es gibt eine einfache, suboptimale Lösung und eine perfekte Lösung. Zunächst zur einfachen Lösung:

Die Gewichte, die der Juwelier benutzt, sind die Zweierpotenzen

$1, 2, 4, 8, 16, 32 = 2^0, 2^1, 2^2, 2^3, 2^4, 2^5$.

Jedes Gewicht kann den Zustand 1, es wird benutzt, oder den Zustand 0, es wird nicht benutzt, annehmen. Die benutzten Gewichte können also als Binärzahl dargestellt werden, die der Juwelier dann ins Dezimalsystem umrechnen muss, um auf das Gewicht des Schmuckstücks zu schließen. Zum Beispiel, wenn er die Gewichte 1g, 2g, 4 g und 32 g benutzt, damit die Balkenwaage im Gleichgewicht ist, gilt:

$100111 = 1*2^5 + 0*2^4 + 0*2^3 + 1*2^2 + {}^1*2^1 + 1*2^0 = 39$ g

Auf diese Weise kann jedes Gewicht bis 40 g dargestellt werden (mit diesen Gewichten sogar bis 63 g, aber das war ja nicht gefragt).

Bei der optimierten Lösung macht sich der Juwelier zunutze, dass er Gewichte auf die Seite der Balkenwaage legt, auf der auch das Schmuckstück liegt. Dadurch kann jedes der Gewichte nicht mehr nur zwei Zustände annehmen, sondern drei.

1. Es wird auf der gegenüberliegenden Seite der Balkenwaage benutzt.

2. Es wird auf der gleichen Seite benutzt wie das Schmuckstück.

3. Es wird nicht benutzt.

Rechnerisch erfolgt im zweiten Fall eine Subtraktion des Gewichtes.

Außerdem werden im optimierten Fall keine binären Gewichte mehr benutzt, sondern ternäre. Das sind Dreierpotenzen. Dann kommt man tatsächlich mit den vier Gewichten

$1, 3, 9, 27 = 3^0, 3^1, 3^2, 3^3$

aus. Zum Beweis stellen wir alle Gewichte mit der Binärlösung und der Ternärlösung in Abbildung 3.36 dar.

Binäre Gewichte				Ternäre Gewichte			
Goldstück	Gewichte	Goldstück	Gewichte	Goldstück	Gewichte	Goldstück	Gewichte
1 g	1	21 g	1/4/16	1 g	1	21 g	3/-9/27
2 g	2	22 g	2/4/16	2 g	-1/3	22 g	1/3/-9/27
3 g	1/2	23 g	1/2/4/16	3 g	3	23 g	-1/-3/27
4 g	4	24 g	8/16	4 g	1/3	24 g	-3/27
5 g	1/4	25 g	1/8/16	5 g	-1/-3/9	25 g	1/-3/27
6 g	2/4	26 g	2/8/16	6 g	-3/9	26 g	-1/27
7 g	1/2/4	27 g	1/2/8/16	7 g	1/-3/9	27 g	27
8 g	8	28 g	4/8/16	8 g	-1/9	28 g	1/27
9 g	1/8	29 g	1/4/8/16	9 g	9	29 g	-1/3/27
10 g	2/8	30 g	2/4/8/16	10 g	1/9	30 g	3/27
11 g	1/2/8	31 g	1/2/4/8/16	11 g	-1/3/9	31 g	1/3/27
12 g	4/8	32 g	32	12 g	3/9	32 g	-1/-3/9/27
13 g	1/4/8	33 g	1/32	13 g	1/3/9	33 g	-3/9/27
14 g	2/4/8	34 g	2/32	14 g	-1/-3/-9/27	34 g	1/-3/9/27
15 g	1/2/4/8	35 g	1/2/32	15 g	-3/-9/27	35 g	-1/9/27
16 g	16	36 g	4/32	16 g	1/-3/-9/27	36 g	9/27
17 g	1/16	37 g	1/4/32	17 g	-1/-9/27	37 g	1/9/27
18 g	2/16	38 g	2/4/32	18 g	-9/27	38 g	-1/3/9/27
19 g	1/2/16	39 g	1/2/4/32	19 g	1/-9/27	39 g	3/9/27
20 g	4/16	40 g	8/32	20 g	-1/3/-9/27	40 g	1/3/9/27

Abbildung 3.36: Binäre und ternäre Gewichte für Wiegungen von 1–40 Gramm

Mit folgenden Formeln lassen sich die Gewichtskombinationen darstellen.

- Binäre Lösung

C3:
```
=WECHSELN(WECHSELN(REST(B3;2)*1&"/"&
KÜRZEN(REST(B3/2;2))*2&"/"&KÜRZEN(REST(B3/4;2))*4&"/"&
KÜRZEN(REST(B3/8;2))*8&"/"&KÜRZEN(REST(B3/16;2))*16&"/"&
(B3>31)*32;"/0";"");"0/";"")
```

Die Formelteile, die durch die Funktion KÜRZEN umschlossen sind, führen den sogenannten Bittest für einzelne Stellen durch. Beispielsweise besagt

$$KÜRZEN(REST(14/2^3;2)) * 8 = 1 * 8 = 8$$

..., dass bei der ins Binärsystem umgewandelten Zahl 14 (= 1.110) das vierte Bit gesetzt (= 1) ist, sprich, das Gewicht mit 8 g benutzt wird. Aus der Zeichenkette löscht die Funktion WECHSELN dann noch die nicht gesetzten Bits ("/0", "0/"), sprich die nicht benutzten Gewichte raus.

■ Ternäre Lösung

```
I3:
=WECHSELN(WECHSELN(KÜRZEN(REST(H3+1;3))-1&"/"&
(KÜRZEN(REST((H3+4)/3;3))-1)*3&"/"&
(KÜRZEN(REST((H3+13)/9;3))-1)*9&"/"&
(H3>13)*27;"0/";"");"/0";"")
```

Diese Formel funktioniert fast genauso wie bei der binären Lösung. Hier wird nur das Gewicht des Schmuckstücks nicht in eine Binärzahl, sondern in eine Ternärzahl umgewandelt und die einzelnen Stellen werden mit 1, 3 oder 9 multipliziert.

Bei dem Gewicht 27 (32 binär) kann die Berechnung vereinfacht werden. Alle Wiegungen über 13 (31) g benötigen dieses Gewicht.

Die ternäre Lösung stammt von Claude G. Bachet de Méziriac aus dem 17. Jahrhundert.

3.23 Das A & O

	A	B	C	D	E	F	G
1	Transformation	Position	Zeichenkette	Zeichen	Gültig?	A_Formel	O_Formel
2	0.		AAA_OOO				
3	1.	5	AAAO_OO	O	1	AAA_OA	AAAO_OO
4	2.	3	AA_OAOO	A	1	AA_OAOO	OA_O_OO
5	3.	2	A_AOAOO	A	1	A_AOAOO	#WERT!
6	4.	4	AOA_AOO	O	1	A_A_AAO	AOA_AOO
7	5.	6	AOAOA_O	O	1	AOA_A_OA	AOAOA_O
8	6.	7	AOAOAO_	O	1	AOAOA__A	AOAOAO_
9	7.	5	AOAO_OA	A	1	AOAO_OA	A_OOO_O_
10	8.	3	AO_OAOA	A	1	AO_OAOA	OO_O_OA
11	9.	1	_OAOAOA	A	1	_OAOAOA	#WERT!
12	10.	2	O_AOAOA	O	1	__AAAOA	O_AOAOA
13	11.	4	OOA_AOA	O	1	O_A_AAA	OOA_AOA
14	12.	6	OOAOA_A	O	1	OOA_A_AA	OOAOA_A
15	13.	5	OOAO_AA	A	1	OOAO_AA	OOOO__A
16	14.	3	OO_OAAA	A	1	OO_OAAA	OO_O_AA
17	15.	4	OOO_AAA	O	1	OO__AAA	OOO_AAA

Abbildung 3.37: Zeichenfolgen mit A & O

Die in Abbildung 3.37 gezeigte Zelle C2 beinhaltet die Startaufstellung. Über 15 Transformationen erhält man schließlich die Zeichenkette in C17.

In Spalte B wird die Position des Zeichens (oder des Amphibiums) von links manuell angegeben, das sich bei der aktuellen Transformation fortbewegen soll (Spalte B enthält keine Formeln, hier erfolgen die Eingaben mit denen man durch Ausprobieren auf das richtige Ergebnis kommen soll). In Spalte D wird dieses Zeichen angezeigt:

D3: =TEIL(C2;B3;1)

Die Formel in Spalte E prüft lediglich, ob sich das in Spalte B bestimmte Objekt überhaupt bewegen darf oder ob das gegen eine Regel verstoßen würde. Wenn es gültig ist, erscheint eine 1 ansonsten eine 0. In B3 wäre beispielsweise die 7 ungültig, da sich das letzte O in C2 nicht in einem Schritt über seine beiden Kollegen bewegen kann.

E3: =WENN(D3="_";0;ODER(B3-FINDEN("_";C2)={1.2}*WENN(D3="A";-1;1))*1)

Gemäß den Regeln, kann der Unterstrich selbst natürlich nicht bewegt werden. Des Weiteren wird in dieser Formel die relative Position des Unterstrichs zu dem „Springer" ermittelt. Diese darf nie größer als 2 sein.

Die Spalten F und G enthalten die eigentliche Transformation der aktuellen Zeichenkette. Wegen ihrer Länge ist die Berechnung in zwei Teile gesplittet. Zum einen für den Fall, dass sich ein A bewegt (Spalte F), zum andern ein O (Spalte G).

F3: =WENN(TEIL(C2;B3+1;1)="_";
ERSETZEN(C2;B3;2;"_A");
ERSETZEN(C2;B3;3;"_"&TEIL(C2;B3+1;1)&"A"))
G3: =WENN(TEIL(C2;B3-1;1)="_";
ERSETZEN(C2;B3-1;2;"O_");
ERSETZEN(C2;B3-2;3;"O"&TEIL(C2;B3-1;1)&"_"))

Die WENN-Funktion der Formeln in den Spalten F und G prüft, ob sich der Unterstrich (der freie Stein) direkt neben dem „Springer" befindet oder aber erst an übernächster Stelle. Je nachdem tauscht die ERSETZEN-Funktion im ersteren Fall die beiden Nachbarn _ und A/O aus. Im letzteren Fall wird der Sprung über das dazwischen liegende Zeichen durchgeführt.

In Spalte C erscheint schließlich die Zeichenkette mit

C3: =WENN(E3;WENN(D3="A";F3;G3);C2)

Alle Formeln werden beliebig weit nach unten kopiert. Jetzt gilt es, in Spalte B die Positionsnummern so zu kombinieren, dass irgendwann die fertige Zeichenkette

000_AAA

herauskommt.

Tüfteln (Spalte B) müssen Sie also selber – Excel ist lediglich eine visuelle, logische Unterstützung.

3.24 Alle Neune

a) Wie kann man zunächst einmal prüfen, ob diese Kuriosität auf eine vorgegebene Zahl zutrifft? Versuchen wir es mit der Zahl 987.654.321 (Abbildung 3.38).

D1			f_x	=LINKS($A$1;C1)/C1
	A	B	C	D
1	987654321		1	9,00
2			2	49,00
3			3	329,00
4			4	2.469,00
5			5	19.753,00
6			6	164.609,00
7			7	1.410.934,71
8			8	12.345.679,00
9			9	109.739.369,00

Abbildung 3.38: Prüfung einer neunstelligen Zahl auf Teilbarkeit

Die Formel

D1: =LINKS($A$1;C1)/C1

wird runterkopiert bis D9. Mit der Funktion LINKS werden so viele Stellen der Zahl abgeschnitten, wie in Spalte C angegeben werden, und das Ergebnis durch den Wert in Spalte C geteilt. In acht von neun Fällen klappt das auch, nur die 9.876.543 ist nicht durch sieben teilbar, was die Nachkommastellen in D7 nachweisen. Wie können wir nun die richtige, in A1 eingesetzte Zahl finden, bei der alle Quotienten in Spalte D ganzzahlig sind? Der banale Weg wäre, die Ziffern von 1 bis 9 zufällig anzuordnen und in A1 einzusetzen. Bei 9! (9 Fakultät) – gleich 362.880 Möglichkeiten – würde es wahrscheinlich ziemlich lange dauern, bis man zum richtigen Ergebnis käme. Also versuchen wir es mit einer VBA-Schleife.

```
Sub Zahl()
Dim a, b, c, d, e, f, g, h, i 'Ziffern
Dim Zahl As String
Dim treffer As Boolean
Dim x As Byte

e = 5
For a = 1 To 9 Step 2
 For b = 2 To 8 Step 2
  For c = 1 To 9 Step 2
   For d = 2 To 8 Step 2
    For f = 2 To 8 Step 2
     For g = 1 To 9 Step 2
      For h = 2 To 8 Step 2
       For i = 1 To 9 Step 2

        Zahl = a & b & c & d & e & f & g & h & i
        treffer = True

        For x = 2 To 9
         If CLng(Left(Zahl, x)) Mod x <> 0 Then
          treffer = False
          Exit For
         End If
        Next

        If treffer = True And AlleNeune(Zahl) = True Then
         MsgBox Zahl
        End If

Next: Next: Next: Next: Next: Next: Next: Next
End Sub

Function AlleNeune(Zahl As String) As Boolean
Dim x As Byte, y As Byte
For x = 1 To 9
 y = y - (Len(Replace(Zahl, x, "", 1)) = 8)
Next x
AlleNeune = (y = 9)
End Function
```

Diese Prozedur offenbart die Zahl

381.654.729.

Dabei wurde die Anzahl der Schleifendurchgänge mit ein bisschen Logik reduziert. An den geraden Stellen 2, 4, 6 und 8 müssen auch gerade Ziffern stehen, da gerade Zahlen nur durch Zahlen mit gerader letzter Stelle teilbar sind. Für die übrigen Stellen bleiben dann nur noch die ungeraden Ziffern übrig. Deshalb kann in jeder Schleife mit dem Befehl Step 2 entweder jede ungerade oder jede gerade Ziffer übersprungen werden. In der Funktion AlleNeune wurde die Prüfung ausgelagert, ob in der Ziffernkette alle neun Ziffern vorkommen. Die Richtigkeit für das Ergebnis 381.654.729 bestätigt Abbildung 3.39:

D1	▼	f_x	=LINKS($A$1;C1)/C1	
	A	B	C	D
1	381654729		1	3,00
2			2	19,00
3			3	127,00
4			4	954,00
5			5	7.633,00
6			6	63.609,00
7			7	545.221,00
8			8	4.770.684,00
9			9	42.406.081,00

Abbildung 3.39: Prüfung der richtigen Zahl auf Teilbarkeit

b) Die Zahl 923.187.456 ist die größte Quadratzahl, in der alle Ziffern von 1 bis 9 vorkommen.

Zum Nachweis schreiben Sie in A1 die größte Zahl, deren Quadratzahl neunstellig ist, die 31.622 (abgerundet 999.999.999^0,5). Dann ihr Quadrat

B1: =A1^2

Zu prüfen, ob diese Zahl in B1 alle Ziffern von 1 bis 9 enthält, geht über

D1: {=ANZAHL(FINDEN(ZEILE(1:9);B1))}

D1	▼	f_x	{=ANZAHL(FINDEN(ZEILE(1:9);B1))}		
	A	B	C	D	E
1	31622	999950884		4	
2					

Abbildung 3.40: Prüfung, ob B1 alle Ziffern von 1–9 enthält

Jetzt mindern wir A1 so lange, bis in D1 eine 9 steht. Zum Glück haben wir in diesem Buch kein Anti-VBA-Gelübde abgelegt – deshalb hier das „Makröchen":

```
Sub test()
Do While [D1] < 9
[A1] = [A1] - 1
Loop
End Sub
```

Die Schleife bricht schnell bei der Zahl 30.384 ab, deren Quadrat der vorgegebenen Zahl 923.187.456 entspricht.

c) Die Bezeichnung ihrer einzelnen Ziffern ist aufsteigend sortiert:

acht, drei, eins, fünf, neun, sechs, sieben, vier, zwei

3.25 Ein Ausrutscher

Immer, wenn man mit einer Zahlenkolonne gar nichts anfangen kann, dann könnte eventuell zunächst einmal das Sortieren weiterhelfen:

```
2.310
30.030
510.510
4.954.950
9.699.690
223.092.870
6.469.693.230
200.560.490.130
7.420.738.134.810
304.250.263.527.210
```

Bereits hier lässt sich (rein optisch) erahnen, dass es sich um eine der beiden Zahlen im einstelligen Millionenbereich handeln könnte (4.954.950 oder 9.699.690). Und wenn man dann noch annimmt, dass (wieder einmal) Primzahlen im Spiel sind, dann liegt man goldrichtig: Alles sind Primorialzahlen (Produkte einzelner, aufeinanderfolgender Primzahlen), mit Ausnahme der Zahl 4.954.950 (Abbildung 3.41):

	B2	▼		*fx*	=WENN(ZÄHLENWENN(E:E;A2)=0;"x";"")	
	A	B	C	D	E	F
1	Zahlen gemäß Aufgabe	Ausreißer		Prim-zahlen	Multiplikation der Primzahlen	
2	2.310			2	2	
3	30.030			3	6	
4	510.510			5	30	
5	4.954.950	x		7	210	
6	9.699.690			11	2.310	
7	223.092.870			13	30.030	
8	6.469.693.230			17	510.510	
9	200.560.490.130			19	9.699.690	
10	7.420.738.134.810			23	223.092.870	
11	304.250.263.527.210			29	6.469.693.230	
12				31	200.560.490.130	
13				37	7.420.738.134.810	
14				41	304.250.263.527.210	
15				43	13.082.761.331.670.000	
16				47	614.889.782.588.491.000	
17						

Abbildung 3.41: Primorialzahlen und der Ausreißer

In Spalte D listet man zunächst aufsteigend die ersten 15 Primzahlen auf (hier von 2 bis 47, was ausreichend ist). In Spalte E bildet man die Produkte der Primzahlen:

E2: =PRODUKT(D$2:D2) und runterkopieren

Nacheinander werden folgende Berechnungen durchgeführt:

2 = 2
6 = 2*3
30 = 2*3*5
210 = 2*3*5*7 usw.

Hier angekommen, ist es ein Leichtes, den Ausreißer zu lokalisieren mit:

B2: =WENN(ZÄHLENWENN(E:E;A2)=0;"x";"")

Diese Formel wird bis B11 kopiert und der Ausreißer wird dadurch mit „x" gekennzeichnet. Er zeigt an, dass 4.954.950 keine Primorialzahl ist.

In 4.954.950 kommt bei der Primfaktorzerlegung der Faktor 11 übrigens zweimal vor:

4.954.950 = 2*3*5*7*11*11*13*15

Also quasi nur „haarscharf" an einer Primorialzahl vorbei …

Ohne mit dem gezeigten Aufwand den Ausrutscher durch Primfaktorzerlegung zu bestimmen, kann man sich auch die größte Zahl herauspicken und durch alle anderen dividieren. Die Division mit dem Ausrutscher führt zum einzigen Ergebnis mit Nachkommastellen:

304.250.263.527.210 / 4.954.950 = 61.403.296,406

Ebenso hätte man alle Zahlen der Kolonnen zu ihrem Vorgänger ins Verhältnis setzen können, wie in Abbildung 3.42.

	B3	▼	*fx* =A3/A2		
	A	B		C	D
1	Zahlenkolonne	Verhältnis			
2	2.310				
3	30.030	13			
4	510.510	17			
5	4.954.950	9,705882353			
6	9.699.690	1,957575758		19	=A5/A3
7	223.092.870	23			
8	6.469.693.230	29			
9	200.560.490.130	31			
10	7.420.738.134.810	37			
11	304.250.263.527.210	41			
12					

Abbildung 3.42: Der Ausreißer wird ermittelt (2).

B3: =A3/A2

Dann hätte man gesehen, dass sich die Reihe immer um den Faktor der nächsthöheren Primzahl fortsetzt, außer in B5:B6, weil dort der Ausreißer in A5 stört.

Ergibt das Produkt zweier aufeinanderfolgender Zahlen eine Primorialzahl, handelt es sich bei diesen zwei Zahlen übrigens um ein Ruth-Aaron-Paar:

714*715 = 510.510 = 2*3*5*7*11*13*17

Das kleinste Paar ist:

5*6 = 30 = 2*3*5

3.26 Beim Barras

Ab A2 bis A2001 erzeugen wir die Zahlenreihe von 1 bis 2.000. In Spalte B überprüfen wir die einzelnen Zahlen daraufhin, ob sie ohne Rest durch 7 und gleichzeitig mit einem Rest von 1 durch 2, 3, 4, 5 und 6 teilbar sind. Dabei hilft uns die gleichnamige Funktion REST, die wir in drei Varianten vorstellen.

Variante A – Multiplikation von Wahrheitswerten

B2: =(REST(A2;2)=1)*(REST(A2;3)=1)*(REST(A2;4)=1)*
(REST(A2;5)=1)*(REST(A2;6)=1)*(REST(A2;7)=0)

(REST(Zahl;Divisor)=1) ergibt entweder WAHR oder FALSCH. Das Gleiche gilt für (REST(Zahl;Divisor)=0).

Also: Die Divisoren 2 bis 6 müssen den Rest 1 ergeben und der Divisor 7 den Rest null. Ergeben alle Prüfungen WAHR, ist das Ergebnis 1, andernfalls null.

Variante B – mit Matrixkonstante und einzelnem Wahrheitswert

B2: =UND(REST(A2;{2.3.4.5.6})=1;REST(A2;7)=0)

Dies ist dieselbe Prüfung wie bei Variante A, jedoch werden die Divisoren 2 bis 6 in einer Matrixkonstanten vereint. Der Divisor 7 wird separat abgefragt. Umrandet wird die Formel mit der UND-Funktion, die einen einzelnen Wahrheitswert (WAHR oder FALSCH) zurückgibt.

Variante C – mit Vergleich zweier Matrixkonstanten

B2: =UND(REST(A2;{2.3.4.5.6.7})={1.1.1.1.1.0})

Hierbei werden alle Divisoren von 2 bis 7 in das Konstantenarray aufgenommen. Das REST-Ergebnis mit diesem Divisor-Array A {2.3.4.5.6.7} wird verglichen mit einem gleich groß dimensionierten Ergebnis-/Vergleichsarray B {1.1.1.1.1.0}. Dabei korreliert jedes Element von Array A mit dem zugehörigen Element von Array B. Der Rest der Divisoren 2 bis 6 muss 1 ergeben, der Rest des Divisors 7 dagegen null. Auch hierbei sorgt die umrandende UND-Funktion für das zusammengefasste Ergebnis WAHR oder FALSCH.

Welche Variante Sie wählen, ist völlig egal. Das Ergebnis ist bei allen identisch. In der folgenden Abbildung 3.43 haben wir alle 3 Varianten verewigt:

D2	▼	fx	=UND(REST(A2;{2.3.4.5.6.7})={1.1.1.1.1.0})		
	A	B	C	D	E
1	Zahlenreihe ▼	Variante A ▼	Variante B ▼	Variante C ▼	
2	1	0	FALSCH	FALSCH	
3	2	0	FALSCH	FALSCH	
4	3	0	FALSCH	FALSCH	
5	4	0	FALSCH	FALSCH	
6	5	0	FALSCH	FALSCH	
7	6	0	FALSCH	FALSCH	
8	7	0	FALSCH	FALSCH	
9	8	0	FALSCH	FALSCH	
10	9	0	FALSCH	FALSCH	
11	10	0	FALSCH	FALSCH	
12	11	0	FALSCH	FALSCH	
13	12	0	FALSCH	FALSCH	
14	13	0	FALSCH	FALSCH	
15	14	0	FALSCH	FALSCH	
16	15	0	FALSCH	FALSCH	

Abbildung 3.43: 3 Varianten zur REST-Überprüfung

Wie Sie sehen, haben wir bereits den AutoFilter aktiviert. Filtern wir jetzt Variante A nach 1 bzw. Variante B oder C nach WAHR, dann gelangen wir zu allen denkbaren Lösungen (Abbildung 3.44):

D302	▼	fx	=UND(REST(A302;{2.3.4.5.6.7})={1.1.1.1.1.0})		
	A	B	C	D	E
1	Zahlenreihe ▼	Variante A ▼	Variante B ▼	Variante C ▼	
302	301	1	WAHR	WAHR	
722	721	1	WAHR	WAHR	
1142	1141	1	WAHR	WAHR	
1562	1561	1	WAHR	WAHR	
1982	1981	1	WAHR	WAHR	
2002					

Abbildung 3.44: Alle Lösungen mit der AutoFilter-Variante

Es müssen also mindestens 301, aber höchstens 1.981 Rekruten anwesend sein. Möglich wären auch 721, 1141 oder 1561 Rekruten. Das Rätsel ist an dieser Stelle bereits gelöst. Diese Lösung hat zugleich den Vorteil, dass man – auch wenn nur nach der ersten und letzten Menge gefragt wurde – alle denkbaren Mengen aufgelistet bekommt.

Den Formelfreak wird diese Lösung dennoch nicht befriedigen. Das muss doch auch irgendwie ohne eine Hilfsspalte (B, C oder D) funktionieren. Recht hat er – aber vorher heißt es zunächst einmal: nachdenken!

Eine durch x teilbare Zahl - um 1 erhöht - ergibt den Rest 1, wenn man diese dann wieder durch x dividiert - z.B.

```
=REST(600+1;6) = 1
```

denn

```
=(600+1)/6 = 100,166667 = 100 + 1/6
```

Wir müssen jetzt also die Zahlen finden, die gleichzeitig durch 2, 3, 4, 5 und 6 teilbar sind und diese dann jeweils um 1 erhöhen. Und da macht's Klick: Die erste Zahl ist das kleinste gemeinsame Vielfache, und die Folgezahlen sind die Multiplikationen dieses gemeinsamen Vielfachen.

Sollte die „Kopfrechnen-Methode" an dieser Stelle versagen, benötigen wir die Excel-Funktion KGV (Achtung: Ein Add-in - die Analyse-Funktionen unter *Extras>Add-Ins* müssen aktiviert sein!):

```
=KGV(2;3;4;5;6) = 60
```

Die mögliche Rekrutenanzahl können wir nun von 2.000 auf 33 reduzieren (2000/60 = 33,33). Somit erzeugen wir nun eine viel kürzere Zahlenreihe von 1 bis 33, multiplizieren diese gleichzeitig mit dem kleinsten gemeinsamen Vielfachen (60) und addieren noch 1. Dies geschieht mit

A2: `=ZEILE(A1)*60+1`

und bis A34 kopieren. Danach müssen wir die übrig bleibende Zahlenreihe nur noch auf Teilbarkeit durch 7 prüfen.

B2: `=REST(A2;7)=0`

und bis B34 kopieren (Abbildung 3.45):

B2	▼	f_x =REST(A2;7)=0	
	A	B	C
1	Zahlenreihe ▼	durch 7 teilbar ▼	
2	61	FALSCH	
3	121	FALSCH	
4	181	FALSCH	
5	241	FALSCH	
6	301	WAHR	
7	361	FALSCH	
8	421	FALSCH	
9	481	FALSCH	
10	541	FALSCH	

Abbildung 3.45: Verkürzte Prüfung mit KGV

Anschließend filtern wir Spalte B nach WAHR und erhalten die gleichen fünf Alternativen wie zuvor (Abbildung 3.46):

	A6	▼	*fx*	=ZEILE(A5)*60+1	
	A		B		C
1	Zahlenreihe ▼		durch 7 teilbar ▼		
6	301		WAHR		
13	721		WAHR		
20	1141		WAHR		
27	1561		WAHR		
34	1981		WAHR		
35					

Abbildung 3.46: Gesamtergebnis mit verkürzter Zahlenreihe (KGV)

Das Ergebnis ist mit der ersten Lösung identisch – allerdings werden auf diese Art bereits wesentlich weniger Zellen benötigt.

Doch auch hier ist der Formelfreak noch nicht befriedigt. Er möchte doch so gerne gänzlich auf Hilfszellen verzichten. Na dann – hier ist die ultimative Arrayformel für die Mindestanzahl an Rekruten:

{=VERGLEICH(1;(REST(ZEILE(1:33)*60+1;7)=0)*1;0)*60+1}

ZEILE(1:33) ist ein Platzhalter für die Zahlen 1 bis 33. Diese werden mit 60 multipliziert, jeweils 1 addiert und dann geprüft, ob durch 7 teilbar. Das Ergebnis ist jeweils WAHR (ohne Rest teilbar) oder FALSCH. Die abschließende Multiplikation mit 1 (*1) macht aus WAHR eine 1 und aus FALSCH eine 0. Das macht die weitere Erläuterung etwas übersichtlicher.

Markieren Sie in der Bearbeitungsleiste den Formelteil:

(REST(ZEILE(1:33)*60+1;7)=0)*1

Betätigen Sie die Taste [F9] und Sie sehen die *Matrix:*

{0;0;0;0;1;0;0;0;0;0;0;1;0;0;0;0;0;0;1;0;0;0;0;0;0;1;0;0;0;0;0;0;1}

VERGLEICH(1;*Matrix*;0) drumherumgerankt liefert dann – suchend von links nach rechts – die erste Position, an der 1 erscheint, hier also Position 5. Diese Position wird nun noch mit 60 (KGV) multipliziert und dann 1 addiert (*60+1) – und damit sind wir dann bei unseren 301 Mindestrekruten.

Abschließend ist es natürlich auch möglich, per Formel alle denkbaren Ergebnisse zu ermitteln. Dabei muss es uns gelingen, aus der bereits für die Mindestrekrutenzahl beschriebenen Matrix

{0;0;0;0;1;0;0;0;0;0;0;1;0;0;0;0;0;0;1;0;0;0;0;0;0;1;0;0;0;0;0;0;1} alle fünf Einser zu ermitteln. Dies geschieht mit einer umrandenden WENN-Funktion, die die 33 Matrixelemente einzeln durchläuft und für jede 1 (bzw. jedes WAHR) die *Fundstelle * 60 + 1* in das Ergebnisarray schreibt. Für jede Null bzw. jedes FALSCH wird hingegen FALSCH an das Ergebnisarray geliefert. Dieses Ergebnisarray werten wir dann mit KKLEINSTE(Ergebnisarray;k) aus, um schließlich mit steigendem k alle Treffer zu ermitteln. Das funktioniert deshalb, weil KKLEINSTE den Wahrheitswert FALSCH einfach ignoriert. Also in irgendeine Zelle diese Arrayformel eingeben:

{=KKLEINSTE(WENN(REST(ZEILE($1:$33)*60+1;7)=0;ZEILE($1:$33)*60+1);ZEILE(A1))}

Und noch viermal nach unten kopieren. Das abschließende ZEILE(A1) erzeugt dabei das steigende k von 1 bis 5.

3.27 Ast vom Baum des Pythagoras

a) Die Länge der Hypotenuse des größten Dreiecks beträgt 10 cm. Nach dem Satz des Pythagoras ist im rechtwinkligen Dreieck die Summe der Quadrate der beiden Katheten so groß wie das Quadrat seiner Hypotenuse. Da das Dreieck in diesem Fall auch noch gleichschenklig ist, gilt

=WURZEL(Hypotenuse^2/2) = Kathete

Die Kantenlänge der Quadrate entwickelt sich nach der Regel

k_n = WURZEL(k_{n-1}^2/2)

Und die Fläche jedes Quadrates ist

k_n ^ 2

Da insgesamt acht Quadrate vorhanden sind, muss die Berechnung von k_n achtmal durchgeführt werden, wie in der Tabelle von Abbildung 3.47 zu sehen ist.

	A	B	C
1	Quadrat	Kantenlänge	Fläche
2	(0.)	10,000	
3	1.	7,071	50,00
4	2.	5,000	25,00
5	3.	3,536	12,50
6	4.	2,500	6,25
7	5.	1,768	3,13
8	6.	1,250	1,56
9	7.	0,884	0,78
10	8.	0,625	0,39

Abbildung 3.47: Umfang und Fläche der neun Quadrate im Ast des Baumes des Pythagoras

In B2 wird die Länge der Hypotenuse des größten Dreiecks manuell eingegeben.

```
B3: =WURZEL(B2^2/2)
C3: =B3^2
```

Jeweils kopiert bis Zeile 10, erzeugt dies schließlich in C10 die Fläche des kleinsten Quadrates von

$0,39 \text{ cm}^2$

Wie zu sehen ist, hat jedes Quadrat eine Fläche die halb so groß ist wie die seines Vorgängers.

b) Der Diagrammtyp ist Punkt(XY) – Punkte mit Linien ohne Datenpunkte

Spalte A und B der Abbildung 3.48 enthalten bis Zeile 43 die XY-Koordinaten, die als Datenreihe im Punkt(XY)-Diagramm angezeigt werden (Datenquelle ist also der Bereich A1:B43). Die Nummern und Pfeile im Diagramm zeigen, in welcher Reihenfolge die einzelnen Datenpunkte den Ast erzeugen. Punkt 1 hat die Koordinaten 10/0 und Punkt 2 die Koordinaten 0/0. Um von einem Punkt zum nächsten zu gelangen, benötigt man die Länge der Gerade zwischen den zwei Punkten sowie ihre Steigung in Grad.

- Die Gerade zwischen Punkt 1 und Punkt 2 hat die Länge 10 mit der Steigung 180 Grad
- Die Gerade zwischen Punkt 2 und Punkt 3 hat die Länge 7,071 (nach dem Satz des Pythagoras) mit der Steigung 45 Grad
- Die Gerade zwischen Punkt 3 und Punkt 4 hat die Länge 7,071 mit der Steigung –45° (auch +315° würde zum gleichen Ergebnis führen)

usw. Die Formeln der Tabelle lauten:

```
A2:10
B2:0
C2:90
E2:10
A3: =A2+COS(BOGENMASS(C3))*E3
B3: =B2+SIN(BOGENMASS(C3))*E3
C3: =C2+D3
```

A3:C3 wird kopiert bis Zeile 43.

```
D3 bis D7: 90;-135;-90;90;90
```

Dieser Fünferblock der Steigungsänderung wiederholt sich und wird deshalb achtmal nach unten kopiert.

E3: =E2
E4: =WURZEL(E3^2/2)
E5: =E4

E5 wird bis E7 kopiert

Die fünf Zellen des Bereiches E3:E7 werden dann auch achtmal nach unten kopiert.

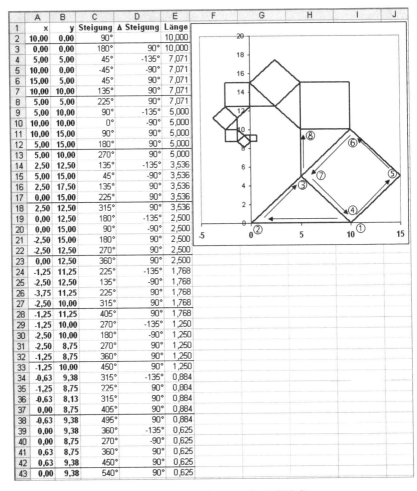

	A	B	C	D	E	F	G	H	I	J
1	x	y	Steigung	Δ Steigung	Länge					
2	10,00	0,00	90°		10,000					
3	0,00	0,00	180°	90°	10,000					
4	5,00	5,00	45°	-135°	7,071					
5	10,00	0,00	-45°	-90°	7,071					
6	15,00	5,00	45°	90°	7,071					
7	10,00	10,00	135°	90°	7,071					
8	5,00	5,00	225°	90°	7,071					
9	5,00	10,00	90°	-135°	5,000					
10	10,00	10,00	0°	-90°	5,000					
11	10,00	15,00	90°	90°	5,000					
12	5,00	15,00	180°	90°	5,000					
13	5,00	10,00	270°	90°	5,000					
14	2,50	12,50	135°	-135°	3,536					
15	5,00	15,00	45°	-90°	3,536					
16	2,50	17,50	135°	90°	3,536					
17	0,00	15,00	225°	90°	3,536					
18	2,50	12,50	315°	90°	3,536					
19	0,00	12,50	180°	-135°	2,500					
20	0,00	15,00	90°	-90°	2,500					
21	-2,50	15,00	180°	90°	2,500					
22	-2,50	12,50	270°	90°	2,500					
23	0,00	12,50	360°	90°	2,500					
24	-1,25	11,25	225°	-135°	1,768					
25	-2,50	12,50	135°	-90°	1,768					
26	-3,75	11,25	225°	90°	1,768					
27	-2,50	10,00	315°	90°	1,768					
28	-1,25	11,25	405°	90°	1,768					
29	-1,25	10,00	270°	-135°	1,250					
30	-2,50	10,00	180°	-90°	1,250					
31	-2,50	8,75	270°	90°	1,250					
32	-1,25	8,75	360°	90°	1,250					
33	-1,25	10,00	450°	90°	1,250					
34	-0,63	9,38	315°	-135°	0,884					
35	-1,25	8,75	225°	90°	0,884					
36	-0,63	8,13	315°	90°	0,884					
37	0,00	8,75	405°	90°	0,884					
38	-0,63	9,38	495°	90°	0,884					
39	0,00	9,38	360°	-135°	0,625					
40	0,00	8,75	270°	-90°	0,625					
41	0,63	8,75	360°	90°	0,625					
42	0,63	9,38	450°	90°	0,625					
43	0,00	9,38	540°	90°	0,625					

Abbildung 3.48: Datenreihe und Konstruktion im Punkt(XY)-Diagramm

3.28 Mustergültige Formeln

Die einzelnen Formeln verstehen sich aus Sicht der Zelle links oben im jeweiligen Bereich:

1. B2:H8   `=REST(ZEILE();2)`

2. K2:Q8   `=ZEILE(A1)=SPALTE(A1)`

3. B11:H17   `=REST(ZEILE()+SPALTE();2)=0`

4. K11:Q17   `=(ZEILE(A1)=4)+(SPALTE(A1)=4)`

5. B20:H26   `=REST(ZEILE(A1)+SPALTE(A1);7)=1`

6. K20:Q26   `=(ZEILE(A1)=SPALTE(A1))`
`+(REST(ZEILE(A1)+SPALTE(A1);7)=1)`

Innerhalb der bedingten Formatierung ist eine Bedingung immer dann WAHR, wenn sie eine Zahl ungleich null oder WAHR ergibt. Ist dies der Fall, wird das ausgewählte Format angezeigt. Der Schlüssel liegt in den sechs Aufgaben in der Verwendung der Funktionen ZEILE und SPALTE, teilweise unter Zuhilfenahme der Funktion REST.

Die Formeln 2, 3 und 5 ergeben WAHR oder FALSCH. Bei Nr. 1 gibt es die Ergebnisse 0 und 1, bei Nr. 4 hingegen liefert die Formel die Werte 0, 1 oder 2. Nur in Zelle N14 ergibt die Prüfung 2, da beide Bedingungen zutreffen.

Anstatt mit der Addition oder Multiplikation von Wahrheitswerten zu arbeiten, bieten sich auch die Funktionen UND bzw. ODER an, denn sie liefern auch die notwendigen Rückgabewerte WAHR und FALSCH. In unseren Beispielen hätten Sie nur die ODER-Funktion benötigt. So hätte die Formel – exemplarisch für Nr. 4 – auch lauten können:

`=ODER(ZEILE(A1)=4;SPALTE(A1)=4)`

3.29 Eine besondere Formel

Die Funktion erzeugt für alle ganzzahligen x von 0 bis 39 ausschließlich Primzahlen. Damit ist sowohl das Besondere als auch das „Funktionsende" genannt: Bei $x = 40$ hört die Serie auf.

Wenn man die Funktion nicht zufällig kennt, hat man nur eine Lösungschance, wenn man das Funktionsergebnis visualisiert. Dazu erzeugen wir in Spalte A ab A2 eine fortlaufende Reihe ganzer Zahlen, beginnend bei null. In Spalte B ab B2 ermitteln wir das Ergebnis der Funktion mit

B2: =A2^2+A2+41

Für die ersten elf Zahlen sieht das Ergebnis aus wie in Abbildung 3.49.

B2	▼	f_x =A2^2+A2+41	
	A	B	C	D
1	x	x^2+x+41		
2	0	41		
3	1	43		
4	2	47		
5	3	53		
6	4	61		
7	5	71		
8	6	83		
9	7	97		
10	8	113		
11	9	131		
12	10	151		

Abbildung 3.49: Funktionsergebnisse für die Zahlen 0 bis 10

Neben der Tatsache, dass sich das Formelergebnis jeweils um 2 der Vordifferenz erhöht, wird jeder, der sich ein wenig mit Primzahlen auskennt, auf den ersten Blick realisieren, dass die Formel ausschließlich solche erzeugt.

Um diese Erkenntnis zu bestätigen, schicken wir wieder einmal unsere „Primzahl-Überprüfungsformel" ins Rennen. Wir ergänzen Spalte C und formulieren (Arrayformel!) ab

C2:
{=WENN(SUMME(N(REST(B2;ZEILE(INDIREKT("2:"&B2-1)))=0));"";"Ja")}

Die Funktionsweise dieser Formel erläutern wir im Kapitel *Werkzeug des Excel-Rätsel-Knackers*.

Das Ergebnis sehen wir in Abbildung 3.50.

	C2	▼	fx	{=WENN(SUMME(N(REST(B2;ZEILE(INDIREKT("2:"&B2-1)))=0));"";"Ja")}			
	A	B	C	D	E	F	G	H
1	x	x^2+x+41	Primzahl?				
2	0	41	Ja				
3	1	43	Ja				
4	2	47	Ja				
5	3	53	Ja				
6	4	61	Ja				
7	5	71	Ja				
8	6	83	Ja				
9	7	97	Ja				
39	37	1447	Ja				
40	38	1523	Ja				
41	39	1601	Ja				
42	40	1681					
43	41	1763					
44	42	1847	Ja				
45	43	1933	Ja				
46	44	2021					
47	45	2111	Ja				
48	46	2203	Ja				
49							

Abbildung 3.50: Funktionsergebnisse auf Primzahlen überprüfen

Die Zeilen 10 bis 38 haben wir aus Platzgründen ausgeblendet, aber glauben Sie uns: Es sind alles Primzahlen! Erst bei *x = 40* erzeugt die Funktion mit 1.681 eine Nicht-Primzahl.

Die Formel f(x)= x2 + x + 41 stammt übrigens von Leonhard Euler – einem der größten Mathematikgenies der Geschichte.

Apropos Euler: Von ihm stammt auch die wohl berühmteste Formel der Mathematik aus Abbildung 3.51.

$$e^{\pi \cdot i} + 1 = ?$$

Abbildung 3.51: Die berühmte Euler-Formel

e hat unendlich viele Nachkommastellen – *pi* hat ebenfalls unendlich viele Nachkommastellen und *i* ist eine imaginäre Zahl (Wurzel aus -1). Ersetzen Sie also das Fragezeichen (Lösung nicht in diesem Buch).

„Gentlemen, that is surely true, it is absolutely paradoxical; we cannot understand it, and we don't know what it means. But we have proved it, and therefore we know it is the truth!"

Benjamin Peirce vor der National Academy of Sciences in Washington, 1870

„Meine Herren, diese Formel ist in der Tat richtig. Sie ist absolut paradox, wir können sie nicht verstehen und wir wissen nicht, was sie bedeutet. Aber wir haben sie bewiesen, und deshalb wissen wir: Sie muss wahr sein!"

3.30   Die blitzgescheite Kellnerin

Wir kennen also eine einzige Zahl (2.450), von der wir nur wissen, dass diese durch 3 Multiplikatoren (die einzelnen Geldbeträge von A, B und C) darstellbar ist, und sollen daraus jetzt 5 eindeutige Zahlen ableiten!? Also muss eine der möglichen Multiplikationen etwas Besonderes darstellen.

Um alle möglichen Multiplikationen von drei Zahlen, die 2.450 ergeben, aufzulisten, ist es hilfreich, diese Zahl vorab in ihre *Primfaktoren* zu zerlegen (Abbildung 3.52).

	A	B
	B1	{=MIN(WENN(REST(A1;ZEILE(INDIREKT("2:"&A1)))=0; ZEILE(INDIREKT("2:"&A1)))))
1	2450	2
2	1225	5
3	245	5
4	49	7
5	7	7
6	1	1

Abbildung 3.52: Primfaktorzerlegung der Zahl 2.450

In A1 steht die zu zerlegende Zahl.

In B1 schreiben wir die Arrayformel zur Ermittlung des jeweils kleinsten Primfaktors, der auch gleichzeitig der kleinste Teiler der Zahl ist:

B1: {=MIN(WENN(REST(A1;ZEILE(INDIREKT("2:"&A1)))=0;ZEILE(INDIREKT("2:"&A1))))}

Der Formelteil innerhalb von REST überprüft alle Zahlen von 2 bis 2.450 daraufhin, ob sie ein Teiler von 2.450 sind. Ist dies der Fall, liefert die Prüfung Rest(A1;...)=0 WAHR. Anstelle jedes WAHR gibt die Funktion WENN die entsprechende Zahl zurück, von denen wiederum von MIN die kleinste berechnet wird. Diese Zahl ist der kleinste Teiler und muss zwangsweise eine Primzahl bzw. der erste Primfaktor sein.

In A2 wird dann das Ergebnis der Division (Zahl/Primfaktor) erzeugt, von dem dann erneut der kleinste Teiler gesucht wird:

A2: =A1/B1

A2 und B1 kopieren wir jetzt noch ein paar Zellen runter, um alle Primfaktoren zu erhalten.

2.450 in A1 ergibt die Primfaktoren (ohne die 1, die ja ex definitione keine Primzahl ist):

2 * 5 * 5 * 7 * 7

Als nächstes werden alle Teiler von 2450 benötigt von denen dann jeweils drei miteinander multipliziert werden. Die Teiler findet man mit

B1: {=KKLEINSTE(WENN(REST(A$1;ZEILE($1:$2450))=0;ZEILE($1:$2450));ZEILE()))}
C1: =WENN(B1^2=A$1;"";A$1/B1)

jeweils kopiert bis Zeile 9.

Mit den gefundenen Teilern sind nachfolgende 20, in Abbildung 3.53 gezeigte Dreierprodukte darstellbar. Da diese jeweils drei Faktoren (Geldbeträge) aufaddiert das mögliche Trinkgeld der Kellnerin ausmachen, daneben die entsprechenden Summen (Die Auflistung in Spalte A und B erfolgte manuell – ist ja bei 20 Zeilen zumutbar).

A	B	C
alle möglichen Produkte aus drei Zahlen, die 2.450 ergeben		ergibt addiert alle möglichen Kellnerin-Trinkgelder
2.450 * 1 * 1		2.450 + 1 + 1 = 2.452
1.225 * 2 * 1		1.225 + 2 + 1 = 1.228
490 * 5 * 1		490 + 5 + 1 = 496
350 * 7 * 1		350 + 7 + 1 = 358
245 * 10 * 1		245 + 10 + 1 = 256
245 * 5 * 2		245 + 5 + 2 = 252
175 * 14 * 1		175 + 14 + 1 = 190
175 * 7 * 2		175 + 7 + 2 = 184
98 * 25 * 1		98 + 25 + 1 = 124
98 * 5 * 5		98 + 5 + 5 = 108
70 * 35 * 1		70 + 35 + 1 = 106
70 * 7 * 5		70 + 7 + 5 = 82
50 * 49 * 1		50 + 49 + 1 = 100
50 * 7 * 7		! 50 + 7 + 7 = 64
49 * 25 * 2		49 + 25 + 2 = 76
49 * 10 * 5		! 49 + 10 + 5 = 64
35 * 35 * 2		35 + 35 + 2 = 72
35 * 14 * 5		35 + 14 + 5 = 54
35 * 10 * 7		35 + 10 + 7 = 52
25 * 14 * 7		25 + 14 + 7 = 46

Abbildung 3.53: Alle denkbaren Trinkgelder

Aus den 20 jeweils drei Faktoren lässt sich direkt noch nichts Brauchbares erkennen – anders aber bei den Summen: Da ja die Kellnerin die Höhe ihres Trinkgeldes kennt, entfallen die 18 Kombinationen mit einer alleinigen Summe – sonst hätte sie nicht „Da fehlt eine Angabe!" sagen müssen. Ihr Trinkgeld beträgt also 64. Deshalb braucht sie eine zusätzliche Information, ob entweder die Alternative 50 + 7 + 7 oder 49 + 10 + 5 die richtige Lösung darstellt.

Der Reichste von den Dreien (also 50 oder 49) hat nicht mehr als das Trinkgeld des Barkeepers dabei. Sein Trinkgeld kann nicht 50 sein, denn das gäbe keine eindeutige Lösung (49 ist nicht mehr als 50 und ebenso ist 50 nicht mehr als 50).

Sein Trinkgeld beträgt also 49, und die 3 Typen haben ergo 49, 10 und 5 dabei.

3.31 Chiffre – dem Geheimdienst auf der Spur

a) Die Cäsar-Verschlüsselung wird auch Verschiebechiffre genannt. Dabei werden die Buchstaben um eine bestimmte Anzahl an Positionen im Alphabet verschoben (= linearer Versatz). Im einfachsten Fall beträgt der Versatz einen Buchstaben, also A wird zu B, B zu C, C zu D, Z wird wieder zu A usw. Für die Entschlüsselung rechnet man diesen Versatz wieder zurück, also D wird zu C, C zu B, B zu A, A zu Z usw. Aus dem Wort EXCEL wird auf diese Weise FYDFM (E->F, X->Y, C->D, E->F, L->M) (Abbildung 3.54).

Versatz um 1 Position						
Ausgangsreihe	X	Y	Z	A	B	C	D
Versatzreihe	Y	Z	A	B	C	D	E

Abbildung 3.54: Verschlüsselung mit linearem Versatz

Zunächst modellieren wir – zur besseren Visualisierung – die Ausgangsreihe in Excel und schreiben dazu untereinander in A1:A52 zweimal das Alphabet. Da wir schreibfaul sind, greifen wir auf die Funktionen ZEICHEN und ZEILE zurück. ZEICHEN(65) liefert ein großes A, ZEICHEN(66) ein B usw. Daher schreiben wir in

A1: =ZEICHEN(ZEILE(A65))

und kopieren diese Formel bis A26. In A27 wiederholen wir dies mit

A27: =A1

und kopieren diese runter bis A52. Diese Spalte ist also unsere Ausgangsreihe aus Abbildung 3.54.

In Zelle E1 hinterlegen wir den zu dechiffrierenden Text:

`KEJJCDXKGNBWMNGKPGJCGPFG,WOFCUCNNGUBWDGITGKHGP!`

Im nächsten Schritt zerlegen wir den Text in seine einzelnen Zeichen. Dazu schreiben wir in

`B1: =TEIL($E$1;ZEILE();1)`

und kopieren diese Formel bis B47. Jetzt benötigen wir eine Zelle, in der wir den Versatz (von 0 bis 26) vorgeben können, denn zum Ergebnis kommen wir über Ausprobieren. Wir haben uns für ein Drehfeld aus der Formular-Symbolleiste entschieden, dessen Werte wir von 0 bis 26 begrenzen. Die Ausgabezelle ist E3. (Abbildung 3.55).

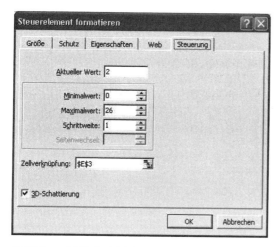

Abbildung 3.55: Drehfeld zur Steuerung des Versatzes

Jetzt müssen wir die in Spalte B stehenden Buchstaben mithilfe des Versatzes so verändern, dass ein brauchbarer Text herauskommt. Dazu schreiben wir in

`C1:`
`=INDEX(A:A;VERGLEICH(B1;A:A;0)-E$3+26*(VERGLEICH(B1;A:A;0)-E$3<=0))`

und kopieren die Formel bis C47.

Mit der Kombination aus INDEX und VERGLEICH ermitteln wir in Abhängigkeit des Buchstabens aus Spalte B sowie des Versatzes in E3 den passenden Buchstaben aus unserer Ausgangsreihe in Spalte A. Damit das für alle Buchstaben funktioniert, müssen wir mit dem Formelteil

`26*(VERGLEICH(B1;A:A;0)-E$3<=0)`

den Parameter [Zeile] der INDEX-Funktion noch um 26 erhöhen, wenn der VERGLEICH abzüglich des Versatzes kleiner/gleich null ist. Eigentlich sind wir damit bereits am Ziel angelangt. Mit dem richtigen Versatz in E3 wird der Text in Spalte C von oben nach unten lesbar. Jetzt wollen wir ihn aber noch verketten. Dazu schreiben wir in

`G3: =G2&WENN(ISTNV(C1);B1;C1)`

und kopieren die Formel so weit runter, wie der chiffrierte Text Zeichen hat, in diesem Fall bis G49. Zu guter Letzt lesen wir den vollständigen Text aus mit

`E2: =G49`

Der komplette Lösungsweg sieht somit wie in Abbildung 3.56 aus (wobei der Bildschirmausschnitt aus Platzgründen bei Zeile 20 endet):

	A	B	C	D	E	F	G	H	I	J
1	A	K	I	**Chiffrierter Text:**	KEJJCDXKGNBWMNGKPGJCGPFG,WOFCUCNNGUBWDGITGKHGPI					
2	B	E	C	**Klartext:**	ICHHABVIELZUKLEINEHAENDE,UMDASALLESZUBEGREIFENI					
3	C	J	H		2		I			
4	D	J	H		▲		IC			
5	E	C	A		▼		ICH			
6	F	D	B				ICHH			
7	G	X	V				ICHHA			
8	H	K	I				ICHHAB			
9	I	G	E				ICHHABV			
10	J	N	L				ICHHABVI			
11	K	B	Z				ICHHABVIE			
12	L	W	U				ICHHABVIEL			
13	M	M	K				ICHHABVIELZ			
14	N	N	L				ICHHABVIELZU			
15	O	G	E				ICHHABVIELZUK			
16	P	K	I				ICHHABVIELZUKL			
17	Q	P	N				ICHHABVIELZUKLE			
18	R	G	E				ICHHABVIELZUKLEI			
19	S	J	H				ICHHABVIELZUKLEIN			
20	T	C	A				ICHHABVIELZUKLEINE			

Abbildung 3.56: Cäsar-Verschlüsselung – Komplettlösung

Der umgekehrte Weg – also einen Klartext zu chiffrieren – ist dadurch natürlich genauso möglich. In unserem Fall muss der Klartext in E1 stehen und der Versatz in E3 auf 24 gestellt werden, um den in unserem Beispiel verwendeten chiffrierten Text zu erhalten.

b) Hier kommt eine andere – kompliziertere – Verschlüsselungstechnik zur Anwendung. Das Fehlen des Buchstabens „Q" und der Verweis auf ein Quadrat (quadrierte Matrix) erlauben die Idee zu folgender Ausgangsmatrix (Abbildung 3.57):

4	Ausgangsmatrix				
5	A	B	C	D	E
6	F	G	H	I	J
7	K	L	M	N	O
8	P	R	S	T	U
9	V	W	X	Y	Z

Abbildung 3.57: Quadrierte Ausgangsmatrix

Jetzt drehen wir diese Matrix um 90° nach rechts und erhalten ... (Abbildung 3.58):

G5	▼	fx	=INDEX(INDEX($A$5:$E$9;;ZEILE(A1));6-SPALTE(A1))								
	A	B	C	D	E	F	G	H	I	J	K	L
1											
2											
3											
4	Ausgangsmatrix						Um 90° gedrehte Matrix				
5	A	B	C	D	E		V	P	K	F	A
6	F	G	H	I	J		W	R	L	G	B
7	K	L	M	N	O		X	S	M	H	C
8	P	R	S	T	U		Y	T	N	I	D
9	V	W	X	Y	Z		Z	U	O	J	E

Abbildung 3.58: Um 90° gedrehte Ausgangsmatrix

Das Drehen bewerkstelligen wir auch per – bis K9 kopierbarer – Formel:

G5: =INDEX(INDEX($A$5:$E$9;;ZEILE(A1));6-SPALTE(A1))

Jedes Element einer Matrix korreliert mit dem dazugehörigen Element der anderen Matrix (Abbildung 3.59).

4	**Ausgangsmatrix**					**Um 90° gedrehte Matrix**				
5	A	B	C	D	E	V	P	K	F	A
6	F	G	H	I	J	W	R	L	G	B
7	K	L	M	N	O	X	S	M	H	C
8	P	R	S	T	U	Y	T	N	I	D
9	V	W	X	Y	Z	Z	U	O	J	E

Abbildung 3.59: Gegenseitige Beziehung der Matrixelemente mit 3 Beispielbeziehungen

So lässt sich der chiffrierte Text bereits mit ein wenig Fleißarbeit „zu Fuß" entschlüsseln. Aber wozu hätten wir dann Excel, wenn wir es nicht nutzen würden. Unser Modell sieht wie in Abbildung 3.60 aus:

	A	B	C	D	E	F	G	H	I	J	K	L	M	N	O	P	Q	R	S	T	U	V	W	X	Y
1	**Chiffrierter Text:** FAXVHIGATXVTVWWAHVPITCYWNIVAHFAT																	F	D						
2		**Klartext:** DEKANTIERKARAFFENABTROPFSTAENDER																	A	E		D			
3																			X	K		DE			
4	**Ausgangsmatrix**						**Um 90° gedrehte Matrix**												V	A		DEK			
5	A	B	C	D	E		V	P	K	F	A								H	N		DEKA			
6	F	G	H	I	J		W	R	L	G	B								I	T		DEKAN			
7	K	L	M	N	O		X	S	M	H	C								G	I		DEKANT			
8	P	R	S	T	U		Y	T	N	I	D								A	E		DEKANTI			
9	V	W	X	Y	Z		Z	U	O	J	E								T	R		DEKANTIE			
10																			X	K		DEKANTIER			

Abbildung 3.60: Lösungsmodell für die quadrierte Dechiffrierung

In Spalte S zerlegen wir den chiffrierten Text aus Zelle E1 wieder in seine Einzelteile, wie wir das bei Aufgabe *a* bereits gemacht haben:

S1: `=TEIL($E$1;ZEILE();1)`

Und kopieren dies weit genug nach unten. Jetzt kommt allerdings der Knackpunkt: Wir müssen die Position eines jeden Buchstabens in einer zweidimensionalen Matrix ermitteln, um anhand dieser das Pendant in der anderen Matrix finden zu können. Dazu benötigen wir sowohl die Zeilen- als auch die Spaltennummer. Beispielsweise finden wir in der rechten, um 90° gedrehten Matrix den Buchstaben „G" in der 2. Zeile und 4. Spalte. Das Pendant in der Ausgangsmatrix ist dann der Buchstabe „I". Die Zahlen 2 und 4 sind also zu ermitteln, und das geschieht mit diesen kleinen Arrayformeln (bezogen auf S1):

```
Zeile: {=MAX(($G$5:$K$9=S1)*ZEILE($1:$5))}
Spalte: {=MAX(($G$5:$K$9=S1)*SPALTE($A:$E))}
```

Die so ermittelten Zahlen dienen dann den gleichnamigen Parametern [Zeile] und [Spalte] der Funktion INDEX. Während die beiden genannten Formeln die Position in der rechten Matrix ermitteln, indizieren wir die linke Matrix, um das gesuchte Pendant zu erhalten:

```
=INDEX($A$5:$E$9;Zeile;Spalte)
```

Wobei die beiden Formeln zu integrieren sind. Es ergibt folgendes Endergebnis:

```
{=INDEX($A$5:$E$9;MAX(($G$5:$K$9=S1)*ZEILE($1:$5));MAX(($G$5:$K$9=S1)*
SPALTE($A:$E)))}
```

Um jetzt enthaltene Satzzeichen nicht fehlerhaft umzuwandeln, integrieren wir diese Formel noch in eine WENN-Funktion nach dem Motto:

```
=WENN(Buchstabe_A_bis_Z;INDEX(...);Nicht_umwandeln)
```

Ob ein Buchstabe zwischen A und Z vorliegt, lässt sich mit der Funktion CODE überprüfen, die die Umkehrfunktion von ZEICHEN ist. Der Code für den Buchstaben „A" ist 65, für das „Z" 90. Also prüfen wir gleichzeitig auf >64 UND <90.

```
T1: {=WENN(UND(CODE(S1)>64;CODE(S1)<91);INDEX($A$5:$E$9;MAX(($G$5:$K$9=S1)*
ZEILE($1:$5));MAX(($G$5:$K$9=S1)*SPALTE($A:$E)));S1)}
```

Diese Formel (im Beispiel aus T1) wird jetzt noch runterkopiert. Der Rest (die Verkettung) ist mit der Lösung zu Aufgabe *a* identisch und braucht hier nicht wiederholt zu werden.

Im Gegensatz zur Cäsar-Chiffre lässt sich die Verschlüsselung diesmal nicht einfach umkehren. Um den Klartext zu verschlüsseln, muss er um 270° gedreht werden, damit er später über die 90°-Drehung entschlüsselt werden kann.

Schreiben Sie dazu den Klartext in E1. Dann kopieren Sie den Text aus E2 nach oben (über *Bearbeiten>Inhalte einfügen ...Werte*).

Dies wiederholen Sie zweimal. Erst dann erhalten Sie den richtigen Chiffre-Text in E1.

3.32 Einser, Zweier und ...?

Die Tabelle setzt sich fort, wie in Abbildung 3.61 zu sehen ist.

	A	B	C	D	E	F	G	H	I	J	K	L	M	N
1	1													
2	1	1												
3	2	1												
4	1	2	1	1										
5	1	1	1	2	2	1								
6	3	1	2	2	1	1								
7	1	3	1	1	2	2	2	1						
8	1	1	1	3	2	1	3	2	1	1				
9	3	1	1	3	1	2	1	1	1	3	1	2	2	1

Abbildung 3.61: Zahlenfolgen mit Einsern, Zweiern und Dreiern

Die Logik der Zahlenfolgen ist leicht erklärt. Sie folgt der sogenannten Look-And-Say(Sehen-und-Sagen)-Sequenz. Jede Zeile beschreibt die Elemente der Vorgängerzeile. Die Tabelle beginnt in unserem Beispiel in A1 mit der Zahl 1. Diese wird in Zeile 2 beschrieben mit

Einer (1) Eins (1). Dann folgen

Zwei (2) Einser (1). Dann folgen

Eine (1) Zwei (2) und eine (1) Eins (1). Dann folgen

Eine (1) Eins (1) und eine (1) Zwei (2) und zwei (2) Einser (1). Es geht weiter mit

Drei (3) Einser (1) und zwei (2) Zweier (2) und eine (1) Eins (1). Und so weiter ...

Wie viele Zeilen können auf gleiche Weise noch fortgesetzt werden? Diese Frage zielt auf die begrenzte Spaltenzahl von Excel von 256 Spalten. Da ja jede weitere Zeile mehr Zahlen enthält, sind die 256 Spalten irgendwann erschöpft. Da dies zu Fuß herauszufinden etwas mühsam ist, bauen wir den Algorithmus in einem VBA-Makro auf:

```
Sub Folgen()
Dim x As Long
Dim y As Long
Dim z As Long
Dim Zahl As Long
Dim Anzahl As Long
Dim Zeilen As Long
```

```
Cells(1, 1) = 1' Setzt die Initiale 1 in der Zelle A1
Zeilen = 100' Legt fest, wie viele Zeilen höchstens produziert werden sollen

For x = 2 To Zeilen' Durchläuft die Zeilen der Tabelle
    y = 1
    z = 2
    Zahl = Cells(x - 1, 1) 'Zahl ist die aktuelle Ziffer, deren

'aufeinanderfolgende Vorkommen gezählt werden
    Anzahl = 0' Das Zählen beginnt bei 0
    Do While Cells(x - 1, y) <> ""' Durchläuft die Vorgängerzeile bis zur

'ersten leeren Spalte
        If Cells(x - 1, y) = Zahl Then
            Anzahl = Anzahl + 1' Zählt aufeinanderfolgende gleiche Ziffern
        Else' Wird angesprungen, falls die Ziffer gegenüber der
Vorgängerspalte
                            'gewechselt hat
            Cells(x, z - 1) = Anzahl
            Cells(x, z) = Zahl
            Zahl = Cells(x - 1, y)
            Anzahl = 1
            z = z + 2
        End If
        y = y + 1
    Loop
    Cells(x, z - 1) = Anzahl
    Cells(x, z) = Zahl
Next
End Sub
```

Die For-Next-Schleife springt von einer Zeile zur nächsten. Die Do-Loop-Schleife durchläuft eine Zeile bis zur ersten leeren Spalte. Die If-Then-Else-Prüfung untersucht, ob innerhalb einer Zeile die aktuelle Ziffer mehrfach hintereinander vorkommt oder ob diese wechselt. Dann schreibt sie die Anzahl des Vorkommens der Ziffer in die nächste Zeile und die Ziffer selbst rechts daneben.

In der 20. Zeile bricht das Makro mit einer *Fehlermeldung* ab (also nicht wundern!), da die maximale Spaltenzahl von 256 erreicht wurde. Natürlich könnte man das Makro auch transponieren, das heißt die Zeilen und Spalten austauschen. So könnte man noch mehr als 19 Zahlenfolgen produzieren.

207

3.33   Die Elefantentankstelle

Einfache Lösung: 400

Beste Lösung: 533 1/3

Wenn der Elefant gleich durchlatscht, hat er anfangs 1.000 Bananen geladen – unterwegs alle vertilgt – am Markt keine mehr dabei und die anderen 2.000 vergammeln im Lager. Er muss sich also unterwegs ein Depot einrichten, damit das Lager geleert werden kann und er mit einigen Bananen am Markt ankommt.

Grundüberlegung: Der Marsch vom Depot zum Markt muss mit 1.000 Bananen (der maximalen Ladekapazität des Elefanten) losgehen und im Depot sollen, wie auch im Lager, keine Bananen vergammeln.

x sei die Entfernung des Depots vom Lager. Ein zurückgelegter km entspricht einer Banane. Wir definieren eine Gleichung, um herauszufinden, wie weit das Depot vom Lager unter der Bedingung entfernt sein kann, dass der Elefant von dieser Position aus mit seiner Maximalkapazität von 1.000 Bananen weitergehen kann.

```
(1000 - x (Hinweg) - x (Rückweg)) + (1000 - x - x) + (1000 - x (nur Hinweg))
= 1.000
```

Zweimal also hin und zurück und beim dritten Mal nur hin. Die Gleichung wird zusammengefasst:

```
3.000 - 5x = 1.000
```

Nach x aufgelöst ergibt sich:

```
x =  2.000/5 = 400 km.
```

Der Elefant latscht also beim ersten Mal voll beladen los, legt nach 400 km 200 Bananen im Depot ab und verbraucht dann 400 Bananen Treibstoff zurück zum Lager. Der zweite Marsch genauso (Depotbestand: jetzt also 400). Beim dritten Mal kommt er mit 600 Bananen an, lädt den Depotbestand dazu (sind dann genau die 1.000) und kommt dann nach 600 km mit 400 Bananen am Markt an.

H A L T: Optimierung!

Zitat von eben: „Grundüberlegung: Der Marsch vom Depot zum Markt muss mit 1.000 Bananen (der maximalen Ladekapazität des Elefanten) losgehen."

Aus 3.000 kann man dreimal 1.000 schnitzen – was heißen will: 3 Wegstrecken = 2 Depots.

Im ersten Depot wird der Händler 2.000 Bananen sehen und im zweiten dann erst die 1.000 – abmarschbereit zum Markt. Obige Formel ändert sich nur dadurch, dass wir im 1. Depot 2.000 Bananen zählen wollen.

```
(1000 - x (Hinweg) - x (Rückweg)) + (1000 - x - x) + (1000 - x (nur Hinweg))
= 2.000
```

Zusammengefasst:

```
3.000 - 5x = 2.000
```

Nach x aufgelöst:

```
x = 1.000/5 = 200 km (unser erstes Depot).
```

Jetzt hocken wir da mit 2.000 Bananen und 800 km vorm Ziel. Wo installieren wir das zweite Depot? Analog voriger Überlegung – abgesehen davon, dass der Elefant jetzt nur einmal zurück muss.

```
(1000 - x (Hinweg) - x (Rückweg)) + (1000 - x (nur Hinweg)) = 1.000
```

Klar:

```
2.000 - 3x = 1.000
x = 1.000/3 = 333,3 km (unser zweites Depot).
```

333,3 Bananen lagern ja nach dem ersten Marsch da und jetzt rückt unser Elefant mit 666,7 an. Wir sind also mit 1.000 Bananen bei km 200 + 333,3 = 533,3 gelandet.

Bis zum Markt sind es noch 466,7 km und wir kommen also statt mit 400 mit 533,3 Bananen am Markt an (das ist immerhin 1/3 mehr).

In Abbildung 3.62 können Sie noch mal beide Lösungen visuell nachvollziehen.

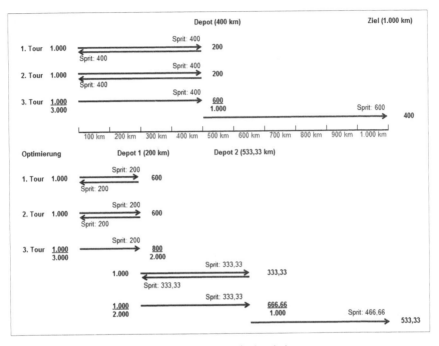

Abbildung 3.62: Die optimalen Transportwege für beide Lösungen

Wir würden gerne mal ein Video sehen, wie ein Elefant eine Banane drittelt ...

3.34   Elfmeterschießen

Die erste Wahl trifft der Trainer aus 11 Spielern. Danach sind nur noch 10 übrig, unter denen er sich für den zweiten Schützen entscheidet. Dann bleiben noch 9, 8 und schließlich 7. Multipliziert man nun die Wahlmöglichkeiten erhält man

=11*10*9*8*7 = 55.440

Ist das nun die Lösung zu *a* oder zu *b*? Es ist Lösung *b*, denn es wurde mit dieser Berechnung bereits die Reihenfolge festgelegt, in der die Schützen antreten. Um zur Lösung *a* zu gelangen, muss das Ergebnis noch dividiert werden durch

=5*4*3*2*1 = 120 = FAKULTÄT(5)

Warum ist dies so? Weil es 120 Möglichkeiten gibt, aus einer Gruppe von fünf (bereits auserwählten) Schützen die Reihenfolge zu ändern. Ergo ist die Lösung a

=55.440/120 = 462

a) Im ersten Fall spricht man von Kombinationen, wofür es die gleichnamige Excel-Funktion gibt:

=KOMBINATIONEN(11;5) = 462

b) Im zweiten Fall spricht man von Variationen, wofür ebenfalls eine Funktion zur Verfügung steht:

=VARIATIONEN(11;5) = 55440

Die Makros zum Auflisten der Kombinationen und der Variationen unterscheiden sich nur geringfügig.

```
Sub Kombinationen()
'Listet Kombinationen in Spalte A von Zeile 1 bis 462 auf
Dim a As Long, b As Long, c As Long, d As Long, e As Long
Dim count As Long
For a = 1 To 11
  For b = 1 To 10
    For c = 1 To 9
      For d = 1 To 8
        For e = 1 To 7
          If a > b And b > c And c > d And d > e Then
            count = count + 1
            Cells(count, 1) = _
    a & "-" & b & "-" & c & "-" & d & "-" & e
          End If
        Next e
      Next d
    Next c
  Next b
Next a
End Sub
```

Die fünf For-Next-Schleifen klappern die 11 * 10 * 9 * 8 * 7 möglichen Spieler ab. Die If-Abfrage sorgt dann dafür, dass die Zusammenstellung einer Fünfergruppe nur einmal genommen wird und nicht ein zweites Mal mit gleichen Spielern in einer anderen Reihenfolge. 5-4-3-2-1 wäre beispielsweise eine gültige Kombination. 5-4-3-1-2 dagegen nicht. Die If-Prüfung würde in diesem Fall *false* liefern, da *d* nicht größer als *e* wäre.

```
Sub Variationen()
'Listet Variationen in Spalte A von Zeile 1 bis 55.440 auf
Dim a As Long, b As Long, c As Long, d As Long, e As Long
Dim count As Long
For a = 1 To 11
  For b = 1 To 11
    For c = 1 To 11
      For d = 1 To 11
        For e = 1 To 11
          If a <> b And a <> c And a <> d And a <> e _
            And b <> c And b <> d And b <> e And c <> d _
            And c <> e And d <> e Then
              count = count + 1
              Cells(count, 1) = _
                a & "-" & b & "-" & c & "-" & d & "-" & e
          End If
        Next
      Next
    Next
  Next
Next
End Sub
```

Diese Prozedur unterscheidet sich gegenüber der vorherigen nur in der unterschiedlichen If-Prüfung. Diesmal sind sowohl 5-4-3-2-1 als auch 5-4-3-1-2 zwei unterschiedliche, gültige Zusammensetzungen. Hier wird nur noch sichergestellt, dass alle fünf Nummern voneinander verschieden sind. 5-4-3-2-2 wäre ungültig, da die Bedingung d<>e nicht erfüllt wäre. Ein Spieler darf ja nicht zweimal schießen.

Tabelle1 zeigt links die ersten zwanzig Kombinationen und rechts die ersten zwanzig Variationen.

5-4-3-2-1	1-2-3-4-5
6-4-3-2-1	1-2-3-4-6
6-5-3-2-1	1-2-3-4-7
6-5-4-2-1	1-2-3-4-8

6-5-4-3-1	1-2-3-4-9
6-5-4-3-2	1-2-3-4-10
7-4-3-2-1	1-2-3-4-11
7-5-3-2-1	1-2-3-5-4
7-5-4-2-1	1-2-3-5-6
7-5-4-3-1	1-2-3-5-7
7-5-4-3-2	1-2-3-5-8
7-6-3-2-1	1-2-3-5-9
7-6-4-2-1	1-2-3-5-10
7-6-4-3-1	1-2-3-5-11
7-6-4-3-2	1-2-3-6-4
7-6-5-2-1	1-2-3-6-5
7-6-5-3-1	1-2-3-6-7
7-6-5-3-2	1-2-3-6-8
7-6-5-4-1	1-2-3-6-9
7-6-5-4-2	1-2-3-6-10

Zum Abschluss noch mal ein einprägsamer Vergleich von Kombinationen und Variationen in Abbildung 3.63.

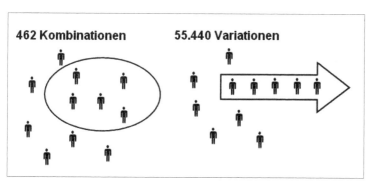

Abbildung 3.63: Unterschied Kombinationen ⇔ Variationen

c) Wenn Sie hier auf 11 Fakultät = 39.916.880 Permutationen getippt haben, sind Sie in die Falle getappt. Es gibt zwar 39 Mio. Möglichkeiten, 11 Spieler anzuordnen aber dann ist nicht gewährleistet, dass auch jeder an einer anderen als der sonst üblichen Position spielt. Angenommen, die übliche Aufstellung ist

1-2-3-4-5-6-7-8-9-10-11,

dann ist eine von 39 Mio. Permutationen auch

2-1-3-4-5-6-7-8-9-10-11.

Aber für die Aufgabe ist dies ungültig, da der Trainer ja versprochen hat, dass jeder auf einer unüblichen Position spielt. Die Lösung offenbart die niedliche Formel

=GANZZAHL(FAKULTÄT(11)/EXP(1)+0,5) = 14.684.570

Da hat also mal wieder der Herr Euler (e = 2,718) seine Finger im Spiel.

3.35 Ellenbogentaktik

Andy ist leider auf dem Holzweg. Seine Chance, befördert zu werden, ist unverändert 1/3. Erstaunlicherweise haben sich aber jetzt die Chancen von Bert auf 2/3 erhöht. Warum ist das so?

Wenn Andy befördert wird, würde der Boss entweder Bert nennen oder Claus. Würde Bert befördert werden, käme als Nennung nur Claus in Frage, denn dass er Andy selbst nennt, scheidet aus. Im umgekehrten Fall, wenn Claus befördert wird, würde der Boss auf alle Fälle Bert nennen. Zu Beginn ist die Chance auf Beförderung von Bert und Claus zusammen 2/3. In dem Moment in dem Claus ausscheidet, sinkt seine Chance auf 0. Seine 1/3-Chance geht damit auf Bert über, der nun 2/3 Überlebenschance hat. Für Andy ändert sich nichts. Die Wahrscheinlichkeit ist nun deshalb ungleich verteilt, weil Andy als nicht Beförderter gar nicht hätte genannt werden können.

Für alle Skeptiker führen wir nun ein Experiment durch. Die oben beschriebene Geschichte ist nur eine Variante des bekannten Ziegenproblems. Bei diesem Problem geht es darum, dass in einer Show ein Kandidat unter drei Toren eines auswählen muss. In einem ist der Hauptgewinn, in den beiden anderen sind Nieten – die Ziegen.

Nachdem der Kandidat ein Tor ausgewählt hat, öffnet der Showmaster von den anderen beiden Toren eines, das eine Niete enthält. Nun wird der Kandidat vor die Wahl gestellt, ob er bei seiner ersten Torwahl bleibt oder ob er sich für das andere Tor entscheidet.

Es ist tatsächlich so, dass der Kandidat seine Chance auf 2/3 erhöht, wenn er das Tor wechselt. Dies wollen wir nun in einem Excel-Experiment empirisch überprüfen (Abbildung 3.64).

E4	▼	ƒ≈ =GANZZAHL(ZUFALLSZAHL()*3)+1			
	A	B	C	D	E	F
1	Tor 1	Tor 2	Tor 3		Zufall	
2						
3	In einem Tor steckt der Hauptgewinn					
4		X			2	
5						
6	Kandidat entscheidet sich für 1 Tor					
7		?			2	
8						
9	Ein Tor mit Niete wird geöffnet					
10	O				1	
11						
12	Spieler entscheidet sich um					
13			?			
14						
15	Spieler hat gewonnen?					
16			nein			
17						

Abbildung 3.64: Ziegenproblem im Excel-Modell

Es gibt drei Tore, die sich auf die Spalten A, B und C aufteilen. In A4 oder B4 oder C4 wird zufällig ein Hauptgewinn versteckt. Die Glücksfee steht in der Zelle E4:

E4: =GANZZAHL(ZUFALLSZAHL()*3)+1

Diese Formel liefert mit gleicher Wahrscheinlichkeit eine der Zahlen 1, 2 oder 3. In A4 wird das entsprechende Tor, das die Zufallszahl bestimmt hat, mit „X" markiert.

A4: =WENN(SPALTE()=$E4;"X";"")

Diese Formel wird bis C4 kopiert.

Der Kandidat kennt natürlich das richtige Tor noch nicht und entscheidet sich zufällig für eines der drei Tore. Auch er lässt den Zufall walten, mit der Formel

E7: =GANZZAHL(ZUFALLSZAHL()*3)+1

Seine Entscheidung markieren wir mit

A7: =WENN(SPALTE()=$E7;"?";"") (kopieren bis C7)

Nun öffnet der Showmaster eines der zwei übrigen Tore. Welches Tor dies ist, wird mit der Formel in E10 entschieden, die quasi die ganze Logik des Ziegenproblems enthält:

E10: =WENN(E4=E7;INDEX(WAHL(E7;{2.3};{1.3};{1.2}));GANZZAHL(ZUFALLSZAHL()*2)); 6-E4-E7)

=WENN(E4=E7 prüft, ob sich der Kandidat für das Tor entschieden hat, das den Hauptgewinn enthält. Falls ja, hat er die Wahl, zwischen zwei Toren eines zu wählen, das er öffnet. Beide enthalten sicher eine Niete. Abhängig von der Wahl des Kandidaten in E7 gibt die Funktion WAHL zwei Optionen zurück, eine Niete zu öffnen. Steht in E7 eine 1 können die Tore {2.3} geöffnet werden. Steht in E7 eine 2, können die Tore {1.3} geöffnet werden. Bei 3 in E7 stehen die Tore {1.2} zur Disposition. Der Formelteil

GANZZAHL(ZUFALLSZAHL()*2)

in Kombination mit INDEX trifft dann die Auswahl aus den jeweiligen zwei Alternativen. Falls E4<>E7, steht die Wahl des zu öffnenden Tores bereits fest, denn der Showmaster kann weder das Tor mit dem Hauptgewinn öffnen, noch das vom Kandidaten ausgewählte. Das übrige Tor ergibt sich stets durch 6-E4-E7.

6 - 1 - 2 = 3
6 - 2 - 3 = 1
6 - 1 - 3 = 2

In der Zeile 10 wird dann das geöffnete Tor markiert:

A10: =WENN(SPALTE()=$E10;"0";"")

Wieder zu kopieren bis C10.

Nun gehen wir davon aus, dass der Kandidat schon so gut informiert ist, um zu wissen, was zu tun ist. Er ändert also seine Entscheidung zugunsten des anderen noch geschlossenen Tores:

A13: =WENN(UND(A10="";A7="");"?";"")

In Zeile 16 wird dann schließlich geprüft, ob er mit seiner zweiten Entscheidung den Sieg eingefahren hat oder nicht.

A16: =WENN(A13="?";WENN(A4="X";"ja";"nein");"")

A13 und A16 werden wieder bis Spalte C kopiert. Damit ist die Simulation funktionstüchtig. Wenn Sie nun ⌗F9⌗ drücken, können Sie eine neue Konstellation berechnen lassen. Jetzt wissen wir aber immer noch nicht, mit welcher Wahrscheinlichkeit er bei sehr vielen Versuchen den Gewinn einstreichen würde. Dazu nehmen wir ein kleines Makro zu Hilfe, das die Simulation so oft durchführt, bis eine belastbare Aussage über seine Gewinnwahrscheinlichkeit getroffen werden kann.

```
Sub Ziegenproblem()
Dim x As Long, y As Long
Dim ja As Long
y = 1000
For x = 1 To y
  Calculate
  If [A16] & [B16] & [C16] = "ja" Then
    ja = ja + 1
  End If
Next
MsgBox ja & " von " & y & " Fällen (" & Format(ja / y, "0.00%") _
& ")", , "Das Umentscheiden war erfolgreich in ..."
End Sub
```

Das Makro berechnet 1.000 neue Ausgangssituationen (kann über die Variable *y* variiert werden) und zählt dann zusammen, wie oft der Kandidat mit seiner Entscheidung richtig gelegen hätte.

Lassen Sie das Makro mehrere Male laufen und Sie werden sehen, dass die Trefferquote immer bei ungefähr 66,7 % landen wird.

Ohne VBA lässt sich die Aufgabe auch wunderbar mithilfe der Iteration modellieren (Abbildung 3.65):

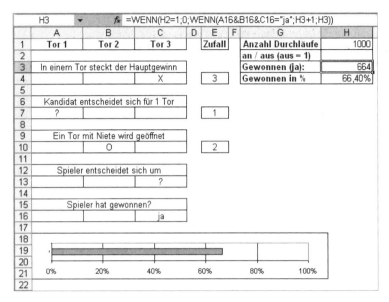

Abbildung 3.65: Iterationsmodell mit Balkendiagramm

Stellen Sie unter *Extras>Optionen>Berechnung* die *Maximale Iterationszahl 1* im Bereich *Iteration* ein. Die notwendigen Formeln aus H1:H4 lauten dann:

H1: =WENN(H2=1;0;H1+1)
H3: =WENN(H2=1;0;WENN(A16&B16&C16="ja";H3+1;H3))
H4: =H3/H1

Die Zelle H2 ist die Steuerzelle, mit der die Iterationsergebnisse wieder auf null zurückgesetzt werden können. Dies geschieht durch Eingabe der Zahl 1. Wird die 1 entfernt, ist die Iteration „scharf geschaltet".

Das abgebildete Balkendiagramm bezieht seine Daten (*Datenquelle*) ausschließlich aus der Zelle H4 (Gewonnen in %). Die y-Größenachse ist fix skaliert mit *Minimum* 0 und *Maximum* 1. Entfernen Sie jetzt die 1 aus der Steuerzelle H2 und halten Sie zwecks Neuberechnung die Taste F9 gedrückt. Der Balken im Diagramm „flackert" anfänglich noch stark hin und her, pendelt sich aber mit zunehmender Berechnungsanzahl bei ca. 66,70 % ein (bei den abgebildeten 1.000 Berechnungen landeten wir bei 66,40 %).

Damit haben wir empirisch nachgewiesen, dass es sinnvoll ist, sich für das andere Tor zu entscheiden. Gleichzeitig steht dies im Einklang mit unserer Aussage zur Beförderung zum Gruppenleiter. Bildlich kann man sagen, Andy, Bert und Claus seien die drei Tore. Andy tippt zunächst auf sich selbst (Tor 1), befördert zu werden. Dann öffnet der Boss eines der beiden anderen Tore (Nummer 3), das die Niete Claus enthält. Andy hat nun zwar selbst nur noch eine Chance von 1/3, befördert zu werden, aber vielleicht findet er noch einen anderen Kollegen mit dem er wetten kann, ob nun er oder Bert befördert wird. Dann sollte er auf alle Fälle auf Bert (Tor 2) setzen, denn dann wird er zu 2/3 Wahrscheinlichkeit die Wette gewinnen.

3.36 Der brave Hausmann

Mit dieser Aufgabe kommt der Solver gut klar – was nicht immer der Fall ist. Die Tabelle bereiten Sie so vor, wie es in Abbildung 3.66 zu sehen ist.

	A	B	C	D	E	F	G	H
1	Artikel 1	25,99 €		0		Kapital:	200	
2	Artikel 2	12,50 €		0		ausgegeben:	0	
3	Artikel 3	5,49 €		0		übrig:	200	Min!
4	Artikel 4	79,00 €		0				
5	Artikel 5	7,29 €		0				
6	Artikel 6	15,99 €		0				
7	Artikel 7	49,90 €		0				
8	Artikel 8	4,98 €		0				
9	Artikel 9	20,00 €		0				
10	Artikel 10	9,99 €		0				
11	Artikel 11	19,90 €		0				
12	Artikel 12	65,00 €		0				
13	Artikel 13	17,50 €		0				
14	Artikel 14	29,80 €		0				
15	Artikel 15	14,79 €		0				
16	Artikel 16	30,00 €		0				
17	Artikel 17	55,00 €		0				
18	Artikel 18	24,00 €		0				
19	Artikel 19	36,90 €		0				
20	Artikel 20	38,50 €		0				

Abbildung 3.66: Vorbereitetes Excel-Modell für die Solver-Lösung

In Spalte B stehen die Preise der Artikel. Spalte C bleibt zunächst leer – mit ihr arbeitet später der Solver (veränderbare Zellen). In Spalte D steht die Formel

D1: =B1*C1

und ist bis D20 kopiert.

In G1 steht das zur Verfügung stehende Taschengeld von 200,- €. G2 enthält die Summe, die der Hausmann ausgegeben hat.

`G2:=SUMME(D1:D20)`

G3 enthält als Differenz den Betrag, der nicht ausgegeben wurde.

`G3: =G1-G2`

Das war es schon, nun kann der Solver eingestellt werden. Der Solver ist ein Zusatzprogramm von Excel, das separat installiert werden muss. Dazu wählen Sie den Menüeintrag *Extras>Add-Ins* und setzen einen Haken beim Eintrag *Solver* (Abbildung 3.67).

Abbildung 3.67: Add-Ins-Dialog zur Aktivierung des Solvers

Nun ist der Solver über den Menüpunkt *Extras>Solver* startklar. Er soll das Ziel verfolgen, die übrig bleibende Differenz in G3 zu minimieren – natürlich unter der Nebenbedingung, dass die Differenz nicht negativ ist, denn Schulden machen darf der Hausmann nicht.

Die Antworten, ob ein Artikel erworben wird oder nicht, lauten nur *ja* oder *nein*, denen wir die Werte 1 bzw. 0 zuordnen. Sobald also ein Artikel erworben wird, wird dies mit einer 1 in Spalte C kenntlich gemacht, worauf natürlich auch die Spalte D Beträge ausweist. Mit anderen Worten: Der Geldbeutel leert sich.

Fassen wir zusammen:

- Ziel: Minimierung der Differenz in G3

- 1. Bedingung: Die Differenz darf nicht negativ sein. Es werden keine Schulden gemacht.

- 2. Bedingung: Jeder Artikel wird (einmal) gekauft oder nicht. Dies schlägt sich in C1:C20 nieder.

Abbildung 3.68 zeigt die kompletten Einstellungen des Solvers.

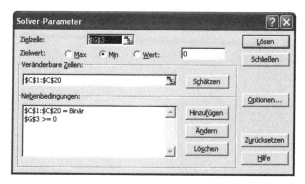

Abbildung 3.68: Solvereinstellungen

Die Bedingung

`C1:C20 = Binär`

sorgt dafür, dass der Solver in diesen Zellen nur 1 oder 0 eintragen kann. Nach Klick auf *Lösen* wird der Solver ein paar Sekunden rechnen. Danach müsste er zu dem Ergebnis kommen, das in Abbildung 3.69 zu sehen ist.

Ein wichtiger Tipp zur Performance des Solvers: Bevor der Solver gestartet wird, sollten alle anderen Dateien geschlossen werden und die Solverdatei sollte möglichst keine weiteren Tabellen mit Berechnungen enthalten. Es werden nämlich alle geöffneten Dateien zigtausend Mal neu berechnet. Mal wieder nicht daran gedacht, brauchte der Solver für diese Aufgabe eine Stunde – als Solist tatsächlich nur wenige Sekunden.

Bis auf 0,02 € kann das Taschengeld ausgegeben werden. Der Solver entscheidet sich für die Artikel 2, 4, 6, 10, 12 und 13 mit den Preisen

`=12,50+79,00+15,99+9,99+65,00+17,50 = 199,98 €`

	A	B	C	D	E	F	G	H
1	Artikel 1	25,99 €	0	0		Kapital:	200	
2	Artikel 2	12,50 €	1	12,5		ausgegeben:	199,98	
3	Artikel 3	5,49 €	0	0		übrig:	0,02	Min!
4	Artikel 4	79,00 €	1	79				
5	Artikel 5	7,29 €	0	0				
6	Artikel 6	15,99 €	1	15,99				
7	Artikel 7	49,90 €	0	0				
8	Artikel 8	4,98 €	0	0				
9	Artikel 9	20,00 €	0	0				
10	Artikel 10	9,99 €	1	9,99				
11	Artikel 11	19,90 €	0	0				
12	Artikel 12	65,00 €	1	65				
13	Artikel 13	17,50 €	1	17,5				
14	Artikel 14	29,80 €	0	0				
15	Artikel 15	14,79 €	0	0				
16	Artikel 16	30,00 €	0	0				
17	Artikel 17	55,00 €	0	0				
18	Artikel 18	24,00 €	0	0				
19	Artikel 19	36,90 €	0	0				
20	Artikel 20	38,50 €	0	0				

Abbildung 3.69: Vom Solver ermittelte Lösung

3.37 Sieben Kisten

Vorab: Wir haben es nicht geschafft, die Lösung zu automatisieren. Daher beschränken wir uns darauf, wie man sich mithilfe eines Excel-Modells das „Tüftlerleben" vereinfachen kann. Selbstverständlich finden Sie hier auch die korrekte Lösung – diese ist aber im Wesentlichen durch Ausprobieren zustande gekommen.

Also erstellen wir zunächst einmal das Excel-Modell, das wie in Abbildung 3.70 aussehen kann:

	A	B	C	D	E	F	G	H	I	J	K
1											
2	Anzahl	kg	Kiste 1	Kiste 2	Kiste 3	Kiste 4	Kiste 5	Kiste 6	Kiste 7	Verbraucht	
3	7	252								0	
4	6	10								0	
5	5	127								0	
6	4	106								0	
7	3	12								0	
8	2	37								0	
9	2	9								0	
10	1	85								0	
11	1	84								0	
12	1	46								0	
13	1	442								0	
14	33	3.668	0	0	0	0	0	0	0	0	
15											

Abbildung 3.70: Excel-Modell zur Verteilung der Gewichte auf die 7 Kisten

In Bereich A3:B13 werden die Gewichte aus der Aufgabenstellung übernommen. In A14 wird die Anzahl der Gewichte summiert mit der schlichten Summenformel

A14: =SUMME(A3:A13)

In B14 wird das Gesamtgewicht ermittelt, indem die Produkte aus Anzahl und kg summiert werden. Dies ist die klassische Anwendung für die Funktion SUMMENPRODUKT:

B14: =SUMMENPRODUKT(A3:A13;B3:B13)

Diese Zahl sollte jetzt auch durch 7 (Kisten) teilbar sein, denn sonst gäbe es keine Chance auf eine eindeutige Lösung:

=3.668 / 7 = 524

Passt natürlich – und somit wissen wir bereits, dass jede Kiste mit 524 kg bestückt werden muss.

Im Bereich C3:I13 wird später (manuell) die Anzahl der jeweiligen Gewichte je Kiste eingegeben. In C14:I14 wird daraus die Gesamtsumme in kg ermittelt. Dies geschieht wiederum mit SUMMENPRODUKT:

C14: =SUMMENPRODUKT(C3:C13;$B$3:$B13) (bis I14 kopieren)

In Spalte J prüfen wir noch, wie viele Gewichte bereits verteilt wurden:

J3: =SUMME(C3:I3) (bis J13 kopieren)
J14: =SUMME(J3:J13)

Um bei der Gewichtsverteilung einen besseren Überblick zu behalten, färben wir die Zellen J3:J13 im Abgleich mit A3:A13 (*Anzahl*) noch mithilfe der bedingten Formatierung. Aus Sicht der Zelle J3 (sie ist die aktive Zelle) stellen wir gemäß Abbildung 3.71 Folgendes ein:

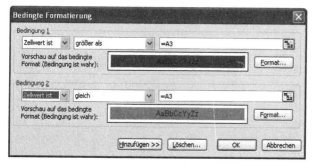

Abbildung 3.71: Bedingte Formatierung

Die gewählten Formate sind ein roter bzw. grüner Hintergrund.

Jetzt kann es mit der Gewichtsverteilung losgehen. Das Ziel muss sein, in jede Kiste 524 kg zu packen. Mit ein wenig Logik bekommt man die erste Kiste schnell gefüllt:

Die 7 Gewichte à 252 kg können nicht auf alle 7 Kisten verteilt werden, da in 1 Kiste auch noch das 442-kg-Gewicht muss. Damit wäre das Gesamtgewicht von 524 kg bereits überschritten. Dreimal 252 kg ist auch zu viel – also muss zumindest 1 Kiste mit zweimal 252 kg beladen werden (und mindestens 1 Kiste enthält somit überhaupt kein 252-kg-Gewicht). Das macht dann 2 x 252 = 504 kg. Es fehlen jetzt noch 20 kg – und die lassen sich aus den zur Verfügung stehenden Gewichten nur mit zweimal 10 kg darstellen. Also ist die 1. Kiste gefüllt mit zweimal 252 kg und zweimal 10 kg = 524 kg.

Ab jetzt heißt es: Munter ausprobieren, bis alle Kisten mit 524 kg gefüllt sind. Am Ende kommt man zu dieser Lösung (Abbildung 3.72):

	Anzahl	kg	Kiste 1	Kiste 2	Kiste 3	Kiste 4	Kiste 5	Kiste 6	Kiste 7	Verbraucht
3	7	252	2	2	2				1	7
4	6	10	2	2	2					6
5	5	127					3	2		5
6	4	106					1		3	4
7	3	12				3				3
8	2	37					1		1	2
9	2	9						2		2
10	1	85							1	1
11	1	84							1	1
12	1	46				1				1
13	1	442				1				1
14	33	3.668	524	524	524	524	524	524	524	33

Abbildung 3.72: Lösung – alle Kisten gleichmäßig beladen

Neben dieser manuellen Lösungsfindung sollte man doch annehmen, dass der Excel-Solver einem die Arbeit abnehmen kann. Doch der Solver findet kein brauchbares Ergebnis, zumindest haben wir ihn nicht – wie zu Beginn der Lösung bereits erwähnt – dazu bringen können.

3.38 Hau den Lukas

Die Gedankenfolge:

1. Wir müssen die Fibonaccifolge erzeugen.

2. Wir müssen jede Zahl der Fibonaccifolge daraufhin überprüfen, ob sie ohne Rest durch 10 teilbar ist.

3. Wir müssen die zweite Zahl ermitteln, die diese Bedingung erfüllt, und teilen sie durch die erste, um die gesuchte Lucaszahl x zu erhalten.

4. Wir erzeugen die Lucasfolge.

5. Wir überprüfen alle Zahlen ab der mit 3. ermittelten Lucaszahl x daraufhin, ob sie Primzahlen sind oder nicht.

6. Wir müssen die erste darauf folgende ungerade Zahl finden, die keine Primzahl ist.

Schritt 1

Zunächst erzeugen wir die Fibonaccifolge. Dazu schreiben wir in A2 und A3 jeweils eine 1. Die Summe der jeweiligen beiden Vorgängerzahlen erzeugen wir in

A4: =A2+A3

und kopieren sie zunächst einmal runter bis A50.

Schritt 2

Die Überprüfung auf die Teilbarkeit (ohne Rest) durch 10 erfolgt mit der gleichnamigen Funktion in

B2: =REST(A2;10)=0

Kopieren Sie diese ebenfalls runter bis B50. Das Ergebnis dieser Formel ist entweder WAHR (ohne Rest teilbar) oder FALSCH.

Schritt 3

Die beiden gesuchten, ohne Rest durch 10 teilbaren Fibonaccizahlen finden wir am schnellsten, indem wir den AutoFilter in Spalte B aktivieren und nach WAHR filtern (Abbildung 3.73).

B16	▾	ƒx	=REST(A16;10)=0		
	A	B		C	D
1	Fibonaccifolge ▾	Teilbar durch 10? ▾			
16	610	WAHR			
31	832040	WAHR			
46	1134903170	WAHR			
51					
52					
53					
54					

Abbildung 3.73: Fibonacci – Prüfung auf Teilbarkeit durch 10

Somit haben wir den ersten Teil der Aufgabe gelöst. Wir können die zweite durch die erste Fibonaccizahl, die diese Bedingung erfüllt, dividieren und erhalten damit unsere Lucaszahl:

=832.040 / 610 = 1.364 (ist die gesuchte Lucaszahl x)

Schritt 4

Die Lucasfolge erzeugen wir genauso wie die Fibonaccifolge, mit dem Unterschied, dass es mit 1 und 3 statt mit 1 und 1 losgeht. Also in C2 eine 1 und in C3 eine 3. Wiederum dann die Summe der beiden Vorgängerzahlen in

C4: =C2+C3

und runterkopieren bis C50.

Schritt 5

Da wir nur alle Zahlen ab 1.364 benötigen, schicken wir ab dort unsere *Primzahl-Überprüfungs-Formel* ins Rennen:

In unserem Beispiel also in D17 diese Arrayformel:

D17: {=WENN(SUMME(WENN(REST(C17;ZEILE(INDIREKT("2:"&AUFRUNDEN(C17^0,5;0)))); 0;1));"nein";"ja")}

Und wieder runterkopieren.

Die Formel durchläuft in einem dynamischen ZEILE-Array alle Teiler (ab 2) der zu überprüfenden Zahl bis zu ihrer aufgerundeten Wurzel (C17^0,5). Ist die Zahl durch keinen dieser Teiler ohne Rest teilbar, handelt es sich um eine Primzahl (SUMME = 0

>> WENN-Prüfung = FALSCH, Ergebnis = „ja"). Diese Formel spürt übrigens Primzahlen bis ca. 268 Millionen (2^28-1) auf. Darüber hinaus gibt die Funktion REST ihren Geist auf (es geht auch für noch größere Zahlen, aber das ist hier jetzt nicht von Bedeutung).

Schritt 6

Ab E17 erschlagen wir die letzte Bedingung, indem wir gleichzeitig die Zahlen der Lucasfolge (Spalte C) auf „ungerade" sowie die Primzahlspalte (D) auf „nein" überprüfen und diese Prüfung (0 oder 1) mit der jeweiligen Lucaszahl multiplizieren.

E17: =(REST(C17;2)>0)*(D17="nein")*C17

Wenn wir diese Formel jetzt runterkopieren, erscheinen zunächst ein paar Nullen – und in Zelle E21 landen wir bei der gesuchten Lucaszahl: 15.127 (Abbildung 3.74).

	E21	▼	*fx* =(REST(C21;2)>0)*(D21="nein")*C21		
	A	B	C	D	E
1	Fibonaccifolge ▼	Teilbar durch 10? ▼	Lucasfolge ▼	Primzahl? ▼	1. ungerade Nicht-Primzahl ▼
2	1	FALSCH	1		
3	1	FALSCH	3		
4	2	FALSCH	4		
5	3	FALSCH	7		
6	5	FALSCH	11		
7	8	FALSCH	18		
8	13	FALSCH	29		
9	21	FALSCH	47		
10	34	FALSCH	76		
11	55	FALSCH	123		
12	89	FALSCH	199		
13	144	FALSCH	322		
14	233	FALSCH	521		
15	377	FALSCH	843		
16	610	WAHR	**1364**		
17	987	FALSCH	2207	ja	0
18	1597	FALSCH	3571	ja	0
19	2584	FALSCH	5778	nein	0
20	4181	FALSCH	9349	ja	0
21	6765	FALSCH	15127	nein	15127
22	10946	FALSCH	24476	nein	
23	17711	FALSCH	39603	nein	

Abbildung 3.74: Ermittlung der gesuchten Lucaszahl

3.39 The next Generation

Die Formel lautet

B2: =ODER(A1+B1+C1={0.2})*1

Eine Zelle nimmt also den Zustand 1 an, wenn 0 oder 2 ihrer Vorgänger den Zustand 1 hatten. Sind es 1 oder 3 Vorgänger mit dem Zustand 1, nimmt sie selbst den Zustand 0 an.

Abbildung 3.75 zeigt die 16. Generation.

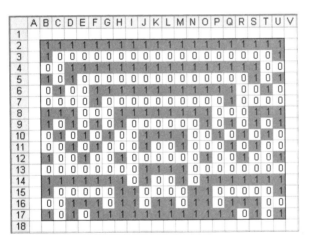

Abbildung 3.75: Sechzehnte Generation einer sich fortpflanzenden Zellkultur

Wenn Sie die Formel großflächig nach rechts und unten kopieren und die Spalten und Zeilen noch schmaler machen, erhalten Sie erstaunliche Dreiecksmuster, die sich auf der einen Seite ähneln, aber doch immer wieder etwas anders kombiniert sind.

Wenn Sie dazu über die bedingte Formatierung noch etwas Farbe ins Spiel bringen, sieht es noch beeindruckender aus. Abbildung 3.76 zeigt die bedingte Formatierung für die Zelle B2:

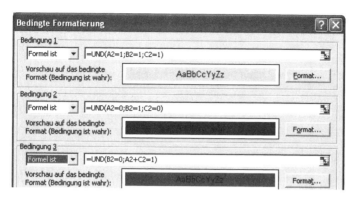

Abbildung 3.76: Bedingte Formatierung für die „Farbtupfer"

Das Resultat ist in Abbildung 3.77 zu sehen.

Abbildung 3.77: Fertige farbig formatierte Zellkultur

B2 kopieren Sie ca. 100 Spalten nach rechts und ebenso viele Zeilen nach unten und formatieren die Zellen auf die kleinstmöglichen Pixelwerte (Breite/Höhe), sodass obiges Bildchen entsteht.

3.40 Der Sieger im pascalschen Dreieck

Achtmal die 3.003.

Ist ne klare Antwort – aber wer glaubt das: Ist ja ne ziemlich bescheuerte Zahl im Gegensatz zu Zweierpotenzen oder so. Das pascalsche Dreieck hat jeder, bei dem noch irgendwo ein Mathebuch herumliegt (Abbildung 3.78).

```
                        1
                     1     1
                  1     2     1
               1     3     3     1
            1     4     6     4     1
         1     5    10    10     5     1
      1     6    15    20    15     6     1
   1     7    21    35    35    21     7     1
1     8    28    56    70    56    28     8     1
   9    36    84   126   126    84    36     9     1
10    45   120   210   252   210   120    45    10     1
```

Abbildung 3.78: Das pascalsche Dreieck

Das endet aber meist in der zehnten bis fünfzehnten Ebene. Wir müssen viel mehr Ebenen abgrasen, um zur Lösung der Aufgabe zu gelangen. Da wir aber nur bis maximal 16.777.216 (2^{24}) fragen, langen wohl 100 Ebenen.

Die müssen wir erstmal basteln. Das funktioniert mit einer einzigen Formel in B2, die nach rechts und nach unten kopiert wird. Die Darstellung in Abbildung 3.79 ist dann zwar nicht so ein Dreieck wie oben – aber wen juckt's? Der Zweck wird erfüllt:

	A	B	C	D	E	F	G	H	I	J	K	L
1	1				3003							
2	1	1			6							
3	1	2	1									
4	1	3	3	1								
5	1	4	6	4	1							
6	1	5	10	10	5	1						
7	1	6	15	20	15	6	1					
8	1	7	21	35	35	21	7	1				
9	1	8	28	56	70	56	28	8	1			
10	1	9	36	84	126	126	84	36	9	1		
11	1	10	45	120	210	252	210	120	45	10	1	
12	1	11	55	165	330	462	462	330	165	55	11	1
13	1	12	66	220	495	792	924	792	495	220	66	12
14	1	13	78	286	715	1287	1716	1716	1287	715	286	78
15	1	14	91	364	1001	2002	3003	3432	3003	2002	1001	364
16	1	15	105	455	1365	3003	5005	6435	6435	5005	3003	1365
17	1	16	120	560	1820	4368	8008	11440	12870	11440	8008	4368

Abbildung 3.79: Das etwas andere pascalsche Dreieck – per Formel erzeugt

In A1:A100 steht die Zahl 1.

Die einzige Formel zur Konstruktion des pascalschen Dreiecks lautet:

B2: =WENN(SPALTE()>ZEILE();0;A1+B1)

Diese wird bis CV100 kopiert. Die entstehenden Nullen können Sie entweder löschen oder über *Extras>Optionen>Ansicht>Nullwerte* ausblenden. Jetzt müssen wir prüfen, welche Zahl in diesem Konstrukt am häufigsten vorkommt. Excel stellt dazu die Funktion MODALWERT zur Verfügung, die wir in Form dieser Arrayformel einsetzen:

E1: {=MODALWERT(WENN(A3:CV100>1;A3:CV100))}

Der Sieger (3.003) ist ermittelt. Wie häufig er vorkommt, zeigt uns die Formel

E2: =ZÄHLENWENN(B3:CV100;E1) = 6

Und wieso steht oben 8 als Lösung? Wir haben jetzt 100 Ebenen abgegrast – in Ebene 3.003 kommt diese Zahl aber natürlich auch noch zweimal vor.

Die gemeinsame Silbermedaille gewinnen übrigens die 120 und die 210: In den 100 Zeilen werden diese mit mehreren anderen vierfach gefunden und mutieren demzufolge zu Sechsern, da sie danach ja auch noch jeweils zweimal vorkommen.

3.41 Immer der Reihe nach

a) Jedes Glied der Reihe ist die Summe aus Quersumme und Querprodukt des Vorgängers (beginnend mit 1). Die Reihe kann mit der Formel

A2:
{=SUMME(TEIL(A1;ZEILE(INDIREKT("1:"&LÄNGE(A1)));1)*1)
+PRODUKT(TEIL(A1;ZEILE(INDIREKT("1:"&LÄNGE(A1)));1)*1)}

produziert werden.

Im 19. Glied beginnt die Reihe wieder bei 1.

Bemerkenswert ist, dass bis zum 18. Glied alle Zahlen von 1 bis 18 einmal vorkommen.

b) Die nächste Zahl lautet 39.448.

Die Zahlen sind jeweils der 01.01. der Jahre 2003 bis 2007. Schreiben Sie diese Datumsangaben in eine Excel-Tabelle und formatieren Sie sie im Standardformat. Nun sehen sie die fortlaufende Ganzzahl. Sie besagt, dass der 01.01.2008 der 39.448. Tag seit dem 01.01.1900, dem Beginn der Excel-Zeitrechnung, ist.

c) Als Nächstes folgt 005111.

Die Reihe besteht aus römischen Zahlen in Viererschritten. Die Zeichen I, V und X sind durch 1, 5 und 0 ersetzt. Per zu kopierender Formel:

A1:
=WECHSELN(WECHSELN(WECHSELN(RÖMISCH(ZEILE()*4);"I";1);"V";5);"X";0)

d) Als nächstes Zeichen kommt das Z.

Die Zeichen repräsentieren die Reihenfolge der Zeichen Ihrer PC-Tastatur, und zwar die ersten zwei Reihen im Zickzack, beginnend rechts oben beim P.

e) Kennen Sie die Excel-Funktion ZELLE? Bei dieser Funktion müssen Sie im ersten Argument eine Zeichenfolge eingeben, die die Art der Berechnung bestimmt. Das Argument wird als *Infotyp* bezeichnet. Nach alphabetischer Reihenfolge, in der auch in der Excel-Hilfe die Infotypen beschrieben werden, folgt als Nächstes

„*Inhalt*".

f) Die Zeichen sind in absteigender Reihenfolge nach dem ANSI-Code sortiert. Mit der Funktion ZEICHEN können Sie alle Zeichen des ANSI-Codes mit den Ziffern 0–256 sichtbar machen. Das erste Zeichen der Reihe (B) erhalten Sie mit

A1: =ZEICHEN(67-Zeile())

Runterkopiert bis A6 erhalten Sie dort das gesuchte Zeichen

= (das Gleichheitszeichen).

g) Als Nächstes folgt die 131.

Die Reihe besteht aus Primzahlen, deren Spiegelzahl ebenfalls eine Primzahl ist. Dies ist für palindrome Primzahlen selbstverständlich, da sie von rechts nach links geschrieben die gleiche Zahl ergeben.

h) Lesen Sie die Zeichen von rechts nach links. Dann fehlt nur der erste Buchstabe, um eine beliebte Funktion zu erhalten, und zwar:

VERWEIS

i) Als nächste Zahl folgt die 22.026.

Die Zahlen sind die gerundeten Potenzen der eulerschen Zahl e (der Basis des natürlichen Logarithmus), 2,71828182845905. Sie erhalten sie mit der ab A1 kopierten Formel:

=RUNDEN(EXP(ZEILE());0)

Nicht einfach, aber wenn man jede Zahl ins Verhältnis zu ihrem Vorgänger setzt, könnte man evtl. darauf kommen.

B9: =A9/A8 = 8103/2981 = 2,71821536397182

j) Als nächster Eintrag folgt 700 %. Die Reihe enthält dann die Zahlen 1, 2, 3, 4, 5, 6 und schließlich 7 in unterschiedlichem Zahlenformat. Und zwar in den Zahlenformaten, wie sie im entsprechenden Dialog in den Zahlenformatkategorien angeboten werden.

- 1 im Standardformat
- 2 im Format *Zahl*
- 3 im Währungsformat
- 4 im fast identischen Buchhaltungsformat
- 5 im Datumsformat (der 05.01.1900 ist der 5. Tag ab der Excel-Zeitrechnung)
- 6 im Uhrzeitformat (Uhrzeiten sind für Excel Werte zwischen 0 und 1. 0,33333 wäre zum Beispiel 08:00 Uhr. Jede Ganzzahl steht für 00:00.)
- 7 im Prozentformat sind 700 %

k) Als Nächstes folgt unweigerlich die Zahl 841.

Die Reihe besteht aus Quadratzahlen, die sich als Summe aus zwei anderen Quadratzahlen berechnen lassen. Im Fall der 841 gilt

20^2 + 21^2 = 29^2 = 841

Alle ganzzahligen Lösungen dieser Form bezeichnet man als pythagoräische Tripel, benannt nach dem Uhrheber der berühmten Formel

$a^2 + b^2 = c^2$

Pythagoräische Tripel können in Excel sehr schön sichtbar gemacht werden. Schreiben Sie ab A2 abwärts die Zahlen von 1 bis 25. Ab B1 nach rechts ebenfalls. Dann kopieren Sie die Formel

B2: =$A2^2+B$1^2

bis Z31 (oder natürlich noch weiter, wenn Sie mögen).

Jetzt definieren Sie für jede Zelle des Bereiches das in Abbildung 3.80 gezeigte bedingte Format:

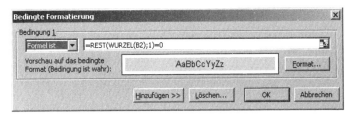

Abbildung 3.80: Dialog Bedingte Formatierung (bedingte Formatierung der Zelle B2)

Nun können Sie sehr schön die pythagoräischen Tripel ablesen (Abbildung 3.81).

B2   ▼ f_x =$A2^2+B$1^2

A	B	C	D	E	F	G	H	I	J	K	L	M	N	O	P	Q	R	S	T	U
	1	2	3	4	5	6	7	8	9	10	11	12	13	14	15	16	17	18	19	20
1	2	5	10	17	26	37	50	65	82	101	122	145	170	197	226	257	290	325	362	401
2	5	8	13	20	29	40	53	68	85	104	125	148	173	200	229	260	293	328	365	404
3	10	13	18	25	34	45	58	73	90	109	130	153	178	205	234	265	298	333	370	409
4	17	20	25	32	41	52	65	80	97	116	137	160	185	212	241	272	305	340	377	416
5	26	29	34	41	50	61	74	89	106	125	146	169	194	221	250	281	314	349	386	425
6	37	40	45	52	61	72	85	100	117	136	157	180	205	232	261	292	325	360	397	436
7	50	53	58	65	74	85	98	113	130	149	170	193	218	245	274	305	338	373	410	449
8	65	68	73	80	89	100	113	128	145	164	185	208	233	260	289	320	353	388	425	464
9	82	85	90	97	106	117	130	145	162	181	202	225	250	277	306	337	370	405	442	481
10	101	104	109	116	125	136	149	164	181	200	221	244	269	296	325	356	389	424	461	500
11	122	125	130	137	146	157	170	185	202	221	242	265	290	317	346	377	410	445	482	521
12	145	148	153	160	169	180	193	208	225	244	265	288	313	340	369	400	433	468	505	544
13	170	173	178	185	194	205	218	233	250	269	290	313	338	365	394	425	458	493	530	569
14	197	200	205	212	221	232	245	260	277	296	317	340	365	392	421	452	485	520	557	596
15	226	229	234	241	250	261	274	289	306	325	346	369	394	421	450	481	514	549	586	625
16	257	260	265	272	281	292	305	320	337	356	377	400	425	452	481	512	545	580	617	656
17	290	293	298	305	314	325	338	353	370	389	410	433	458	485	514	545	578	613	650	689
18	325	328	333	340	349	360	373	388	405	424	445	468	493	520	549	580	613	648	685	724
19	362	365	370	377	386	397	410	425	442	461	482	505	530	557	586	617	650	685	722	761
20	401	404	409	416	425	436	449	464	481	500	521	544	569	596	625	656	689	724	761	800
21	442	445	450	457	466	477	490	505	522	541	562	585	610	637	666	697	730	765	802	841
22	485	488	493	500	509	520	533	548	565	584	605	628	653	680	709	740	773	808	845	884
23	530	533	538	545	554	565	578	593	610	629	650	673	698	725	754	785	818	853	890	929
24	577	580	585	592	601	612	625	640	657	676	697	720	745	772	801	832	865	900	937	976

Abbildung 3.81: Pythagoräische Tripel – hervorgehoben

Beispiele:

$3^2 + 4^2 = 5^2$
$6^2 + 8^2 = 10^2$
$5^2 + 12^2 = 13^2$

l) *e* ist die sechste Gitarrensaite.

m) 22: Es handelt sich immer um die Zahl 16 im Zweier-, Dreier-, Vierersystem usw.

n) Als Nächstes folgt der Buchstabe F: Montag, Dienstag, Mittwoch, Donnerstag, Freitag.

o) Nach 84 kommt 120. Um Kanonenkugeln zu stapeln, benötigt man in der ersten Ebene eine Kugel, in der zweiten Ebene 4 Kugeln, darunter 10 Kugeln, dann 20 Kugeln, dann 35 Kugeln und allgemein ausgedrückt benötigt man in der n-ten Ebene

1/(6*n))*(n+1)*(n+2)*n^2

Kugeln. Die Glieder dieser Zahlenfolge bezeichnet man auch als Tetraederzahlen. Um sie in Excel zu erzeugen, schreiben Sie in

`A1: =1/(6*ZEILE())*(ZEILE()+1)*(ZEILE()+2)*ZEILE()^2`

und kopieren die Formel nach unten.

p) `Die obere Reihe lautet vollständig`

`A E F H I K L M N T V W X Y Z`

und die untere

`B C D G J O P Q R S U`

Die beiden Reihen unterscheiden sich dahingehend, dass die obere Reihe aus den Buchstaben des Alphabets besteht, die im Schriftbild nur gerade Linien aufweisen. Die untere Reihe enthält die übrigen Buchstaben des Alphabets, die auch bogenförmige Linien enthalten.

q) Es folgt die 59. Das sind die Reizwerte der 4 Nullspiele im Skat:

Null – Null Hand – Null ouvert – Null ouvert Hand

3.42 Der Sammler

a) Bei dem ersten Schokoriegel landet er logischerweise garantiert einen Treffer. Beim zweiten besteht zu 1/5 die Gefahr, das gleiche Bild zu erhalten wie beim ersten Mal. Folglich verbleiben 4/5 für einen erneuten Erfolg. Mit jedem weiteren Riegel sinken die Chancen jeweils um 1/5. Um die Gesamtwahrscheinlichkeit zu erhalten, müssen die Einzelwahrscheinlichkeiten multipliziert werden:

=5/5*4/5*3/5*2/5*1/5 = 0,0384 (ca. 3,8%)

Übrigens, mit einer Wahrscheinlichkeit von

=5/5*(1/5)^4 = 0,0016 (ca. 0,2%)

ist er ein Pechvogel, der fünfmal das gleiche Motiv gezogen hat.

b) Die Wahrscheinlichkeit für drei Erfolge liegt nicht so deutlich auf der Hand, da sie über mehrere Wege zustande kommen kann. Diese möglichen Wege soll Abbildung 3.82 veranschaulichen:

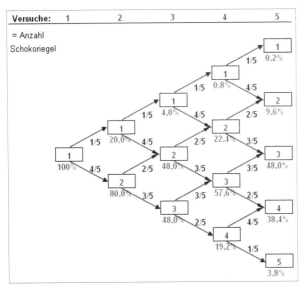

Abbildung 3.82: Wahrscheinlichkeitsbaum

Die Ganzzahlen in den Kästchen zeigen die Anzahl unterschiedlicher Bilder nach *n* Versuchen. Die Bruchzahl zeigt die Einzelwahrscheinlichkeit zwischen zwei Versuchen. Die Prozentzahl zeigt die kumulierte Wahrscheinlichkeit nach *n* Versuchen. Sie bestimmt sich über die Multiplikation der Einzelwahrscheinlichkeiten.

Hier können wir auch die Ergebnisse von Aufgabe *a* ablesen. Die Wahrscheinlichkeit, nach fünf Versuchen nur ein Motiv erhalten zu haben, beträgt ca. 0,2 %. Alle fünf Motive werden in ca. 3,8 % aller Fälle gefunden. Über die Pfeile führt zu diesen beiden Ergebnissen jeweils nur ein Weg.

1 = > 1 = > 1 => 1 => 1 ==> 1 * 1/5 * 1/ 5 * 1/5 * 1/5 = 0,2 %
1 = > 2 = > 3 => 4 => 5 ==> 1 * 4/5 * 3/ 5 * 2/5 * 1/5 = 3,8 %

Zu drei oder vier unterschiedlichen Bildern führen mehrere Wege, was die Berechnung komplizierter macht. Hier exemplarisch der Weg für die 3:

1 => 1 => 1 => 2 => 3   ==>   1 * 1/5 * 1/ 5 * 4/5 * 3/5 = 1,9 %
1 => 1 => 2 => 2 => 3   ==>   1 * 1/5 * 4/ 5 * 2/5 * 3/5 = 3,8 %
1 => 1 => 2 => 3 => 3   ==>   1 * 1/5 * 4/ 5 * 3/5 * 3/5 = 5,8 %
1 => 2 => 2 => 2 => 3   ==>   1 * 4/5 * 2/ 5 * 2/5 * 3/5 = 7,7 %
1 => 2 => 2 => 3 => 3   ==>   1 * 4/5 * 2/ 5 * 3/5 * 3/5 = 11,5 %
1 => 2 => 3 => 3 => 3   ==>   1 * 4/5 * 3/ 5 * 3/5 * 3/5 = 17,3 %

Im ersten Fall erhält der Sammler also zunächst dreimal das gleiche Bild und schließlich zwei unterschiedliche. Die Wahrscheinlichkeit dafür beträgt 1,9 %. Im letzten Fall findet er zunächst drei unterschiedliche Bilder und dann zwei Duplikate. Die Wahrscheinlichkeit dafür ist wesentlich höher, nämlich 17,3 %. Über die Addition von

1,9 % + 3,8 % + 5,8 % + 7,7 % + 11,5 % + 17,3 %

gelangt der Sammler zu einer kumulierten Wahrscheinlichkeit von 48 % für genau drei Treffer nach fünf Schokoriegeln.

Angenommen, es geht nicht um fünf Abziehbilder, sondern um wesentlich mehr und der Sammler muss entsprechend mehr Schokoriegel vertilgen. Natürlich möchte er sich keinen Wolf rechnen. Muss er auch gar nicht. Der soeben beschriebene Rechenweg lässt sich mit wenig Aufwand für beliebig große Bilderserien in Excel modellieren (Abbildung 3.83):

		A	B	C	D	E	F	G

	A	B	C	D	E	F	G
	Anzahl unterschiedlicher Motive						
	1	**2**	**3**	**4**	**5**		
1	100,0%						
2	20,0%	80,0%	--	--	--	--	--
3	4,0%	48,0%	48,0%	--	--	--	--
4	0,8%	22,4%	57,6%	19,2%	--	--	--
5	0,2%	9,6%	48,0%	38,4%	3,8%	--	--
6	0,0%	4,0%	34,6%	49,9%	11,5%	--	--
7	0,0%	1,6%	23,1%	53,8%	21,5%	--	--
8	0,0%	0,7%	14,8%	52,3%	32,3%	--	--
9	0,0%	0,3%	9,3%	47,7%	42,7%	--	--
10	0,0%	0,1%	5,7%	41,9%	52,3%	--	--
11	0,0%	0,0%	3,5%	35,8%	60,6%	--	--
12	0,0%	0,0%	2,1%	30,1%	67,8%	--	--
13	0,0%	0,0%	1,3%	24,9%	73,8%	--	--
14	0,0%	0,0%	0,8%	20,4%	78,8%	--	--

(Spalte A, Zeilen 1–14: **Anzahl Schokoriegel**)

Abbildung 3.83: Wahrscheinlichkeiten im Excel-Modell

Die Zeilennummer steht für die Anzahl gefutterter Schokoriegel. Die Spalte steht für die Anzahl unterschiedlicher Motive. A=1; B=2, usw. In die Tabelle wird eingetragen:

```
A1:100%
A2: =SPALTE()/n*A1
```

Dies wird beliebig nach unten kopiert. *n* ist die Anzahl verfügbarer Motive der Serie – in unserem Beispiel also 5.

```
B2: =A1*(1-(SPALTE()-1)/n)+SPALTE()/n*B1
```

Dies wird beliebig weit nach unten und rechts kopiert.

Beispielsweise finden sich in C5 die zuvor ermittelten 48 % für drei Treffer nach fünf Versuchen wieder. Nach 14 Versuchen beträgt die Wahrscheinlichkeit dafür nur noch 0,8 %. Dafür kann man zu 78,8 % annehmen, endlich alle fünf Motive gefunden zu haben. Übrigens benötigt man weitere 14 Versuche, um sich zu 99 % sicher zu sein.

c) Wenn der Sammler mit jemandem um 100,- € wettet, wie viele Schokoriegel er benötigt, um alle Bilder der Serie zu erhalten, sollte er 10 sagen. Dann gewinnt er mit über 50 % Wahrscheinlichkeit.

3.43 Das Ur-Sudoku

a) Abbildung 3.84 zeigt eine (von vielen) Lösungen:

1	4	7	2	5	8	3	6	9
2	5	8	3	6	9	1	4	7
3	6	9	1	4	7	2	5	8
4	7	1	5	8	2	6	9	3
5	8	2	6	9	3	4	7	1
6	9	3	4	7	1	5	8	2
7	1	4	8	2	5	9	3	6
8	2	5	9	3	6	7	1	4
9	3	6	7	1	4	8	2	5

Abbildung 3.84: Lösung des Sudokus (eine mögliche von vielen)

b) Auf den zweiten Blick erkennt man, dass das gezeigte Sudoku in Abbildung 3.84 nicht irgendeine zufällig gemischte Zahlenkombination enthält. Stattdessen ist es mit möglichst einfachen Gesetzmäßigkeiten aufgebaut. Nur so ist es überhaupt mit einer einigermaßen überschaubaren Formel in den Griff zu bekommen.

Die Zahlen dieser 9 x 9 - Matrix sind – unter Einhaltung der Sudoku-Regeln – so weit wie möglich sortiert bzw. angeordnet. Dadurch unterscheidet sich dieses Sudoku von den unzähligen, zufällig (chaotisch) durcheinander gewürfelten Sudoku-Rätseln.

Die Formel, die zu dieser Matrix führt, lautet

A1:
```
=REST(REST(SPALTE()-1;3)+1+KÜRZEN((ZEILE()-1)/3)-1;3)*3
+REST(REST(ZEILE()-1;3)+1+KÜRZEN((SPALTE()-1)/3)-1;3)+1
```

und wird kopiert bis I9.

Um die Formel besser begreifen zu können, zerlegen wir sie in zwei Teile. Das Ergebnis der ersten Zeile der Formel wird in Abbildung 3.85 in der linken Matrix dargestellt. Die zweite Zeile der Formel ergibt die rechte Matrix. Addiert man jedes Element der linken Matrix mit dem entsprechenden Element der rechten Matrix, erhält man das Endergebnis.

0	3	6	0	3	6	0	3	6		1	1	1	2	2	2	3	3	3
0	3	6	0	3	6	0	3	6		2	2	2	3	3	3	1	1	1
0	3	6	0	3	6	0	3	6		3	3	3	1	1	1	2	2	2
3	6	0	3	6	0	3	6	0		1	1	1	2	2	2	3	3	3
3	6	0	3	6	0	3	6	0		2	2	2	3	3	3	1	1	1
3	6	0	3	6	0	3	6	0		3	3	3	1	1	1	2	2	2
6	0	3	6	0	3	6	0	3		1	1	1	2	2	2	3	3	3
6	0	3	6	0	3	6	0	3		2	2	2	3	3	3	1	1	1
6	0	3	6	0	3	6	0	3		3	3	3	1	1	1	2	2	2

Abbildung 3.85: Formelergebnis auf 2 Matrizen aufgeteilt

Die zwei Matrizen stehen für die zwei wesentlichen Merkmale dieses Sudokus:

1. Vertikal betrachtet enthält das Sudoku drei Dreiergruppen von Zahlen, die immer zusammen auftreten. Die erste Gruppe enthält die Ziffern 1–3, die zweite Gruppe die Ziffern 4–6 und die letzte Gruppe die Ziffern 7–9. Die linke Matrix enthält nun dort, wo sich die erste Zahlengruppe aufhält eine 0, für die zweite Zahlengruppe ist die 3 reserviert und für die dritte Zahlengruppe die 6.

2. Innerhalb der Zahlengruppe sind Ziffern immer um eine bestimmte Anzahl versetzt, sodass sie in drei verschiedenen Arten angeordnet sein können. Beispielsweise kann die Zahlengruppe der Ziffern 1-3 als 1-2-3 oder 2-3-1 oder 3-1-2 angeordnet sein. Für diese drei Anordnungsmöglichkeiten stehen die Ziffern der rechten Matrix in Abbildung 3.85.

Schließlich sind diese zwei Merkmale nur zusammenzufassen, also die beiden Teilergebnisse zu addieren, und schon ergibt sich das Ur-Sudoku.

Die beiden Teilmatrizen werden durch Kombination der Funktionen REST, KÜRZEN, ZEILE und SPALTE erzeugt. Zerlegen Sie die Formeln in noch kleinere Einheiten, um genau zu ergründen, wie sie funktionieren, wie in den Abbildung 3.86 und 3.87 zu sehen ist. Die dritte Matrix in diesen Abbildungen ergibt sich jeweils aus den beiden darüber liegenden. (Dabei wird nicht einfach addiert. Welche Berechnung zugrunde liegt, sehen Sie an der angezeigten Formel oberhalb der Matrizen.)

	A	B	C	D	E	F	G	H	I	J	K	L	M	N	O	P	Q	R	S
	=REST(SPALTE()-1;3)+1										=KÜRZEN((ZEILE()-1)/3)-1								
1	1	2	3	1	2	3	1	2	3		-1	-1	-1	-1	-1	-1	-1	-1	-1
2	1	2	3	1	2	3	1	2	3		-1	-1	-1	-1	-1	-1	-1	-1	-1
3	1	2	3	1	2	3	1	2	3		-1	-1	-1	-1	-1	-1	-1	-1	-1
4	1	2	3	1	2	3	1	2	3		0	0	0	0	0	0	0	0	0
5	1	2	3	1	2	3	1	2	3		0	0	0	0	0	0	0	0	0
6	1	2	3	1	2	3	1	2	3		0	0	0	0	0	0	0	0	0
7	1	2	3	1	2	3	1	2	3		1	1	1	1	1	1	1	1	1
8	1	2	3	1	2	3	1	2	3		1	1	1	1	1	1	1	1	1
9	1	2	3	1	2	3	1	2	3		1	1	1	1	1	1	1	1	1
10																			
	=REST(A1+K1;3)*3																		
11	0	3	6	0	3	6	0	3	6										
12	0	3	6	0	3	6	0	3	6										
13	0	3	6	0	3	6	0	3	6										
14	3	6	0	3	6	0	3	6	0										
15	3	6	0	3	6	0	3	6	0										
16	3	6	0	3	6	0	3	6	0										
17	6	0	3	6	0	3	6	0	3										
18	6	0	3	6	0	3	6	0	3										
19	6	0	3	6	0	3	6	0	3										

Abbildung 3.86: Herleitung der linken Teilmatrix

	A	B	C	D	E	F	G	H	I	J	K	L	M	N	O	P	Q	R	S
	=KÜRZEN((SPALTE()-1)/3)-1										=REST(ZEILE()-1;3)+1								
1	-1	-1	-1	0	0	0	1	1	1		1	1	1	1	1	1	1	1	1
2	-1	-1	-1	0	0	0	1	1	1		2	2	2	2	2	2	2	2	2
3	-1	-1	-1	0	0	0	1	1	1		3	3	3	3	3	3	3	3	3
4	-1	-1	-1	0	0	0	1	1	1		1	1	1	1	1	1	1	1	1
5	-1	-1	-1	0	0	0	1	1	1		2	2	2	2	2	2	2	2	2
6	-1	-1	-1	0	0	0	1	1	1		3	3	3	3	3	3	3	3	3
7	-1	-1	-1	0	0	0	1	1	1		1	1	1	1	1	1	1	1	1
8	-1	-1	-1	0	0	0	1	1	1		2	2	2	2	2	2	2	2	2
9	-1	-1	-1	0	-0	0	1	1	1		3	3	3	3	3	3	3	3	3
10																			
	=REST(A1+K1;3)+1																		
11	1	1	1	2	2	2	3	3	3										
12	2	2	2	3	3	3	1	1	1										
13	3	3	3	1	1	1	2	2	2										
14	1	1	1	2	2	2	3	3	3										
15	2	2	2	3	3	3	1	1	1										
16	3	3	3	1	1	1	2	2	2										
17	1	1	1	2	2	2	3	3	3										
18	2	2	2	3	3	3	1	1	1										
19	3	3	3	1	1	1	2	2	2										

Abbildung 3.87: Herleitung der rechten Teilmatrix

3.44 Telepathie

Das Ergebnis ist verblüffend. Aber es hat (logischerweise) nichts mit Telepathie zu tun, sondern lässt sich absolut banal aufklären.

Subtrahiert man von einer zweistelligen Zahl ihre Quersumme, erhält man immer eine durch 9 teilbare Zahl bis maximal 81.

Es kann also nur neun verschiedene Ergebnisse geben:

9 – 18 – 27 – 36 – 45 – 54 – 63 – 72 – 81

Beispiele:

- 99 minus 18 = 81
- 98 minus 17 = 81
- 97 minus 16 = 81
- 89 minus 17 = 72

- 88 minus 16 = 72

- 87 minus 15 = 72 usw.

Um dies in Excel nachzubauen, bedarf es nur weniger Formeln. In den Spalten A, C, E, G, I stehen die Zahlen in 20er-Blöcken von 99 bis null.

```
A1: =99
A2: =A1-1 (kopiert bis A20)
C1: =A1-20
C2: =C1-1 (kopiert bis C20)
```

C1:C20 kopieren wir noch in die Bereiche E1:E20, G1:G20 und I1:I20.

Im nächsten Schritt müssen wir die verschiedenen Zeichen (Flaggen, Bomben, Smileys etc.) erzeugen. Dies geschieht mit einer einzigen Formel, die wir in die Bereiche B1:B20, D1:D20, F1:F20, H1:H20 und J1:J20 schreiben:

```
=ZEICHEN(RUNDEN(65+25*ZUFALLSZAHL();0))
```

=ZUFALLSZAHL() produziert zufällige Zahlen zwischen null und 1. Multipliziert mit 25 und 65 dazu addiert werden Zahlen zwischen 65 und 90 erzeugt. Auf 0 Stellen gerundet erhalten wir nur ganzzahlige Werte zwischen 65 und 90.

Wozu ist das nun gut? Die Funktion ZEICHEN(Zahl) wandelt die Zahlen von 65 bis 90 in die Großbuchstaben von A bis Z um. Und statt der langweiligen Buchstaben wollen wir hübsche Bildchen sehen, die die Schriftart *Wingdings* liefert (z.B. eine Bombe für ein M). Also versehen wir die Spalten B, D, F, H und J mit eben dieser Schriftart.

Jetzt dürfen wir aber die wichtigsten acht Formeln nicht vergessen:

```
D8:  =$B$19
D17: =$B$19
F6:  =$B$19
F15: =$B$19
H4:  =$B$19
H13: =$B$19
J2:  =$B$19
J11: =$B$19
```

Diese acht Zellen (und die neunte Zelle B19 selbst) sind genau die Zellen, denen die neun möglichen Ergebnisse

9 - 18 - 27 - 36 - 45 - 54 - 63 - 72 - 81

zugeordnet sind. Diese neun Zellen werden hier durch den fixen Bezug auf B19 synchronisiert, sodass es immer nur *ein* Bild gibt, das Sie sich merken können. Alle anderen, zufällig gezeigten Bilder dienen nur der Verschleierung und erwecken den Anschein, dass irgendwelche Zauberkräfte im Spiel sind.

Jetzt positionieren Sie – außerhalb des sichtbaren Bildschirmbereiches (am besten mit der ⎡Bild↓⎤-Taste erreichbar) – die Ergebniszelle, die Sie mit einer möglichst hohen Schriftgröße und ebenfalls der Schriftart *Wingdings* versehen. Sei diese Zelle z.B. L32, dann stellen Sie dort den Bezug zu B19 her:

```
L32: =B19
```

Darunter schreiben Sie noch irgendeinen schlauen Kommentar sowie Ihre Wiederholungsaufforderung.

Um ein neues Spiel zu beginnen, lassen Sie das Tableau zunächst mit ⎡F9⎤ neu berechnen. Dann werden zwar alle Bilder neu gemischt, aber das dient, wie gesagt, nur der Verschleierung. Der Spieler hat trotzdem keine Chance, sich ein anderes als das von vornherein (zu Beginn einer neuen Spielrunde nach Neuberechnung) feststehende Bild auszuwählen.

3.45   Verkürzungswettbewerb

Wir zeigen die Lösung nun schrittweise, wie sie bei unserem damaligen Verkürzungswettbewerb zustande kam.

So ging's los:

```
=WENN(A1=B1;WENN(ISTFEHLER(A1*B1);1,5;1);0)
```

Das sind 43 Zeichen. Die Formel prüft, ob A1 und B1 identisch sind und gibt 0 aus, wenn das nicht der Fall ist. Dann prüft sie, ob die Multiplikation einen Fehlerwert ergibt und wirft das Ergebnis 1,5 aus (es ist also Text im Spiel), ansonsten 1.

```
=WENN(A1<>B1;0;WENN(ISTTEXT(A1);1,5;1))
```

Das sind 39 Zeichen. Die Formel prüft, ob A1 und B1 ungleich sind, und gibt dann 0 aus. Falls nicht; gibt sie 1,5 aus, wenn eine der Zellen Text enthält, ansonsten 1 (nach TEXT zu prüfen statt nach ISTZAHL spart schon mal 3 Zeichen).

```
=WENN(A1=B1;WENN(A1>1E+30;1,5;1);0)
```

Das sind 35 Zeichen. Die Formel prüft, ob A1 und B1 identisch sind, und gibt dann 1,5 aus, wenn A1 größer als eine Zahl mit 30 Stellen ist (ergibt nur WAHR, wenn A1 Text enthält, denn für Excel ist Text größer als Zahlen), ansonsten 1. Bei keiner Übereinstimmung gibt es eine 0.

`=WENN(A1<>B1;0;WENN(A1>"";1,5;1))`

Das sind 33 Zeichen. Die Formel prüft, ob A1 ungleich B1 ist und gibt dann 0 aus. Wenn A1 „größer" ist als leer (""), ist das Text (oh Microsoft), also 1,5 – ansonsten 1.

`=(A1=B1)*(WENN(A1>1E+30;1,5;1))`

Das sind 31 Zeichen. Jetzt wurde schon tief in die Trickkiste gegriffen. Das ist die identische Formel wie zwei Formeln vorher, nur mit dem Unterschied, dass jetzt die Wahrheitswerte nicht mit WENN abgefragt, sondern multipliziert werden.

`=(A1=B1)*(WENN(A1>"";1,5;1))`

Das sind 28 Zeichen. Bei diesem Konter wurde die Multiplikation nur abgekupfert.

`=(A1=B1)*(1+0,5*(A1>""))`

Jetzt wurde es genial. Das sind 24 Zeichen. Wenn A1=B1 stimmt, ergibt das WAHR (als Faktor in einer Rechenoperation ist das 1, FALSCH wäre 0) und wird mindestens mit 1 multipliziert. Wenn A1 „größer als leer" ist, wird noch 0,5 addiert – Multiplikation dann also mit 1,5.

`=(A1=B1)*(1+(A1>"")/2)`

Und Angriff wieder pariert. Das sind 22 Zeichen. „Ich Idiot!"

`0,5*` sind vier Zeichen und

`/2` nur zwei.

Nach diesem Schlagabtausch herrschte erstmal für Stunden Pause. War diese Lösung nicht mehr zu optimieren? Doch! Nun wurden die letzten Trümpfe ausgepackt.

`=(A1=B1)*1+(A1>"")/2`

Das sind jetzt 20 Zeichen und es gab einen Mordskrach, denn das ist ein „dirty Trick", weil die Zelle dazu benutzerdefiniert formatiert werden muss mit:

`[>0,5]Standard; "0"`

Eigentlich bringt diese Variante im Standardformat bei ungleichen Texten den Wert 0,5. Die 0,5 kann man über das benutzerdefinierte Format in 0 umwandeln (äußerst grenzwertig, aber letztlich noch regelkonform).

Dann kam der letzte K.-o.-Schlag:

`=(A1=B1)+(A1>"")/2`

Das sind 18 Zeichen. Schon wieder: „Ich Idiot!"

Warum? *1 ist überflüssig.

3.46 Der Wurm und das Gummiband

Wir modellieren das Problem in tabellarischer Form (Abbildung 3.88):

	A	B	C	D
	Länge	hinter	1 = Fortschritt	vor
1	Gummiband	Wurm	0 = Pause	Wurm
2	100	0,0		100,0
3	100	1,0	1	99,0
4	200	2,0	0	198,0
5	200	3,0	1	197,0
6	300	4,5	0	295,5
7	300	5,5	1	294,5
8	400	7,3	0	392,7
9	400	8,3	1	391,7
10	500	10,4	0	489,6
11	500	11,4	1	488,6
12	600	13,7	0	586,3
13	600	14,7	1	585,3
14	700	17,2	0	682,9
15	700	18,2	1	681,9

Abbildung 3.88: Entwicklung des Gummibandes und Position des Wurmes

In Spalte A protokollieren wir die aktuelle Länge des Gummibandes. In Spalte B wird die Strecke gezeigt, die der Wurm hinter sich gelassen hat, und in Spalte D die Strecke, die noch vor ihm liegt. In Spalte C wird gekennzeichnet, ob der Wurm vorankriecht oder gerade sein Päuschen einlegt. Im ersten Schritt verlängert sich die Bandlänge nicht, deshalb

`A3:=A2`

Der Wurm schreitet voran:

`B3:=B2+C3`

Die Strecke vor dem Wurm verringert sich zunächst um einen Zentimeter.

`D3: =D2-1`

In Zeile vier wird Pause eingelegt. Das heimtückische Gummiband verlängert sich um 100 Zentimeter:

A4: =A3+100

Die Strecke hinter dem Wurm vergrößert sich um den Faktor

B4: =B3*A4/A3

Diese Tatsache ist sehr wichtig. Er bringt trotz Pause Strecke hinter sich, da sich das Gummiband ja gleichmäßig, also anteilig auch hinter ihm, verlängert. Die neue Strecke vor ihm ergibt sich schließlich aus

D4: =D3*A4/A3

Nun kann der Formelbereich A3:D4 nach unten kopiert werden, sodass die Berechnungen bei Wurmfortschritt und bei Pausen immer abwechselnd zur Anwendung kommen.

Wenn man sich die Entwicklung in Spalte D ansieht, ist es schwer zu glauben, dass der Wurm das Ende jemals erreicht, denn die Strecke vor ihm wird ja immer länger. Und tatsächlich ist es uns im Rahmen der Excel-Grenzen auch nicht möglich, auf diese Weise den letztendlichen Erfolg des Wurmes nachzuweisen.

Als Nächstes machen wir uns klar, in welcher Weise sich die Strecken hinter dem Wurm und vor dem Wurm verändern. Wir setzen beide Strecken zur Gesamtstrecke ins Verhältnis (Abbildung 3.89).

	E3 ▼	fx =+B3/A3				
	A	B	C	D	E	F
1	Länge Gummiband	hinter Wurm	1 = Fortschritt 0 = Pause	vor Wurm	Anteil zurückgelegt	Anteil vor dem Wurm
2	100	0,0		100,0	0,00%	100,00%
3	100	1,0	1	99,0	1,00%	99,00%
4	200	2,0	0	198,0	1,00%	99,00%
5	200	3,0	1	197,0	1,50%	98,50%
6	300	4,5	0	295,5	1,50%	98,50%
7	300	5,5	1	294,5	1,83%	98,17%
8	400	7,3	0	392,7	1,83%	98,17%
9	400	8,3	1	391,7	2,08%	97,92%
10	500	10,4	0	489,6	2,08%	97,92%
11	500	11,4	1	488,6	2,28%	97,72%
12	600	13,7	0	586,3	2,28%	97,72%
13	600	14,7	1	585,3	2,45%	97,55%
14	700	17,2	0	682,9	2,45%	97,55%
15	700	18,2	1	681,9	2,59%	97,41%

Abbildung 3.89: Relative Strecke, die der Wurm zurückgelegt hat

Jetzt sehen wir schon mal, dass die absolute Strecke vor dem Wurm zwar immer größer wird, er aber relativ gesehen einen immer größeren Anteil zurückgelegt hat. „Zufälligerweise" entspricht der Anteil der zurückgelegten Strecke der Addition der harmonischen Reihe.

1/100 + 1/200 + 1/300 + 1/400 + ...+1/n

In Addition bis zum n-ten Element ergibt sich

1/100 = 1,0%
1/100 + 1/200 = 1,5%
1/100 + 1/200 + 1/300 = 1,83%
1/100 + 1/200 + 1/300 + 1/400 = 2,08%

usw. Tabellarisch können Sie diese Reihe auch so erzeugen:

H1: =1/(ZEILE()*100)
H2: =1/(ZEILE()*100)+H1

H2 nach unten kopieren.

Kaum zu glauben, aber wenn n gegen unendlich strebt, tut dies auch die Summe der Reihe (sie divergiert). Dies bedeutet, dass die Reihe in Spalte E irgendwann an 100 % vorbeikommen muss, was wiederum den Erfolg des Wurmes begründet, irgendwann am Ende anzukommen.

Wenn Sie die Reihen nun bis an das Tabellenende herunterkopieren, werden Sie noch lange nicht das Ende der Reise des Wurmes erreicht haben. Aber zumindest kommen Sie an die Stelle, an der der Wurm 10 % der Strecke zurückgelegt hat. Um nicht manuell die Spalte E absuchen zu müssen, nehmen Sie die Formel

=VERGLEICH(10%;E:E;1) = 24734

Da alle zwei Zeilen eine Sekunde vergangen ist, benötigt der Wurm 12.367 Sekunden (ca. 3 1/2 Stunden) für 10 % der Strecke. Eigentlich müssen wir diese Berechnung gar nicht in Einzelschritten durchführen, sondern können auch in Intervallen weiterspringen, um zu sehen, wie sich der zurückgelegte Anteil verändert (Abbildung 3.90).

Hier zeigen sich wieder die 10 %, die nach 12.367 Sekunden erreicht werden. Denkt man etwas näher darüber nach, ist die grundsätzliche Divergenz der harmonischen Reihe gar nicht so schwer nachzuvollziehen. Man kann immer eine variierende Anzahl der unendlich vielen Elemente summieren, um eine Zwischensumme > 1/2 zu erhalten:

(1/3 + 1/4) > 1/2
(1/5 + 1/6 + 1/7 + 1/8) > 1/2

Und da es auf der Hand liegt, dass die Reihe

1/2 + 1/2 + 1/2 + 1/2 + ...

divergiert, muss es die harmonische Reihe aufgrund der zuvor gezeigten Zwischensummen auch sein. Doch wann genau der Wurm das Ende des Bandes erreicht hat, ist nicht so leicht zu sagen, jedenfalls dauert es sehr, sehr lange, da der prozentuale Zuwachs zwar weiter steigt, aber immer langsamer (siehe Spalte C in Abbildung 3.90).

	A	B	C	D	E	F
B3		{=SUMMENPRODUKT(1/(100*ZEILE(INDIREKT("$1:$"&A3))))}				
1	Sekunden	Anteil	Anteil /10.000 Sec.			
2	1000	7,5%				
3	2000	8,2%	6,929%			
4	5000	9,1%	3,054%			
5	12367	10,0%	1,229%			
6	20000	10,5%	0,630%			
7	30000	10,9%	0,405%			
8	40000	11,2%	0,288%			
9	50000	11,4%	0,223%			
10	65536	11,7%	0,174%			

Abbildung 3.90: Relativ zurückgelegte Strecke nach vergangenen x Sekunden

3.47 Der betrügerische Zwerg

Sie legen von jedem Zwerg unterschiedlich viele Goldbarren auf die Waage:

1 Barren von Zwerg 1, 2 Barren von Zwerg 2, 3 Barren von Zwerg 3 usw.

Somit liegen 55 Barren (Summe der Zahlen von 1 bis 10) – im Übrigen dank Gauß einfach zu berechnen mit

(n + 1) * n/2 = (10+1) * 10/2 = 11 * 5 = 55

... – auf der Waage, die bei 10 ehrlichen Zwergen ein Gesamtgewicht von 55 kg anzeigen sollte. Nehmen wir jetzt mal an, dass Zwerg Nr. 3 der Übeltäter ist (von ihm liegen 3 Barren auf der Waage), fehlen exakt 300 Gramm: die Waage wird also ein Gesamtgewicht von 54,7 kg anzeigen. Ist hingegen Zwerg Nr. 10 der Übeltäter, dann fehlt ein ganzes Kilogramm – das Gesamtgewicht beträgt also nur 54 kg. Und somit ist es Ihnen jetzt möglich, gezielt die sofortige Kündigung gegen den richtigen Zwerg auszusprechen, denn die Lösung ist für jeden Zwerg eindeutig.

Das kleine Excel-Modell – diesmal am Beispiel des Zwerges Nr. 7 – sieht aus wie in Abbildung 3.91:

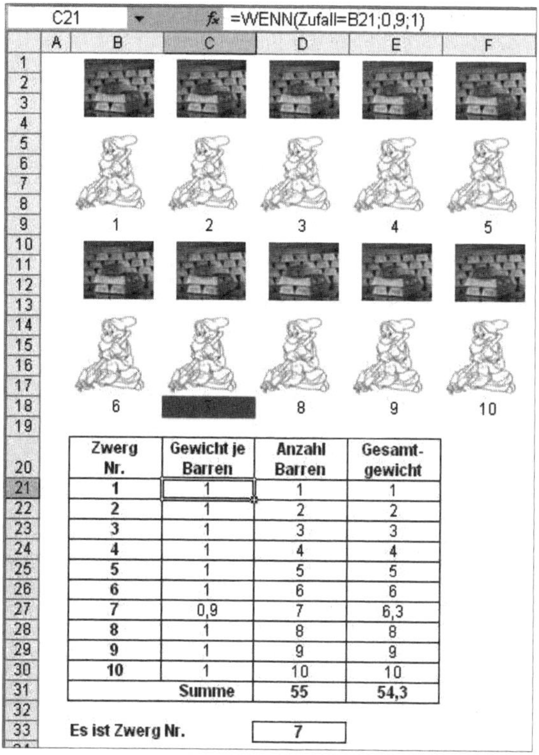

Zwerg Nr.	Gewicht je Barren	Anzahl Barren	Gesamt-gewicht
1	1	1	1
2	1	2	2
3	1	3	3
4	1	4	4
5	1	5	5
6	1	6	6
7	0,9	7	6,3
8	1	8	8
9	1	9	9
10	1	10	10
	Summe	55	54,3

Abbildung 3.91: Der enttarnte Zwerg

Um die Funktionalität spielerisch testen zu können, haben wir direkt einen Zufallsgenerator eingebaut, der mit [F9] immer wieder gestartet werden kann. Dazu schreiben Sie in irgendeine freie Zelle die Formel

`=KÜRZEN(ZUFALLSZAHL()*10)+1`

die Zufallszahlen zwischen 1 und 10 erzeugt. Dieser Zelle geben Sie den Namen *Zufall*.

Die Zwergnummern sowie die Anzahl der Barren geben Sie in den Bereichen B21:B30 bzw. D21:D30 manuell ein. In C21 steht:

`C21: =WENN(Zufall=B21;0,9;1)`

Diese Formel wird bis C30 runterkopiert. Sie gleicht die Zufallszahl mit der Nummer des Zwerges ab und gibt bei Übereinstimmung den Wert 0,9 (900 Gramm) zurück, andernfalls 1 (1 kg).

In Spalte E wird das Gesamtgewicht ermittelt mit

`E21: =C21*D21` (bis E30 kopieren)

In den Zellen D31 und E31 wird schließlich noch summiert mit

`D31: =SUMME(D21:D30)` (nach G31 kopieren)

Den durchtriebenen Zwerg weisen Sie dann in Zelle D33 aus mit

`D33: =RUNDEN((D31-E31)*10;0)`

Hoppla: Warum denn bitte schön RUNDEN? Das wird deutlich, wenn wir uns die bedingte Formatierung der Zellen B9:F9 und B18:F18 anschauen. Hier soll der Übeltäter zusätzlich rot markiert werden. Dies erledigen wir für diese Zellen mit *Format>Bedingte Formatierung*. Stellen Sie =$D$33 unter *Zellwert ist gleich* und einen roten Hintergrund unter *Format* ein.

Hätten wir in Zelle D33 die RUNDEN-Funktion nicht mit eingebaut, würde sich bei der bedingten Formatierung gar nichts rühren, denn die Formel (D31-E31)*10 liefert mitunter krumme Ergebnisse, wie aus Abbildung 3.92 hervorgeht:

Ergebnis	Formel
1,000000000000010	=(55-54,9)*10
2,000000000000030	=(55-54,8)*10
2,999999999999970	=(55-54,7)*10
3,999999999999990	=(55-54,6)*10
5,000000000000000	=(55-54,5)*10
6,000000000000010	=(55-54,4)*10
7,000000000000030	=(55-54,3)*10
7,999999999999970	=(55-54,2)*10
8,999999999999990	=(55-54,1)*10
10,000000000000000	=(55-54)*10

Abbildung 3.92: Rundungsungenauigkeiten

Außer bei den Zahlen 5 und 10 werden ungenaue Ergebnisse geliefert. Dies hängt mit dem von Excel verwendeten Fließkommaformat IEEE 754 zusammen. Suchmaschinen im Internet liefern hierzu viele weitergehende Hinweise. Bevor Sie sich also künftig die Haare raufen, weil Ihre Ergebnisse (vermeintlich) nicht stimmen, schauen Sie sich erst einmal ein paar Nachkommastellen mehr an!

3.48 Zehn plus zehn gleich neunzehn

Da wir die Zahl 9 um 1 erhöhen bzw. jeweils um 1 vermindern, müssen wir auch das Zahlensystem entsprechend verändern!

In D2 steht die Zahl 9.

In C2 steht die Zahlenbasis, auf die umgerechnet wird (maximal 36) - für diese Aufgabe

`C2:=D2+1`

Des Weiteren:

```
B2:=B5&B4
B3:= C2&"'er-System"
A2: =D2+D2 oder D2*D2
A4: =A2
A5: =GANZZAHL(A4/$C$2)
B4: =A4-GANZZAHL(A4/$C$2)*$C$
C4: =WENN(A4=0;"";WENN(B4>9;ZEICHEN(55+B4);B4))
```

In den Abbildungen 3.93 und 3.94 sehen Sie nun die „normalen" Berechnungen im Dezimalsystem. Zuerst die Addition D2 + D2 dann die Multiplikation D2 * D2.

	A	B	C	D
1	D2+D2=		Zahlensystem:	Eingabe:
2	18	18	10	9
3	Dezimal	10'er-System		
4	18	8		
5	1	1		

Abbildung 3.93: Addition im Dezimalsystem

	A	B	C	D
1	D2*D2=		Zahlensystem:	Eingabe:
2	81	81	10	9
3	Dezimal	10'er-System		
4	81	1		
5	8	8		

Abbildung 3.94: Multiplikation im Dezimalsystem

Jetzt folgt die Spezialberechnung. Die Eingabe in D2 wird um 1 erhöht. Gleichzeitig erhöht sich das angewendete Zahlensystem um 1. In den Abbildungen 3.95 und 3.96 sehen Sie die Berechnungen 10 + 10 und 10 * 10 im Elfersystem.

	A	B	C	D
1	D2+D2=		Zahlensystem:	Eingabe:
2	20	19	11	10
3	Dezimal	11'er-System		
4	20	9		
5	1	1		

Abbildung 3.95: Addition im Elfersystem

	A	B	C	D
1	D2*D2=		Zahlensystem:	Eingabe:
2	100	91	11	10
3	Dezimal	11'er-System		
4	100	1		
5	9	9		

Abbildung 3.96: Multiplikation im Elfersystem

10 * 10 = 91

und

10 + 10 = 19

Was zu beweisen war! Und weil es so schön war, noch ein Beispiel in Abbildung 3.97.

	A	B	C	D
1	D2+D2=		Zahlensystem:	Eingabe:
2	14	16	8	7
3	Dezimal	8'er-System		
4	14	6		
5	1	1		

Abbildung 3.97: Addition im Oktalsystem

Und für Skeptiker, die Berechnung

7 + 7 = 16 im Oktalsystem.

Noch mal zum Mitzählen in Abbildung 3.98.

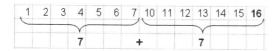

Abbildung 3.98: Addition im Oktalsystem durch Abzählen

OK., die Aufgabe ist gelöst. Obige Spielerei ist Basis dafür, Dezimalzahlen in **alle** anderen Zahlensysteme umzurechnen - von 2 (dual/binär) bis 36!

In A2 wird jetzt die umzuwandelnde Zahl direkt eingegeben - in C2 direkt das Zahlensystem und, da wir auch große Zahlen umwandeln wollen, ist für B2 etwas Schreibarbeit erforderlich. Dort steht:

```
B2:=C51&C50&C49&C48&C47&C46&C45&C44&C43&C42&C41&C40&C39&C38&C37&C36&C35&C34&C3
3&C32&C31&C30&C29&C28&C27&C26&C25&C24&C23&C22&C21&C20&C19&C18&C17&C16&C15&C14&
C13&C12&C11&C10&C9&C8&C7&C6&C5&C4
```

Dann benötigen wir noch die Formel

```
C4:=WENN(A4=0;"";WENN(B4>9;ZEICHEN(55+B4);B4))
```

Die Formel eine Zelle nach unten kopiert (C5).

A5 bis C5 markieren und bis Zeile 51 runterkopieren.

Und nun wird auch der Inhalt von C4 klar: Es gibt zehn Ziffern von 0 bis 9. Bei Zahlensystemen größer als 10 tauchen die bis zu 26 Buchstaben auf - darum maximal Zahlensystem 36. Das bekannteste ist das Hexadezimalsystem (Basis 16) mit den Zahlen 0 bis 9 und den Buchstaben A, B, C, D, E, F.

Warnung: Die Basis 35 kommt noch! In einer weiteren Knobelei taucht diese Excel-Lösung noch mal auf. Wir verraten natürlich nicht, in welcher. Ein Querverweis dahin würde ja bedeuten, dass Sie dort direkt in die Lösung einsteigen und die entsprechende Aufgabe wäre für die Tonne.

Die Abbildungen 3.99 und 3.100 zeigen beispielsweise die Umwandlung der Dezimalzahl 9.123 in das Binärsystem bzw. das Hexadezimalsystem.

	A	B	C
1	Eingabe		Zahlensystem:
2	9123	10001110100011	2
3	Dezimal	2'er-System	
4	9123	1	1
5	4561	1	1
6	2280	0	0
7	1140	0	0
8	570	0	0
9	285	1	1
10	142	0	0
11	71	1	1
12	35	1	1
13	17	1	1
14	8	0	0
15	4	0	0
16	2	0	0
17	1	1	1
18	0	0	
19	0	0	
20	0	0	

Abbildung 3.99: Umwandlung Dezimalsystem => Binärsystem

	A	B	C
1	Eingabe		Zahlensystem:
2	9123	23A3	16
3	Dezimal	16'er-System	
4	9123	3	3
5	570	10 A	
6	35	3	3
7	2	2	2
8	0	0	

Abbildung 3.100: Umwandlung Dezimalsystem => Hexadezimalsystem

3.49   Der Boss

Das klingt nach sehr vielen möglichen Zahlen – es handelt sich aber nur um maximal 31, denn 32 im Quadrat ist ja schon größer als 1.000. Basteln wir also eine Auswertungstabelle:

C1: =SPALTE(A1)

Kopiert bis AG1 stehen da lediglich die Zahlen 1 bis 31. Das geht natürlich auch durch Kopieren: In C1 die 1; in D1 die 2 - beide „anfassen" und nach rechts ziehen.

C2: =C1^2

Kopiert bis AG2 stehen da die Quadrate aus Zeile 1. Dito für die Zeilen:

A3: =ZEILE(A1)

Kopiert bis A33 stehen da die Zahlen 1 bis 31.

B3: =A3^2

Kopiert bis B33 erhält man - unglaublich - die Quadrate aus Spalte A.

C3: =WENN(UND(REST(($B3+C$2)^0,5;1)=0;$B3+C$2<1000);$B3+C$2;"")

Die Formel überprüft, ob die Wurzel aus der Addition von $B3 und C$2 ganzzahlig ist (achten Sie auf die Dollarzeichen!), und ob die Summe unter 1.000 liegt - nur dann wird das Ergebnis ausgegeben.

C3 bis AG33 kopieren, und Sie sehen folgende Tabelle mit den Treffern (Abbildung 3.101):

| C3 | | =WENN(UND(REST(($B3+C$2)^0,5;1)=0;$B3+C$2<1000);$B3+C$2;"") | | | | | | | | | | | | | | | | | | | | | | | | | | | | | | | |

	A	B	C	D	E	F	G	H	I	J	K	L	M	N	O	P	Q	R	S	T	U	V	W	X	Y	Z	AA	AB	AC	AD	AE	AF	AG
1			1	2	3	4	5	6	7	8	9	10	11	12	13	14	15	16	17	18	19	20	21	22	23	24	25	26	27	28	29	30	31
2			1	4	9	16	25	36	49	64	81	100	121	144	169	196	225	256	289	324	361	400	441	484	529	576	625	676	729	784	841	900	961
3	1	1	1																														
4	2	4																															
5	3	9				25																											
6	4	16			25																												
7	5	25												169																			
8	6	36								100																							
9	7	49																								625							
10	8	64						100									289																
11	9	81												225																			
12	10	100																								676							
13	11	121																															
14	12	144					169				225							400															
15	13	169																															
16	14	196																															
17	15	225								289												625											
18	16	256												400																			
19	17	289																															
20	18	324																								900							
21	19	361																															
22	20	400															625						841										
23	21	441																				841											
24	22	484																															
25	23	529																															
26	24	576							625			676								900													
27	25	625																															
28	26	676																															
29	27	729																															
30	28	784																															
31	29	841																															
32	30	900																															
33	31	961																															

Abbildung 3.101: Quadratesummen

Die Liste aller zehn in der Tabelle auftauchenden Quadratzahlen erstellt die bis AI11 kopierte Arrayformel:

AI2: {=MIN(WENN($C$3:$AG$33>AI1;$C$3:$AG$33))} (Zelle AI1 ist leer)

Jeder Treffer kommt zweimal vor (Kombination Spalte zu Zeile und Zeile zu Spalte). Beim Champion - und dieser heißt ja wohl „Knut" - also vierfach. Obige Formel runterkopiert listet alle vorkommenden Zahlen aufsteigend nur einfach auf (Abbildung 3.102).

AJ8					▼		*fx*	=ZÄHLENWENN(C$3:AG$33;AI8)/2					
	Z	AA	AB	AC	AD	AE	AF	AG	AH	AI	AJ	AK	AL	AM
1	24	25	26	27	28	29	30	31						
2	576	625	676	729	784	841	900	961		25	1			
3										100	1			
4										169	1			
5										225	1			
6										289	1			
7										400	1			
8										625	2	Der Boss		
9	625									676	1			
10										841	1			
11										900	1			
12	676													

Abbildung 3.102: Der Boss „Knut" wird ermittelt.

Jetzt zählen wir, wie oft die Werte der Liste in der Tabelle vorkommen, um den Boss aufzuspüren. Dieser muss ja viermal (bzw. bei zwei verschiedenen Kombinationen) vorkommen, alle anderen Zahlen nur zweimal (bzw. eine Kombination):

AJ2: =ZÄHLENWENN(C$3:AG$33;AI2)/2

Die Formel runterkopieren bis AJ11. Die zehn Quadratzahlen sind also

25-100-169-225-289-400-625-676-841-900

Die 625 ist der Boss und taucht viermal (zwei Kombinationen) in der Tabelle auf.

625 = 24^2 + 7^2 = 15^2 + 20^2

Fazit: Knut verkörpert die Zahl 625!

3.50 Wann haben Sie das letzte Mal einen Entrops geknürzt?

Erst mal umsortieren: Erst die Entropse mit einer, dann die mit zwei, dann die mit drei und schließlich die mit null Tätigkeiten:

- 43A – 43 Entropse knürzen die Kalinise.
- 41B – 41 Entropse nupen den Plgl.
- 49C – 49 Entropse verforkeln das Gnumpf.
- 17AB – 17 Entropse knürzen die Kalinise und nupen den Plgl.
- 27AC – 27 Entropse verforkeln das Gnumpf und knürzen die Kalinise.
- 21BC – 21 Entropse verforkeln das Gnumpf und nupen den Plgl.
- 6ABC – 6 Entropse nupen den Plgl, knürzen die Kalinise und verforkeln das Gnumpf.
- 8 tun nichts – 8 Entropse knürzen weder die Kalinise, noch nupen sie den Plgl, noch verforkeln sie das Gnumpf.

8 machen nichts und 6 alles – das sind schon mal 14.

Dann die 6 ABC von allen anderen abziehen, da diese auch in jeder anderen Zählung mitgezählt wurden:

```
43 - 6 = 37A
41 - 6 = 35B
49 - 6 = 43C
17 - 6 = 11AB
27 - 6 = 21AC
21 - 6 = 15BC
```

Jetzt werden zu den 14 die AB, AC und BC hinzuaddiert:

$$14 + 11 + 21 + 15 = 61$$

Von den A werden die AB und AC abgezogen, von den B die AB und BC und von den C die AC und BC:

```
37 - 11 - 21 = 5A
35 - 11 - 15 = 9B
43 - 21 - 15 = 7C
```

Et voilà:

$61 + 5 + 9 + 7 = 82$

Es gibt also mindestens 82 Entropse.

Die nachfolgende Abbildung 3.103 veranschaulicht dies noch einmal:

J4	▾		ƒ	=SUMME(B4:I4)					
	A	B	C	D	E	F	G	H	I	J
1	Tätigkeit	A	B	C	AB	AC	BC	ABC	D	Summe
2	Anzahl gemäß Aufgabenstellung	43	41	49	17	27	21	6	8	212
3	Aus A, B, C, AB, AC und BC jeweils ABC eliminieren	37	35	43	11	21	15	6	8	176
4	Aus A, B und C jeweils AB, AC bzw. BC eliminieren	5	9	7	11	21	15	6	8	82
5										
6	Tätigkeit:	A	Kalinise knürzen							
7	Tätigkeit:	B	Plgl nupen							
8	Tätigkeit:	C	Gnumpf verforkeln							
9	Tätigkeit:	D	nichts tun							
10										

Abbildung 3.103: Die Entrops-Lösung

3.51 Eine Folklegende

Ladies: Das ist his Bobness. Robert Zimmermann – BOB DYLAN – im Zahlensystem mit der Basis 35.

In A2 wird die umzuwandelnde Zahl eingegeben, 14.326 oder 20.991.973. In C2 steht das Zahlensystem:

C2: 35

Wenn wir noch größere Zahlen umwandeln wollen, ist für B2 (die Ergebniszelle) etwas (viel) Schreibarbeit erforderlich. Aber für unseren Bob Dylan benötigen wir nur acht Verkettungen:

B2: =C11&C10&C9&C8&C7&C6&C5&C4

In Spalte A steht

A4: =A2
A5: =GANZZAHL(A4/$C$2)

A5 runterkopieren bis A11. In den Spalten B und C werden die Formeln der 4. Zeile bis Zeile 11 kopiert.

B4: =A4-GANZZAHL(A4/$C$2)*$C$2
C4: =WENN(A4=0;"";WENN(B4>9;ZEICHEN(55+B4);B4))

Das Ergebnis (hier nur für 20.991.973 bzw. „DYLAN") ist in Abbildung 3.104 zu sehen.

	A	B	C
1	Eingabe dezimal		Zahlensystem
2	**20.991.973**	**DYLAN**	35
3			
4	20.991.973	23	N
5	599.770	10	A
6	17.136	21	L
7	489	34	Y
8	13	13	D
9	0	0	
10	0	0	
11	0	0	

Abbildung 3.104: 20.991.973 – als DYLAN entschlüsselt

Da die Verkettung in B2 für noch größere Zahlen sehr mühsam ist, können Sie diese wie folgt umgehen:

D4: =C4
D5: =C5&D4

D5 so weit runterkopieren, wie der Klartext Zeichen lang ist. Sei dies z.B. bis D50 notwendig, erhält man das Ergebnis in B2 mit

B2: =D50

For the times they are a-changin' ...

Abbildung 3.105: His Bobness

3.52 Beweis oder Widerlegung

Die Behauptung lautet: Der Nachfolger des Produktes von vier aufeinanderfolgenden Zahlen ist immer eine Quadratzahl.

Beginnen wir aus pragmatischen Gründen mit der Widerlegung dieser Behauptung und testen sie an einigen Beispielen (Abbildung 3.106).

A6		▼	*fx*	=REST(WURZEL(A5+1);1)=0				
	A	B	C	D	E	F	G	H	I
1	12	13	14	15	16	17	18	19	20
2	13	14	15	16	17	18	19	20	21
3	14	15	16	17	18	19	20	21	22
4	15	16	17	18	19	20	21	22	23
5	32760	43680	57120	73440	93024	116280	143640	175560	212520
6	WAHR	WAHR	WAHR	WAHR	WAHR	WAHR	WAHR	WAHR	WAHR

Abbildung 3.106: Produkte von vier aufeinanderfolgenden Zahlen

Wie wir sehen, lässt sich diese Behauptung nicht so leicht widerlegen, denn die Formel gibt immer WAHR zurück. In A5 steht das Produkt der vier aufeinanderfolgenden Zahlen:

A5: =PRODUKT(A1:A4)

Die Formel in A6 ist immer WAHR:

A6: =REST(WURZEL(A5+1);1)=0

Versuchen wir uns nun am mathematischen Beweis der Behauptung. Es gilt:

$n*(n+1)*(n+2)*(n+3)+1 = Q = z^2$

Wenn Q eine Quadratzahl ist, dann muss z ganzzahlig sein. Dies ist zu beweisen. Wir multiplizieren aus:

$n*(n+1) = n^2+n$
$(n^2+n) * (n+2) = n^3+n^2+2n^2+2n = n^3+3n^2+2n$
$(n^3+3n^2+2n) * (n+3) = n^4+3n^3+2n^2+3n^3+9n^2+6n+1$
$= n^4+6n^3+11n^2+6n+1$

Ob wir die Gleichung auch korrekt umgeformt haben, können wir wunderbar in einem Excel-Liniendiagramm überprüfen (Abbildung 3.107).

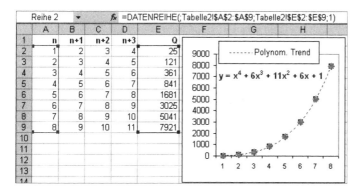

Abbildung 3.107: Trendfunktion im Liniendiagramm

Wir berechnen einige Quadrate mit

E2: =PRODUKT(A2:D2)+1

Stellen n (Spalte A) und Q (Spalte D) als Datenreihe in einem Liniendiagramm dar, ergänzen einen polynomischen Trend vierter Ordnung und lassen die Trendgleichung anzeigen. Und siehe da: Die Trendfunktion entspricht genau unserer Umformung.

$n^4+6n^3+11n^2+6n+1$

können wir noch weiter umformen in

$n^4+6n^3+11n^2+6n+1 = (n^2+3n+1)^2 = z^2 = Q$

denn

$(n^2+3n+1) * (n^2+3n+1) = n^4+3n^3+n^2+3n^3 +9n^2+3n+n^2+3n+1$
$= n^4+6n^3+11n^2+6n+1$

Folglich gilt

$z = (n^2+3n+1)$

Wenn n ganzzahlig ist, dann ist auch z ganzzahlig und $z2 = Q$. Somit ist Q eine Quadratzahl – quod erat demonstrandum!

3.53   N-Eck und Kreis

a) Die Lösung führt über die Flächenberechnung der drei Körper. Am leichtesten lässt sich die Fläche des Kreises bestimmen, Sie ist definiert als

$$F_{Kreis} = \pi \cdot r^2$$

In Abbildung 3.108 ist zu erkennen, dass der Radius $r = 1$ beträgt. Somit ergibt sich eine Kreisfläche von

=PI()*1^2 = 3,14159265

Die Fläche eines n-Ecks zu bestimmen, ist etwas komplizierter. Dazu muss man sich klarmachen, dass das n-Eck aus n * 2 gleich großen, rechtwinkligen Dreiecken besteht – siehe Abbildung 3.108:

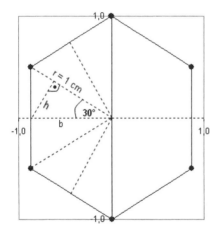

Abbildung 3.108: Das Sechseck besteht aus 12 gleich großen, rechtwinkligen Dreiecken.

Die Fläche *F* eines der Dreiecke ergibt sich über folgenden Rechengang:

b = COS(PI()/n)*r = COS(PI()/6)*1 = 0,8660254
h = SIN(PI()/n)*b = SIN(PI()/6) * 0,8660254 = 0,4330127
F = h/2*r = 0,4330127 / 2 = 0,21650635

Schließlich muss dieses Ergebnis mit n * 2 multipliziert werden, um die Fläche des n-Ecks zu erhalten. Fasst man die vier Schritte zusammen und formt ein wenig um, erhält man die allgemeine Formel (Abbildung 3.109):

$$F_{n\text{-}Eck} = \tfrac{1}{2} \cdot n \cdot r^2 \cdot \sin\left(\frac{2 \cdot \pi}{n}\right)$$

Abbildung 3.109: Flächenberechnung eines n-Ecks

Damit können wir die Fläche des inneren n-Ecks für den Fall $n = 6$ bestimmen:

Fi = 0,5*6*1^2*SIN(2*PI()/6) = 2,59807621

Zur Berechnung des äußeren n-Ecks fehlt uns noch dessen Radius. Dafür steht uns aber bereits *b* zur Verfügung, denn beim äußeren n-Eck ist *b* gleich dem Radius des inneren n-Ecks, also 1. Die Rückrechnung von *b* nach *r* erfolgt über

r = b/COS(PI()/n) = 1/COS(PI()/6) = 1,15470054

Ergo ergibt die Fläche des äußeren n-Ecks:

Fa = 0,5*6*1,15470054^2*SIN(2*PI()/6) = 3,46410162

Jetzt vergleichen wir die Flächen und stellen fest, dass der Kreis besser in das äußere n-Eck passt, als das innere n-Eck in den Kreis – siehe Abbildung 3.110.

	r	n	Fläche	Diff
Fläche n-Eck innen	1	6	2,59807621	
Fläche kreis	1	---	3,14159265	0,54351644
Fläche n-Eck außen	1,15470054	6	3,46410162	0,32250896

Abbildung 3.110: Flächenvergleich von Kreis mit innerem und äußerem n-Eck

Diese Tatsache gilt für alle *n*. Nur für den Fall, dass *n* gegen unendlich strebt, sind alle drei Flächen identisch.

b) Zur Konstruktion der n-Ecke gehen Sie am Beispiel für $n = 6$ wie folgt vor. Schreiben Sie in A2:A8 die Gradzahlen von 0 bis 360 in Sechzigerschritten.

```
B2: =SIN(BOGENMASS(A2))
C2: =COS(BOGENMASS(A2))
D2: =B2/COS(PI()/6)
E2: =C2/COS(PI()/6)
```

B2:E2 wird bis Zeile 8 kopiert. Die Spalten B und C stellen die x/y-Koordinaten des inneren Sechsecks dar. Die Spalten D und E machen selbiges für das äußere Sechseck (Abbildung 3.111).

	B2	▼	f_x	=SIN(BOGENMASS(A2))	
	A	B	C	D	E
1	Grad	x	y	x'	y'
2	0	0,000	1,000	0,00	1,15
3	60	0,866	0,500	1,00	0,58
4	120	0,866	-0,500	1,00	-0,58
5	180	0,000	-1,000	0,00	-1,15
6	240	-0,866	-0,500	-1,00	-0,58
7	300	-0,866	0,500	-1,00	0,58
8	360	0,000	1,000	0,00	1,15

Abbildung 3.111: Koordinaten der beiden Sechsecke

3.54 Übers Pi brechen

Die Aufgabenstellung riecht nach Solver oder VBA - wir versuchen es jetzt mal mit dem Solver.

Als Ausgangsbasis, von der aus sich der Solver nähern soll, nehmen wir den trivialen Bruch 314/100. Den Nenner tragen wir in A1 ein. In A2 schreiben wir den Zähler.

A1: 314
A2: 100

Als Nächstes definieren wir die Zielfunktion

A8: =ABS(A1/A2-PI())

zur Ermittlung des PI-Bruches oder alternativ

A8: =ABS(A1/A2-EXP(1))

zur Ermittlung des e-Bruches.

In beiden Fällen gilt es, das Funktionsergebnis zu minimieren. Je kleiner das Ergebnis ist, desto näher liegt der gefundene Bruch bei *Pi* bzw. *e*. Die Funktion ABS zur Berechnung des Absolutwertes (ohne Vorzeichen) wird verwendet, da es uns ja egal ist, ob der gefundene Bruch etwas kleiner oder etwas größer ist als *Pi* oder *e*.

Der Solver wird wie folgt bestückt (Abbildung 3.112):

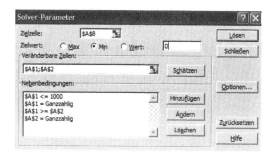

Abbildung 3.112: Solvereinstellung

Die *Zielzelle* (A8) ist klar: Wir wollen die Differenz zum exakten *Pi* (oder *e*) minimieren – somit wird bei *Zielwert* also *Min* angeklickt. *Veränderbare Zellen* sind unsere zwei Divisoren A1 und A2.

Die *Nebenbedingungen* verhindern, dass der Solver Divisoren mit Nachkommastellen oder größer als 1.000 als Lösung anbietet.

Ein Klick auf *Lösen* und wir sehen nach einigen Sekunden für *Pi*: 308 und 98 – Quotient also 3,142857143. Und für *e*: 270 und 99 – Quotient also: 2,727272.

Na ja, geht so - aber nur zwei übereinstimmende Nachkommastellen kann man bestenfalls als „ähnlich" bezeichnen. Wenn der Solver sich damit zufrieden gibt – wir nicht. Also müssen wir noch was ändern.

Statt der Voreinstellungen gemäß Abbildung 3.113 ...

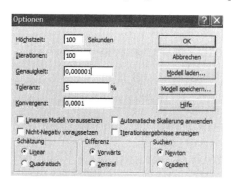

Abbildung 3.113: Tolerante Solver-Optionen

... verwenden wir nun die Solver-Optionen, die Sie in Abbildung 3.114 ablesen können.

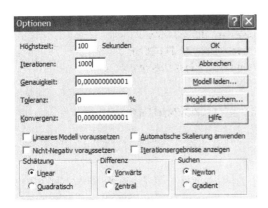

Abbildung 3.114: Intolerante Solver-Optionen

OK angeklickt und im *Solver*-Fenster *Lösen* - dann geht's los - Spannung!

Übrigens, absolut **wichtig**: Starten Sie den Solver nur, wenn das die einzige in Excel geöffnete Datei ist (und auch das einzige Tabellenblatt in der Datei), denn sonst werden alle anderen Dateien/Tabellenblätter auch ein paar tausend Mal neu berechnet - das beeinträchtigt die Geschwindigkeit Ihres Rechners erheblich. Ist er als Solist tätig, braucht der Solver nur wenige Sekunden. Wenn der Solver ein Ergebnis ausspuckt, muss dieses auch nicht das Ende der Fahnenstange sein. Wenn man noch mal mit diesem Ergebnis startet, könnte sich evtl. ein noch weiter optimiertes Resultat ergeben (der Solver ist nun mal eine launische Diva - vgl. *Excel - Das Zauberbuch*, ISBN 978-3-8272-4087-3). Ändert sich nichts mehr, darf er sich wieder hinlegen. Dann ist jeweils angerichtet:

Für *Pi*: Die Divisoren 355 und 113 - ergibt: 355/113 = 3,14159292

Für *e*: Die Divisoren 878 und 323 - ergibt 878/323 = 2,718266254

Nicht schlecht, Herr Specht - denn das ist das uns bekannte jeweilige Optimum!

Nur nebenbei, die Kreiszahl *Pi* ist eine transzendente Zahl (unendlich viele Nachkommastellen). Der derzeitige Rekord (Quelle: Wikipedia - 2007) der Berechnung von *Pi* wird durch Yasumasa Kanada aus dem Jahre 2002 auf einem HITACHI-Supercomputer mit 1.241.100.000.000 (1,2 Billionen) Stellen gehalten. Doch wozu eigentlich?

Wie viele Nachkommastellen von *Pi* braucht man, um im Ingenieurwesen den Umfang unseres Universums so zu berechnen, dass der Fehlerwert nicht größer ist als der Radius eines Wasserstoffatoms? 39 Nachkommastellen langen da allemal. Aber ausrechnen lassen Sie sich das bitte schön von jemand anderen.

3.55 Vierstellige Primpalindromzahlen

Die Frage lässt vermuten, dass es viel mehr vierstellige als dreistellige Palindromzahlen und somit auch Primzahlen geben müsste.

Die Gesamtzahl vierstelliger Palindromzahlen ist mit 90 logischerweise identisch, da gegenüber den Dreiern ja nur die mittlere Ziffer doppelt vorkommt. Wieso 90? Vorne und hinten eine 1 ergibt: 101, 111, 121, 131, 141, 151, 161, 171, 181, 191 – das sind zehn. Das gleiche Spielchen mit 2 bis 9 vorne und hinten ergibt also insgesamt 9 * 10 dreistellige (und auch vierstellige) Palindromzahlen.

Wir erzeugen eine Tabelle mit allen vierstelligen Palindromzahlen:

A1: =(SPALTE()&(ZEILE()-1&ZEILE()-1)&SPALTE())+0

Das Ergebnis dieser Formel, kopiert in den gesamten Bereich A1:I10, geht aus Abbildung 3.115 hervor:

	A	B	C	D	E	F	G	H	I	J
1	1001	2002	3003	4004	5005	6006	7007	8008	9009	
2	1111	2112	3113	4114	5115	6116	7117	8118	9119	
3	1221	2222	3223	4224	5225	6226	7227	8228	9229	
4	1331	2332	3333	4334	5335	6336	7337	8338	9339	
5	1441	2442	3443	4444	5445	6446	7447	8448	9449	
6	1551	2552	3553	4554	5555	6556	7557	8558	9559	
7	1661	2662	3663	4664	5665	6666	7667	8668	9669	
8	1771	2772	3773	4774	5775	6776	7777	8778	9779	
9	1881	2882	3883	4884	5885	6886	7887	8888	9889	
10	1991	2992	3993	4994	5995	6996	7997	8998	9999	
11										

Abbildung 3.115: Alle vierstelligen Palindromzahlen

Primzahlen können nur auf 1, 3, 7 oder 9 enden. Damit verbleiben maximal 40 mögliche Primzahlen. Diese 40 Zahlen (nehmen wir der Einfachheit halber ruhig alle 90) müssen wir jetzt dahingehend untersuchen, ob es Primzahlen sind. In A12 - kopiert bis I21 - steht die Arrayformel:

A12:
`{=WENN(KKLEINSTE(REST(A1;ZEILE($1:$10000));3)>0;"PRIMZAHL";"")}`

Wie funktioniert diese Formel?

Der Formelteil `REST(A1;ZEILE(von:bis))` - nennen wir ihn *Restarray* - dividiert A1 durch alle im Zahlenintervall *von bis* enthaltene Zahlen und gibt den verbleibenden Divisions-Rest zurück. `REST(15;6)` ergäbe also 3, denn 15/6 = 2, Rest 3.

`KKLEINSTE(Restarray;3)>0` überprüft, ob die drittkleinste Zahl eine Zahl größer als 0 ist. Aber was soll das?

Jede Zahl in A1, dividiert durch alle Zahlen von 1 bis A1, ergibt mindestens zweimal den Rest null - nämlich A1/1 und A1/A1. Ist A1 keine Primzahl, kommt der Rest null eben öfter vor und die drittkleinste Zahl ist dann auch null. Es finden in dieser einen Formel 10.000 Divisionen statt. Bei mehr als einer Rechenoperation pro Formel haben wir es dann mit einer Matrix-Formel (Arrayformel) zu tun. Zur Veranschaulichung für die Taste F9 (Teil-Formelauswertung) ändern Sie die $10000 auf $16 ($65536 wäre das Maximum = Primzahlen bis 131.072 - größere siehe: *Excel - Das Zauberbuch*, ISBN 978-3-8272-4087-3).

`{=WENN(KKLEINSTE(REST(A1;ZEILE($1:$16));3)>0;"PRIMZAHL";"")}`

Steht in A1 die Zahl 14 und Sie markieren in der Formel den Part `REST(A1;ZEILE($1:$16))` und betätigen anschließend F9, sehen Sie:

`=WENN(KKLEINSTE({0;0;2;2;4;2;0;6;5;4;3;2;1;0;14;14};3)>0;"PRIMZAHL";"")`

Also insgesamt 4 Nullen - die drittkleinste Zahl ist also nicht größer als 0 (=> keine Primzahl). Bei der Zahl 13 hingegen ergibt die Auswertung

`=WENN(KKLEINSTE({0;1;1;3;1;6;5;4;3;2;1;0;13;13;13};3)>0;"PRIMZAHL";"")`

nur zwei Nullen und die drittkleinste Zahl ist 1 - ergo handelt es sich um eine Primzahl. Das >0 könnte man in der Formel weglassen - aber WENN ohne Wahrheitsprüfung sieht irgendwie blöd aus.

Zurück zur Aufgabe: Alle 90 Zellen von A12 bis I21 bleiben leer. Das heißt: Es gibt keine einzige Primzahl. Ist die Formel nun falsch oder woran liegt's? Durch logische Eingrenzung versuchen wir, das Ergebnis der Formeln zu bestätigen:

2.002 bis 9.009 können keine Primzahlen sein, da sie ein Vielfaches von 1.001 sind. Die Primfaktorzerlegung von 1.001 ist 7 * 11 * 13.

1.111 ist um 110 (10 * 11) größer und 1.221 um 220 (20 * 11) usw. Egal, wie die Primfaktorenzerlegung insgesamt aussieht: Wenn eine durch 11 teilbare Zahl um 11 oder ein Vielfaches von 11 erhöht wird, bleibt sie logischerweise durch 11 teilbar - ist also nicht prim. Da die 2- bis 9-tausender-Palindrome ihren Ursprung alle aus der Zahl 1.001 beziehen, sind auch alle durch 11 teilbar, also auch nicht prim.

Wenn man die 11er-Teilbarkeitsregel (nicht so publik) kennt, ist es auf den ersten Blick klar:

Eine Zahl ist durch 11 teilbar, wenn ihre alternierende Quersumme (1. Ziffer von rechts minus 2. Ziffer von rechts plus 3. Ziffer von rechts minus 4. Ziffer von rechts plus ...) durch 11 teilbar ist oder null ergibt.

Das ergibt in unserem Fall 90 mal null. Wenn es nicht so offensichtlich ist (man muss ja nicht täglich pausenlos durch 11 teilen), sollte man folgende Formel verwenden:

```
=SUMMENPRODUKT((0&TEIL(A1;SPALTE(1:1);1))*(1-REST(SPALTE(1:1)-
REST(LÄNGE(A1);2);2)*2))
```

Fazit: Es gibt keine vierstelligen Primzahlen, die palindrom sind.

3.56 Der permutierte Salesman

a) Es gibt

```
=FAKULTÄT(5) = 120
```

verschiedene Routen.

Zur Wahl des ersten Ortes, den er anfährt, hat er fünf Möglichkeiten. Den zweiten Ort kann er dann nur noch aus den übrigen vier Orten wählen. Dann bleiben ihm drei Alternativen für den dritten Ort und schließlich zwei Alternativen für den vorletzten Ort. Der letzte Ort ergibt sich dann von selbst. Die Multiplikation aller Wahlmöglichkeiten 5 * 4 * 3 * 2 * 1 ergibt die Summe aller möglichen Streckenrouten. Die Anordnung der Orte nennt man Permutationen.

b) Die Erzeugung aller Permutationen geschieht nach folgender Logik. Die erste Route durchläuft die Orte in aufsteigender Reihenfolge, also

```
A1: ABCDE
```

Nun nimmt man ein Zeichen, das an einer bestimmten Position steht, heraus und hängt es vorne an. Macht man das mit dem B an zweiter Stelle, ergibt das die Permutation

A2: BACDE =TEIL(A1;2;1)&ERSETZEN(A1;2;1;"")

Nun nimmt man das C an dritter Stelle (bezogen auf die Anfangskette):

A3: CABDE =TEIL(A1;3;1)&ERSETZEN(A1;3;1;"")

Dann wieder die zweite Stelle, diesmal aber nicht bezogen auf die Anfangskette, sondern auf den direkten Vorgänger in A3:

A4: ACBDE=TEIL(A3;2;1)&ERSETZEN(A3;2;1;"")

Folgendes Schaubild in Abbildung 3.116 veranschaulicht die weitere Entwicklung der Permutationen.

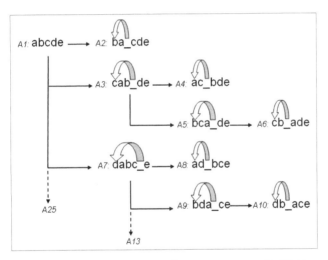

Abbildung 3.116: Erzeugung von Permutationen aus fünf Zeichen

Die Schwierigkeit liegt darin, einen Algorithmus zu definieren, der vorgibt, welches Zeichen umgesetzt wird und auf welchen Vorgänger sich die Permutation beziehen muss. Bei jeder zweiten Permutation wird das zweite Zeichen nach vorne geholt. Bei den übrigen ist es das dritte, außer bei jedem sechsten, da ist es das vierte, und außer bei jedem vierundzwanzigsten, da ist es das fünfte. Dieser Algorithmus in Excel formuliert lautet

B2:=SUMME((REST(ZEILE()-1;FAKULTÄT({1;2;3;4;5;6;7;8}))=0)*1)+1 (kopiert bis Zeile 120)

Das Array von 1–8 bedeutet, dass die Zeichenkette maximal 8 Zeichen mit 40.320 Permutationen haben kann. Um wie viele Zellen der Vorgänger versetzt sein muss, gibt die Formel

C2:=FAKULTÄT(B2-1)

(kopiert bis Zeile 120) an. Der Vorgänger wird dann nach Spalte D geschrieben:

D2:=INDIREKT("A"&ZEILE()-C2)

Schließlich liefert die Permutationsformel in Spalte A die Ergebnisse:

A2:=TEIL(D2;B2;1)&ERSETZEN(D2;B2;1;"")

D2 und A2 werden ebenfalls bis Zeile 120 kopiert. Das Endprodukt ist in Abbildung 3.117 zu sehen.

	A	B	C	D
		xte Stelle	Vorgänger versetzt um -y	
1	abcde	ausschneiden	Zeilen	Vorgänger
2	bacde	2	1	abcde
3	cabde	3	2	abcde
4	acbde	2	1	cabde
5	bcade	3	2	cabde
6	cbade	2	1	bcade
7	dabce	4	6	abcde
8	adbce	2	1	dabce
9	bdace	3	2	dabce
10	dbace	2	1	bdace
11	abdce	3	2	bdace
12	badce	2	1	abdce
13	cdabe	4	6	dabce

Abbildung 3.117: Excel-Formeln zur Erzeugung von Permutationen aus fünf Zeichen

c) Ist es erst einmal gelungen, alle Permutationen zu erzeugen, ist es relativ unkompliziert, dem Handlungsreisenden die kürzeste Route aufzuzeigen (ansonsten droht: „Tod eines Handlungsreisenden" von Arthur Miller). Die Excel-Tabelle muss dazu wie in Abbildung 3.118 aufgebaut werden.

B3:C9 enthält die x/y-Koordinaten der Orte aus A3:A9 (nicht vergessen, diese HABCDEH dort auch einzutragen).

B12 enthält die aktuelle Route. Die einzelnen Etappen der Route werden in Spalte E aufgelistet, indem die Route aus B12 in die einzelnen Zeichen (=Etappen) zerlegt wird.

E3: =TEIL($B$12;ZEILE(A1);1)

In den Spalten F und G werden die entsprechenden Koordinaten herangezogen.

F3: =SVERWEIS(E3;$A$3:$B$8;2;0)
G3: =SVERWEIS(E3;$A$3:$C$8;3;0)

In Spalte H werden über den *Satz des Pythagoras* die Entfernungen zwischen den Orten ermittelt:

H4: =WURZEL((F4-F3)^2+(G4-G3)^2)

Die Formeln in E3:G3 und H4 werden bis Zeile 9 kopiert. Die Gesamtstrecke ergibt sich schließlich aus

H10: =SUMME(H4:H9)

Ab A18 abwärts werden alle 120 möglichen Permutationen aus Teil *b* aufgelistet (*Kopieren - Inhalte einfügen*: Werte angeben). In B18 steht

B18: ="H"&A18&"H"

B18 dann bis B137 runterkopieren.

In C17 wird die Gesamtstrecke aus H10 übernommen:

C17: =H10

Nun wird B17:C137 selektiert und eine Mehrfachoperation (Menü *Daten>Mehrfachoperation* bzw. *Daten>Tabelle* - je nach Excel-Version) mit dem Spaltenkriterium B12, das die aktuelle Permutation vorgibt, durchgeführt. Das bewirkt, dass in Spalte C ab Zeile 18 abwärts die Gesamtentfernungen aller Permutationen angezeigt werden. Daraus kann dann die kürzeste Strecke ermittelt werden:

C14: =MIN($C$18:$C$137)
B14: =INDEX($B$18:$B$137;VERGLEICH(C14;$C$18:$C$137;0))

Und die mieseste:

C15: =MAX($C$18:$C$137)
B15: =INDEX($B$18:$B$137;VERGLEICH(C15;$C$18:$C$137;0))

Für die Statistiker in E18 noch:

E18: =RANG(C18;$C$18:$C$137;1)

Auch dies bis Zeile 137 runterkopieren.

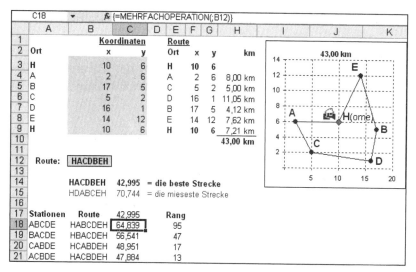

Abbildung 3.118: Optimierte Route des Händlers mit den 5 Kunden A–E

3.57 Clevere Piraten

Wir zäumen das Pferd von hinten auf (Pirat 1 bis 5 entsprechen jetzt der Reihenfolge der Auslosung – beginnend mit Pirat 1):

Pirat 5:

Er kann gar nicht mehr drankommen – denn da wären alle anderen bereits geköpft und er bekäme sowieso alles. Dennoch muss er (aus allen vorhergehenden Geboten) versuchen, das Maximum für sich herauszuholen (es könnte ja auch sein, dass er ein Gebot ablehnt, das allerdings durch Mehrheitsbeschluss dann doch zum Tragen kommt).

Pirat 4:

Er muss unbedingt vermeiden, an die Reihe zu kommen. Warum? Da es ja nicht möglich ist, Pirat 5 alles zu bieten (man darf sich selbst ja nicht null geben – also 1 Goldstück muss Pirat 4 sich selbst zugestehen, siehe Aufgabenstellung), wird Pirat 5 jedes Gebot ablehnen (er selbst hat ja nichts mehr zu befürchten). Somit darf er Pirat 4 köpfen und alle 501 Goldstücke einsacken. Fazit für Pirat 4:

Er wird alles akzeptieren (außer null – das muss er gemäß Aufgabenstellung ja ablehnen), um **nicht** an die Reihe zu kommen. Und wenn er eine Null geboten bekommt, dann muss er hoffen (oder besser: berechnen), dass das Gebot dennoch den Mehrheitsbeschluss erlangt.

Pirat 3:

Würde verteilen: 500 (für sich selbst) – 1 (Pirat 4) – 0 (Pirat 5)

Warum?

Pirat 4 würde zustimmen (denn sonst käme er an die Reihe, und das wäre sein Exitus – siehe Begründung zu Pirat 4), Pirat 5 würde ablehnen (Grundbedingung) – Mehrheitsbeschluss durch Pirat 3 und Pirat 4. Pirat 3 wäre reich, Pirat 4 wäre zwar arm, aber käme mit dem Leben davon, und Pirat 5 guckt in die Röhre, da er sich der Mehrheit beugen musste (zumindest bleibt er am Leben, was aber aufgrund seiner Position (Letzter) innerhalb der Gebotsabgabe nie zur Frage stand).

Pirat 2:

Würde verteilen: 498 – 0 – 2 – 1

Warum?

Bei der Verteilung von Pirat 3 hätte Pirat 4 1 Münze und Pirat 5 0 Münzen – sie würden also beide zustimmen (siehe Begründung zu Pirat 3), denn sie hätten jeweils 1 Münze mehr als bei der Verteilung von Pirat 3.

Pirat 1:

Er weiß: Kommt Pirat 2 dran, geht Pirat 3 leer aus. Also wird Pirat 3 jedem Vorschlag >0 zustimmen. Und Pirat 5 ist mit 2 (statt 1 – wenn Pirat 2 drankäme) besser bedient.

Er wird also das folgende ultimative Gebot abgeben, das den Mehrheitsbeschluss erhalten wird:

498 – 0 – 1 – 0 – 2

Er selbst (Pirat 1) sowie Pirat 3 und Pirat 5 werden zustimmen, Pirat 2 und Pirat 4 müssen und werden ablehnen – der Mehrheitsbeschluss (3 zu 2) liegt aber vor.

Selbst nach dem Lösungsstudium muss man sich extrem konzentrieren, um der Lösung zu folgen. Sie ist aber definitiv die einzig logische, denn bei anderen Lösungen schießt sich entweder Pirat 1 ins Knie (weil er sich nicht das Maximum gegeben hat) oder er wird exekutiert, weil er keinen Mehrheitsbeschluss erlangen würde!

3.58   Quadratesummen

a) Die Arrayformel lautet

$\{=\text{SUMME}(\text{ZEILE}(\text{INDIREKT}("1:"\&n))^2)\}$

Für n = 100 ergibt sich also 338.350.

b) Eine allgemeingültige Formel fand Yang Hui (ca. 1238–98), eine große Persönlichkeit aus dem goldenen Zeitalter der chinesischen Mathematik. Seine Formel lautete:

$y = n/3*(n+1)*(n+0,5)$
$100/3*(100+1)*(100+0,5)= 338.350$

c) Wenn Sie sich die ersten Glieder der Zahlenreihe auflisten, können Sie mithilfe von Diagrammen und den in Excel integrierten Trendfunktionen den funktionalen Zusammenhang zwischen n und der Quadratsumme von n überprüfen (Abbildung 3.119).

	A	B	C	D
B2		f_x =A2/3*(A2+1)*(A2+0,5)		
1	n	Σ n²		
2	1	1		
3	2	5		
4	3	14		
5	4	30		
6	5	55		
7	6	91		
8	7	140		
9	8	204		
10	9	285		
11	10	385		

Abbildung 3.119: Tabelle kumulierter Quadratesummen

Markieren Sie A2:B11 und erzeugen daraus ein Punkt(XY)-Diagramm. Spalte A enthält die x-Werte, Spalte B die y-Werte. Dann markieren Sie die Datenreihe rechts und wählen im Kontextmenü *Trendlinie hinzufügen*.

Wenn Sie nach ein wenig Herumprobieren einen polynomischen Trend dritter (oder höherer) Ordnung gewählt haben und unter den Trendoptionen die Einträge *Gleichung im Diagramm darstellen* und *Bestimmtheitsmaß im Diagramm darstellen* aktivieren, erhalten Sie ungefähr folgendes Diagramm gemäß Abbildung 3.120:

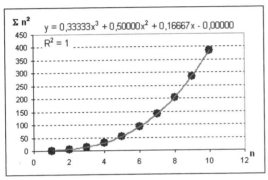

Abbildung 3.120: Polynomische Beziehung im (XY)-Diagramm

Und da ist nun eine polynomische Beziehung zu erkennen. Voraussetzung ist ein Bestimmtheitsmaß von $R^2 = 1$, das besagt, dass die Datenpunkte durch die Funktionsgleichung vollständig bestimmt werden. Daraus folgt, dass sich die Quadratesumme auch über die Polynomgleichung

y = 1/3*n^3+1/2*n^2+1/6*n

bestimmen lässt:

1/3*100^3+1/2*100^2+1/6*100 = 338.350

Für die Summe der Kuben funktioniert das analog. Schreiben Sie in

B2: {=SUMME(ZEILE(INDIREKT("1:"&A2))^3)}

und kopieren Sie die Formel bis B11. Im Diagramm lässt sich dann mit einem Trend vierter Ordnung die Gleichung

y = 0,25*n^4+0,5*n^3+0,25*n^2

ablesen.

3.59 Schiffe verfolgen

a) Der kleine Hinweis zu Herrn Pythagoras ist hier der Schlüssel zum Erfolg. Hier geht es um eine Geometrieaufgabe, bei der es aber ausreicht, den Satz des Pythagoras

$$A^2 + B^2 = C^2$$

bezogen auf die Seiten eines rechtwinkligen Dreiecks zu kennen. Und einen Dreisatz sollten Sie noch rechnen können. Wir skizzieren das Problem in Abbildung 3.121:

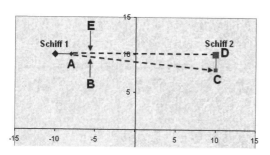

Abbildung 3.121: Kursberechnung von Schiff 1 mit Strahlensatz (1)

Die Schiffe haben bereits einen Kilometer zurückgelegt. Schiff 1 ist genau waagerecht in Richtung Schiff 2 gefahren und am Punkt A mit den Koordinaten -9/10 angekommen. Das Schiff 2 ist senkrecht nach unten in Richtung Schiff 3 gefahren und landet beim Punkt 10/9. Im nächsten Schritt muss Schiff 1 nicht mehr in Richtung Punkt D, sondern in Richtung Punkt C fahren. Also ist der erste Kurswechsel angesagt. Wir erhalten nun ein virtuelles, rechtwinkliges Dreieck mit den Punkten A-C-D, das wir für die weitere Rechnung benötigen (die Strecke DC ist etwas zu lang dargestellt, um die Anschaulichkeit zu erhöhen).

Schiff 1 bewegt sich nun auf der Strecke AC bis zum Punkt B. Aufgrund der Aufgabenstellung wissen wir, dass die Strecke AB genau einen Kilometer lang ist, denn dort findet wieder eine Kursänderung statt. Genau senkrecht oberhalb des Punktes B auf der Geraden AD definieren wir noch den Punkt E.

Von den Punkten A und C kennen wir die x/y-Koordinaten -9/10 bzw. 10/9 und können darüber mithilfe des Satzes des Pythagoras die Länge der Strecke AC bestimmen:

```
AC = WURZEL(AD^2 + CD^2)
AD = 10 - (-9) = 19
CD = 9 - 10 = -1
AC = WURZEL(19^2 + (-1)^2) = 19,0262975904404
```

Die von uns definierten Punkte A, B, C, D und E weisen erfreulicherweise für uns sehr praktische Längenverhältnisse auf, und zwar

```
AB / AC = AD / AE
AB / AC = 1 / 19,0262975904404 = 5,256% (ca.)
```

Die Längenverhältnisse bezeichnet man als Strahlensatz, was letztlich nichts anderes ist als ein Dreisatz. Wir wissen jetzt, welchen Anteil die Strecke AB in Bezug auf AC ausmacht. Genauso viel macht die Strecke AE in Bezug auf AD aus, also

```
AE = 1 * 19 / 19,0262975904404 = 0,998617829332512
```

Diesen Wert müssen wir auf die x-Koordinate von A draufschlagen, um zu E zu gelangen:

```
xE = xB = -9 + 0,998617829332512 = -8,00138217066749
```

Damit ist auch die x-Koordinate von B bestimmt, denn B hat den gleichen x-Wert wie E. Was jetzt noch fehlt ist die y-Koordinate von B. Um diese zu bestimmen, müssen wir uns noch einen Punkt F denken, der auf derselben horizontalen Linie wie B liegt und die Strecke CD schneidet (Abbildung 3.122).

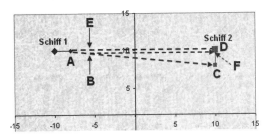

Abbildung 3.122: Kursberechnung von Schiff 1 mit Strahlensatz (2)

Nun kommt der Strahlensatz

```
AB/AC = DF/DC
```

zur Anwendung. Dann ergibt sich die y-Koordinate

DF = 1 * 1 / 19,0262975904404 = 0,0525588331227638
yF = yB = D - DF = 9,94744116687724

Ergo hat B die Koordinaten -8,001382/9,947441.

Wir haben nun die mathematischen Grundlagen zur Lösung dieser Aufgabe gelegt. Als Nächstes bauen wir das Modell in Excel auf (Abbildung 3.123).

A4			f_x =A3- $O$3/WURZEL((C3-A3)^2+(D3-B3)^2)*(A3-C3)				
	A	B	C	D	E	F	G	H
1	Schiff 1		Schiff 2		Schiff 3		Schiff 4	
2	x	y	x	y	x	y	x	y
3	-10	10	10	10	10	-10	-10	-10
4	-9,0000	10,0000	10,0000	9,0000	9,0000	-10,0000	-10,0000	-9,0000
5	-8,0014	9,9474	9,9474	8,0014	8,0014	-9,9474	-9,9474	-8,0014

Abbildung 3.123: Positionen der Schiffe nach zwei Kurswechseln

In A3:H3 werden die x/y-Koordinaten der 4 Schiffe manuell eingetragen. In den folgenden Zeilen werden die soeben beschriebenen Grundlagen umgesetzt.

A4: =A3-$O$3/WURZEL((C3-A3)^2+(D3-B3)^2)*(A3-C3)
B4: =B3-(B3-D3)* $O$3/WURZEL((C3-A3)^2+(D3-B3)^2)

Die Formeln beziehen sich immer auf die Koordinaten des eigenen Schiffes und die des Nachfolgers. In der Zelle $O$3 steht die Entfernung, die die Schiffe bis zum nächsten Kurswechsel zurückgelegt haben, in unserer Aufgabe also 1. Die Formeln A4:B4 können Sie bis E4:F4 kopieren. Nach G4:H4 kann nicht kopiert werden, da sich die Formeln auf Schiff 1 in den Spalten A und B beziehen müssen.

G4: =G3-$O$3/WURZEL((A3-G3)^2+(B3-H3)^2)*(G3-A3)
H4: =H3-(H3-B3)*$O$3/WURZEL((A3-G3)^2+(B3-H3)^2)

Im Grunde entsteht so etwas wie ein Zirkelbezug, da sich die Schiffe im Zirkel aufeinander beziehen: Schiff 1 => Schiff 2 => Schiff 3 => Schiff 3 => Schiff 1.

Excel hat aber kein Problem damit, so wie die Tabelle aufgebaut ist, da sich alle Zellen auf die Vorgängerzellen beziehen und deshalb kein wirklicher Zirkelbezug – im Excel-Sinne – entsteht.

Kopieren Sie jetzt alle Formeln ca. 30 Zeilen nach unten. Jede Zeile repräsentiert den Kurswechsel der Schiffe gegenüber der Vorgängerzeile. Dann erzeugen Sie ein Punkt(XY)-Diagramm, in dem vier Datenreihen enthalten sind, für jedes Schiff eine. Die x-Werte der vier Datenreihen stehen in den Spalten A, C, E und G und die y-Werte in den Spalten B, D, F und H. Wenn es geklappt hat, müsste ein Diagramm mit vier erstaunlichen Kurven sichtbar werden (Abbildung 3.124).

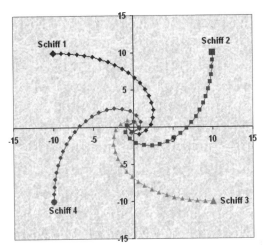

Abbildung 3.124: Streckenverlauf der Schiffe bis zum Treffpunkt

Die Schiffe nähern sich also spiralförmig an und treffen sich nahe der Mitte. Aufgrund der punktsymmetrischen Anfangsaufstellung leuchtet das zweifelsfrei ein. Darüber hinaus stellen wir fest, dass sich die Schiffe nicht genau in einem Punkt treffen, sondern bis in alle Ewigkeit im Viereck hüpfen. Dies zeigen auch die runterkopierten Formelergebnisse in Abbildung 3.125.

Nach 25 Schritten geraten die Schiffe in eine Endlosschleife, die unendlich um die vier Punkte

- -0,0896/-0,7014
- -0,7014/0,0896
- 0,0896/0,7014
- 0,7014/-0,0896

kreisen wird. Übrigens, wenn Sie den Wert in O3 wechseln, der die Zeitverzögerung bis zum nächsten Kurswechsel vorgibt, werden Sie sehen, dass das Viereck, um das die Schiffe schließlich kreisen, immer größer wird, je länger die Verzögerung ist (Abbildung 3.126). Andersherum treffen sich die Schiffe immer näher am Koordinatenursprung, wenn die Verzögerung geringer wird. Geht die Verzögerung gegen null, findet die Kursänderung also stetig statt, treffen sich alle Schiffe genau im Punkt 0/0. Doch das wäre dann „Schiffe versenken" :-)

	A	B	C	D	E	F	G	H	I
1	Schiff 1		Schiff 2		Schiff 3		Schiff 4		
2	x	y	x	y	x	y	x	y	
3	-10	10	10	10	10	-10	-10	-10	
4	-9,0000	10,0000	10,0000	9,0000	9,0000	-10,0000	-10,0000	-9,0000	
5	-8,0014	9,9474	9,9474	8,0014	8,0014	-9,9474	-9,9474	-8,0014	
6	-7,0072	9,8397	9,8397	7,0072	7,0072	-9,8397	-9,8397	-7,0072	
7	-6,0210	9,6738	9,6738	6,0210	6,0210	-9,6738	-9,6738	-6,0210	
8	-5,0471	9,4472	9,4472	5,0471	5,0471	-9,4472	-9,4472	-5,0471	
9	-4,0902	9,1567	9,1567	4,0902	4,0902	-9,1567	-9,1567	-4,0902	
10	-3,1562	8,7995	8,7995	3,1562	3,1562	-8,7995	-8,7995	-3,1562	
11	-2,2519	8,3726	8,3726	2,2519	2,2519	-8,3726	-8,3726	-2,2519	
12	-1,3854	7,8734	7,8734	1,3854	1,3854	-7,8734	-7,8734	-1,3854	
13	-0,5664	7,2995	7,2995	0,5664	0,5664	-7,2995	-7,2995	-0,5664	
14	0,1933	6,6493	6,6493	-0,1933	-0,1933	-6,6493	-6,6493	0,1933	
15	0,8795	5,9219	5,9219	-0,8795	-0,8795	-5,9219	-5,9219	0,8795	
16	1,4751	5,1186	5,1186	-1,4751	-1,4751	-5,1186	-5,1186	1,4751	
17	1,9587	4,2433	4,2433	-1,9587	-1,9587	-4,2433	-4,2433	1,9587	
18	2,3044	3,3050	3,3050	-2,3044	-2,3044	-3,3050	-3,3050	2,3044	
19	2,4800	2,3205	2,3205	-2,4800	-2,4800	-2,3205	-2,3205	2,4800	
20	2,4468	1,3211	1,3211	-2,4468	-2,4468	-1,3211	-1,3211	2,4468	
21	2,1605	0,3629	0,3629	-2,1605	-2,1605	-0,3629	-0,3629	2,1605	
22	1,5803	-0,4516	-0,4516	-1,5803	-1,5803	0,4516	0,4516	1,5803	
23	0,7061	-0,9372	-0,9372	-0,7061	-0,7061	0,9372	0,9372	0,7061	
24	-0,2841	-0,7980	-0,7980	0,2841	0,2841	0,7980	0,7980	-0,2841	
25	-0,7131	0,1054	0,1054	0,7131	0,7131	-0,1054	-0,1054	-0,7131	
26	0,0898	0,7015	0,7015	-0,0898	-0,0898	-0,7015	-0,7015	0,0898	
27	0,7014	-0,0896	-0,0896	-0,7014	-0,7014	0,0896	0,0896	0,7014	
28	-0,0896	-0,7014	-0,7014	0,0896	0,0896	0,7014	0,7014	-0,0896	
29	-0,7014	0,0896	0,0896	0,7014	0,7014	-0,0896	-0,0896	-0,7014	
30	0,0896	0,7014	0,7014	-0,0896	-0,0896	-0,7014	-0,7014	0,0896	
31	0,7014	-0,0896	-0,0896	-0,7014	-0,7014	0,0896	0,0896	0,7014	
32	-0,0896	-0,7014	-0,7014	0,0896	0,0896	0,7014	0,7014	-0,0896	
33	-0,7014	0,0896	0,0896	0,7014	0,7014	-0,0896	-0,0896	-0,7014	
34	0,0896	0,7014	0,7014	-0,0896	-0,0896	-0,7014	-0,7014	0,0896	
35	0,7014	-0,0896	-0,0896	-0,7014	-0,7014	0,0896	0,0896	0,7014	
36	-0,0896	-0,7014	-0,7014	0,0896	0,0896	0,7014	0,7014	-0,0896	
37	-0,7014	0,0896	0,0896	0,7014	0,7014	-0,0896	-0,0896	-0,7014	
38	0,0896	0,7014	0,7014	-0,0896	-0,0896	-0,7014	-0,7014	0,0896	
39	0,7014	-0,0896	-0,0896	-0,7014	-0,7014	0,0896	0,0896	0,7014	
40	-0,0896	-0,7014	-0,7014	0,0896	0,0896	0,7014	0,7014	-0,0896	

Abbildung 3.125: Tabellarischer Streckenverlauf der Schiffe

Kurswechsel nach 5 km

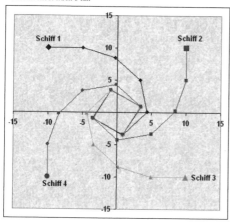

Abbildung 3.126: Streckenverlauf nach verzögertem Kurswechsel
(je 5 km statt je 1 km)

b) Wäre das Schiff 1 im Punkt 0/0 gestartet, würden die Schiffe nach 39 Schritten um die vier Koordinaten

- 1,6315/-2,1539
- 2,5878/-1,8613
- 3,4039/-2,4391
- 2,4477/-2,7317

kreisen. Abbildung 3.127 zeigt die Routen der Schiffe.

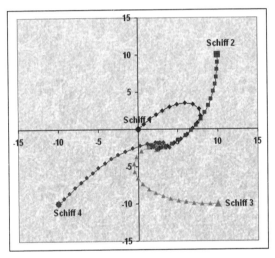

Abbildung 3.127: Streckenverlauf bei veränderter Startposition von Schiff 1

3.60 Die Zeche vom Skatabend

In dieser Aufgabe geht es darum, aufzudröseln, was der Preis für ein Glas Wasser, ein Bier und eine Bratwurst ist. Wir haben hier also drei unbekannte Größen, die es zu berechnen gilt. Nicht zufällig haben wir drei Personen, deren Gesamtzeche wir kennen, denn nur dadurch wird es uns ermöglicht, die Einzelpreise zu ermitteln. Wir stellen ein Gleichungssystem mit drei Gleichungen und drei Unbekannten auf.

Den Preis für Wasser, Bier und Bratwurst nennen wir P_W, P_{Bi} und P_{Br}. Dann lautet das Gleichungssystem (Abbildung 3.128):

	A	B	C	D	E
1	Spieler	Wasser	Bier	Bratwurst	Zeche
2	Walter	0	5	2	20,50 €
3	Boris	3	2	1	17,40 €
4	Jens	4	0	3	23,20 €
5		P_W ?	P_{Bi} ?	P_{Br}?	

Abbildung 3.128: Wasser + Bier + Bratwurst = Zeche

Walter: 0 * PW + 5 * PBi + 2 * PBr = 20,50

Boris: 3 * PW + 2 * PBi + 1 * PBr = 17,40

Jens: 4 * PW + 0 * PBi + 3 * PBr = 23,20

Schlagen wir zunächst den harten Weg des Einsetzungsverfahrens ein:

```
4*PW = 23,20 - 3*PBr
PW = 5,8 - 0,75*PBr
3*PW + 2*PBi + 1*PBr = 17,40
3*(5,8 - 0,75*PBr) + 2*PBi+1*PBr=17,40
17,40 - 2,25*PBr + 2*PBi+1*PBr = 17,40
1,25*PBr = 2*PBi
PBi = 0,625*PBr
5 * PBi + 2 * PBr = 20,50
5*0,625*PBr + 2*PBr = 20,50
5,125*PBr = 20,50
PBr = 4,00
PBi = 0,625*4 = 2,50
PW = 5,8 - 0,75*4 = 2,80
```

Wasser ist also 30 Cent teurer als Bier.

Wir hätten es uns aber auch ein klein wenig einfacher machen können. Mit der Excel-Formel

`B7:D7: {=MTRANS(MMULT(MINV(B2:D4);E2:E4))}`

kann obige Einsetzungsorgie auf einen Schlag umgangen werden, denn sie liefert das Array

`={2,8.2,5.4}`

Und das sind unsere drei Preise, siehe Abbildung 3.129:

B7	▼	fx	{=MTRANS(MMULT(MINV(B2:D4);E2:E4))}	
	A	B	C	D	E
1	Spieler	Wasser	Bier	Bratwurst	Zeche
2	Walter	0	5	2	20,50 €
3	Boris	3	2	1	17,40 €
4	Jens	4	0	3	23,20 €
5					
6		P_W:	Pbi:	P_{Br}:	
7		2,8	2,5	4	

Abbildung 3.129: Per Formel ermittelte Einzelpreise

Nochmals: Es handelt sich hierbei um eine *zusammenhängende* Matrixformel. Der Bereich B7:D7 wird *gleichzeitig* markiert, dann wird die Formel eingegeben und mit [Strg] + [⇧] + [↵] abgeschlossen.

Diese Formel mit MMULT und MINV basiert auf dem gaußschen Eliminationsverfahren. Um es zu verstehen, dröseln wir es noch ein wenig genauer auf. Zunächst muss man wissen, dass man die Elemente eines Gleichungssystems bestimmten Operationen unterziehen kann, ohne seine Lösungsmenge zu verändern. So kann eine Zeile des Systems mit einer reellen Zahl < > 0 multipliziert oder eine Zeile durch die Summe aus ihr und einer anderen Zeile ersetzt werden. Ziel dieser Umformungen ist es, in jeder Zeile und jeder Spalte nur noch eine Zahl < > 0 stehen zu haben, um dann den Wert im Lösungsvektor (Zeche) direkt ablesen zu können. Gauß kam auf die Idee, dass man genau dies erreicht, wenn man das System mit der Matrixinversen der Ursprungsmatrix multipliziert. Und das sehen wir genau in der nächsten Abbildung 3.130.

H4	▼	fx	{=MINV(A2:C4)}									
	A	B	C	D	E	F	G	H	I	J	K	L	M
1	W	Bi	Br	P		Inverse				W	Bi	Br	P
2	3	2	1	17,40		0,37	-0,15	-0,02		1	0	0	2,8
3	0	5	2	20,50		0,2	0,12	-0,15		0	1	0	2,5
4	4	0	3	23,20		0,49	0,2	0,37		0	0	1	4
5													

Abbildung 3.130: System der Matrixinversen (MINV) nach Gauß

Im Bereich F2:H4 wird die Inverse der Ursprungsmatrix gebildet (wieder als zusammenhängende Matrixformel).

F2:H4: {=MINV(A2:C4)}

Multipliziert man die Ursprungsmatrix mit der Matrixinversen, erhält man die gewünschte Einheitsmatrix im Bereich J2:L4, die nur noch eine 1 je Zeile und Spalte besitzt. Um auch zu verstehen, welche Operationen einer Matrixmultiplikation mit MMULT durchgeführt werden, listen wir es exemplarisch für einige Zellen auf:

J2: =A2*F2+B2*F3+C2*F4=1
K3: =A3*G2+B3*G3+C3*G4=1
L4: =A4*H2+B4*H3+C4*H4=1

Die übrigen Zellen ergeben nur noch Nullen:

J3: =A3*F2+B3*F3+C3*F4 = 0

usw.

Um die Lösungsmenge des Gleichungssystems nicht zu verändern, müssen sowohl die linke als auch die rechte Matrix umgeformt werden. Also wird auch der rechte Ergebnisvektor mit der Inversen multipliziert:

M2: =F2*D2+G2*D3+H2*D4 = 2,8
M3: =D2*F3+D3*G3+D4*H3 = 2,5
M4: =D2*F4+D3*G4+D4*H4 = 4

Weil dem umgeformten Ergebnisvektor nur noch eine 1 gegenübersteht, können wir direkt die drei Preise aus ihm ablesen. Nur noch nebenbei sei erwähnt, dass MTRANS hier nur den Zweck hat, den vertikalen Ergebnisvektor in eine Zeile zu bringen. Ansonsten trägt diese Funktion nichts zu der genialen MMULT/MINV-Lösung bei, die auf Karl Friedrich Gauß basiert.

Lösungsalternative mit dem Solver

Falls Sie sich nicht mit dem mathematischen Eliminationsverfahren anfreunden können, hilft Ihnen hier der Solver weiter. Was Sie einstellen müssen sehen Sie in Abbildung 3.131:

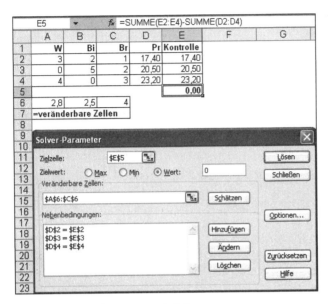

Abbildung 3.131: Lösung mittels Solver

Die zusätzlichen Formeln in der Tabelle:

E2: =SUMMENPRODUKT(A2:C2;$A$6:$C$6)

kopiert bis E4.

E5: =SUMME(E2:E4)-SUMME(D2:D4)

A6:C6 enthält die veränderbaren Zellen, die Sie vor der Solverberechnung mit irgendeinem Startwert belegen oder leer lassen. Die Zielzelle ist E5 und als Nebenbedingung müssen die drei Zellen E2:E4 die gleiche Zeche enthalten wie die Zellen D2:D4.

Wo wir gerade beim Skatabend sind: Für alle, die sich schon mal beim gemeinsamen Spielchen regeltechnisch in die Wolle geraten sind, geben wir hier noch ein paar (nicht ganz ernst gemeinte – oder vielleicht doch?) Regeln auf:

Bierlaxregeln:

Es werden die skurrilsten Streitpunkte aufgelistet und geregelt, die uns bekannt sind. Für nicht erwähnte Fälle gilt die Allgemeine deutsche Skatordnung.

1. Verlierer einer Runde ist der mit mehr als 500 (4 Spieler: 400) Punkten + Tagesdatum

2. Bei 2 Spielern drüber verliert der Höhere – bei Punktgleichheit: Beide je eine Runde (halbe Runden gibt es nicht)

3. Über 1.000 (800) + einmal Datum = 2 Runden usw.

4. Steht ein Spieler nicht auf dem Blatt (0 Punkte), gewinnt er doppelt

5. Nur die Datumsänderung auf den Monatsersten betrifft nicht die laufende Runde (wichtig aufgrund Regel 1!)

6. Grand = 24 (auch Hand); Null Ouvert Hand = 59; Handspiele müssen angesagt werden

7. Kein Grand Ouvert; keine Revolution; keine offenen Farbspiele

8. Bei Null Ouvert wird nach dem 1. Stich aufgedeckt (Variante: sofort)

9. Geschenkt werden können nur Grand-Spiele. Bei Ablehnung der Schenkung (Interesse) sowie bei Überreizen müssen die Gegner Schneider gespielt werden.

10. Interesse = eine Wertigkeit

11. Schneider = bis inklusive 30 Punkte

12. Schwarz = kein Stich (nicht: 0 Punkte)

13. Spitze (letzter Stich mit Trumpf – 7) gibt es nicht

14. Abheben muss bei 3 Spielern angeboten werden, bei 4 nicht. Klopfen ist erlaubt.

15. Geben: 3 - Skat - 4 - 3 oder 5 - Skat - 5 (geben/hören/sagen auch bei 4 Spielern)

Ansagen:

16. Kontra darf nur sagen, wer selbst gereizt hat (bzw. stilles Ja bei 18)

17. Kontra ist möglich, solange der Kontrasager keine Karte gespielt hat

18. Re nach Kontra ist möglich, solange der Alleinspieler noch 9 Karten hat

19. Bock, Hirsch, Sau, Supp o.ä. nach Re gibt es nicht.

20. Schneider und Schneider/schwarz: nur bei Handspiel

21. Nichts gesagt (nicht gereizt) = ein einziger Ramsch ohne Stock aufnehmen (keine ganze Runde)

Sonderrunden:

22. Verlorenes Kontra/gewonnenes Re = Ramsch/Bock – Runde (Ramsch zuerst)

23. Spiel 60:60 (gespaltener Arsch) = Ramschrunde

24. Spiel über 100 (ohne Doppler) = Bockrunde

25. Doppelbock (obige Kriterien in einem Bockspiel) gilt auch für Ramsch

26. Nicht zu Ende gespielte Sonderrunden werden übertragen (bei gleichen Spielern)

Ramsch:

27. Bis 3 Grand Hand gehen vor – dann Zwangsramsch (gleicher Geber)

28. Der Grand-Hand-Spieler kommt nicht automatisch selbst raus

29. Jungfrau/Schieben = jeweils Punkteverdoppelung (also max. 16-fach)

30. Jungfrau ansagen gibt es nicht

31. Buben weitergeben/drücken ist unzulässig

32. Durchmarsch = alle 10 Stiche (nicht: 120 Punkte)

33. Der letzte Stich erhält den Stock

34. Kein Kontra – auch nicht bei Grand Hand

Strafpunkte (zzgl. Bock/Doppelbock):

35. Falsch bedient = Schneider/schwarz für die Gegenpartei

36. Falsch bedient im Ramsch = 240 Miese (mal geschoben)

37. Vorwerfen (falsch rauskommen) = alle restlichen Stiche für die Gegenpartei

38. Stock des Alleinspielers anschauen = alle restlichen Stiche für den Alleinspieler

39. Zu früh aufgedeckt/gezeigt (kommentarloses „Rest an mich") = Rest für die Gegenpartei

40. Abheben (bei 3 Spielern) nicht anbieten = 50 Miese

41. Den Geber beim Reizen übergehen = 50 Miese und nochmals geben

42. Vergeben (nach Karteneinsicht) = 50 Miese und nochmals geben (max. 3-mal)

43. Falsches Aufnehmen des Stocks = 50 Miese (im Ramsch = 180 Miese)

44. Dreistellige Schnapszahl – ohne theoretische 555 bzw. 444 = Schnapsrunde (Säufervariante: auch zweistellige Schnapszahl bis 99) auch für den, der aussetzt (kein Preislimit; ohne Bock). Nichtschnapstrinker gehen leer aus. „Stattdessen ein Bier" ist unzulässig.

3.61 Die Soldaten, der Fluss und die Brücke

Es gibt 2 Lösungen. Hier zunächst eine davon (Abbildung 3.132):

	A	B	C	D	E	F	G	H	I	J
1										
2		Soldat	Gehzeit	Hinweg1	Rückweg1	Hinweg2	Rückweg2	Hinweg3	Position/Status	
3		1	5	1			1	1	Angekommen	
4		2	10	2	2			2	Angekommen	
5		3	20			3			Angekommen	
6		4	25			4			Angekommen	
7			Minuten	10	10	25	5	10	60	
8										

Abbildung 3.132: Lösung – alle Soldaten sind in 60 Minuten angekommen.

In Worten:

Soldat 1 und 2 marschieren los – macht 10 Minuten (die Gehzeit des langsameren). Soldat 2 bringt die Lampe wieder zurück – macht wieder 10 Minuten (Soldat 1 bleibt also zunächst im Heimatland). Jetzt wandern die beiden langsamsten Soldaten 3 und 4 rüber – macht 25 Minuten. Dort angekommen, drücken sie Soldat 1 (dem schnellsten) die Lampe in die Hand und schicken ihn zurück – macht 5 Minuten und in Summe bisher 50 Minuten. Er nimmt jetzt Soldat 2 mit. Beide brauchen 10 Minuten für den Weg – und alle Soldaten sind nach 60 Minuten angekommen.

Die zweite mögliche Lösung unterscheidet sich nur dadurch, dass Soldat 1 statt Soldat 2 den Rückweg 1 antritt – macht also zunächst 5 Minuten weniger. Dafür muss allerdings Soldat 2 den *Rückweg2* antreten – und da sind die zuvor gesparten 5 Minuten wieder verpufft. In Summe schaffen es alle natürlich auch so in 60 Minuten.

Jetzt begeben wir uns aber an das Excel-Modell. Die simpelste Formel finden wir in I7, denn dort wird lediglich die Gesamtsumme der bereits verbrauchten Minuten berechnet mit

I7: =SUMME(D7:H7)

Begeben wir uns zu den Minuten der einzelnen Wege. Die Überlegung lautet (am Beispiel der gezeigten Lösung für den *Hinweg1* in D3:D6):

Es sind die Minuten zu ermitteln, die der langsamste der involvierten Soldaten benötigt. Da die Zeit mit steigender Soldatennummer zunimmt, müssen wir also das Maximum der Soldatennummer ermitteln. Dieses Maximum (also 2 = Soldat 2 in Zelle D4) kann uns dann als Suchwert für einen SVERWEIS mit Bezug auf die Matrix B3:C6 dienen. Dadurch erhalten wir die verbrauchten Minuten. Hierbei kommt uns zugute, dass die Soldaten nach Gehminuten bereits aufsteigend sortiert sind. Eine Matrixsortierung kann übrigens – wenn sie denn möglich ist – in vielen Anwendungsfällen hilfreich sein.

Da wir noch den Fehlerwert #NV vermeiden wollen (wenn also alle Zellen noch leer sind), verschachteln wir den SVERWEIS in eine WENN-Funktion, die zunächst überprüft, ob bereits irgendein (Zahl)Eintrag vorhanden ist. Falls ja, dann SVERWEIS, ansonsten null.

In D7 haben wir formuliert:

`D7: =WENN(ANZAHL(D3:D6);SVERWEIS(MAX(D3:D6);$B3:$C6;2;);0)`

Diese Formel lässt sich so nach rechts bis H7 kopieren. Achten Sie dabei auf die richtige relative bzw. absolute Adressierung!

Weiter geht's zu den Formeln für *Position/Status*.

Den Status *Angekommen* erreicht ein Soldat nur dann, wenn sein letzter Weg ein *Hinweg* war. Da die Hinwege an erster, dritter und fünfter Position vorkommen, muss er also eine ungerade Anzahl an Wegen zurückgelegt haben. Teilt man seine Anzahl zurückgelegter Wege also durch 2, muss ein Rest von 1 übrig bleiben. Und damit sind wir auch bereits am Ziel:

`I3: =WENN(REST(ANZAHL(D3:H3);2)=1;"Angekommen";"Muss_noch_rüber")`

Die Formel bis I6 runterkopieren.

Wenn Sie jetzt noch Lust haben, dann können Sie noch ein wenig „bedingte" Optik in die Summenzelle I7 bringen, indem Sie bei Summen größer als 60 einen roten Hintergrund erzeugen und bei völlig korrekter Lösung diese Zelle grün einfärben. Dies lässt sich mithilfe der *Bedingten Formatierung* zum Beispiel wie folgt realisieren (Abbildung 3.133):

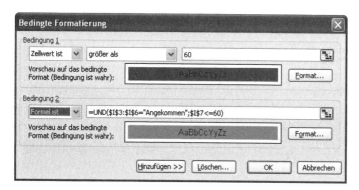

Abbildung 3.133: Bedingte Formatierung für die Gesamtsumme

Damit haben wir bereits eine voll funktionsfähige Lösung. Allerdings hat sie einen gravierenden Nachteil: Die Eingabezellen D3:H6 werden noch keinerlei Logikprüfung unterzogen – und somit ist der Bedienkomfort gleich null. Somit geht es jetzt an das „Wasserdichtmachen" – und das ist meistens aufwendiger als das Kreieren der Anwendung selbst.

Es gilt, verschiedene Bedingungen zu berücksichtigen, die da wären:

a) In jeder „Soldatenreihe" darf nur dessen Nummer eingegeben werden (1 in D3:H3, 2 in D4:H4, 3 in D5:H5 und 4 in D6:H6).

b) Pro Weg dürfen maximal 2 Soldaten gleichzeitig gehen.

c) Die Wege müssen der Reihenfolge nach erfolgen (man darf also nicht z.B. mit *Rückweg2* beginnen).

d) Nachträgliche Änderungen, die zu unerlaubten Kombinationen führen, sind nicht erlaubt.

e) Ein Soldat kann nur dorthin gehen, wo er derzeit **nicht** ist.

Wir formulieren die einzelnen Bedingungen aus der Sicht der Zelle D3 (sie ist die aktive Zelle):

a) `(D3=ZEILE($A1))`

b) `(ANZAHL(D$3:D$6)<3)`

c) `(ANZAHL(C$3:C$6))`

d) `(ANZAHL(E$3:$I$6)=0)`

e) `(REST(ANZAHL($D3:D3);2)<>REST(SPALTE(D$1);2))`

Dabei gilt, dass sich alle Bedingungen ergänzen, also „stand-alone" nicht unbedingt den gewünschten Effekt erzielen. Lässt man beispielsweise Bedingung 3 weg (die Prüfung nach der richtigen Reihenfolge der Wege), dann läuft Bedingung 5 mitunter ins Leere.

Die komplette Formel ergibt sich nun aus der Multiplikation der 5 Bedingungen (Abbildung 3.134):

=a*b*c*d*e - oder ausgeschrieben

```
=(D3=ZEILE($A1))*(ANZAHL(D$3:D$6)<3)*(ANZAHL(C$3:C$6)>0)*(ANZAHL(E$3:$I$6)=0)*
(REST(ANZAHL($D3:D3);2)<>REST(SPALTE(D$1);2))
```

Abbildung 3.134: Benutzerdefinierte Gültigkeit

Diese Formel lässt sich jetzt auf alle Zellen im Bereich D3:H6 übertragen (Zelle D3 kopieren und mit *Bearbeiten>Inhalte einfügen>Gültigkeit* im restlichen Bereich einfügen). Die Formel ist übrigens nebenbei eine Musterübung für den richtigen Umgang mit relativen, absoluten und gemischten Bezügen.

Wie sooft gibt es viele Wege, die nach Rom führen. Also können Ihre Formeln auch von den genannten differieren. Aber am Ende ist natürlich alles erlaubt, was funktioniert.

3.62 Stammbruchzerlegung

Die Stammbruchzerlegung von 59/120 ergibt:

1/3 + 1/7 + 1/65 + 1/10920

Das Verfahren stammt von dem italienischen Mathematiker Leonardo da Pisa, genannt und besser bekannt als Fibonacci. Es heißt das „nimmersatte Verfahren". Erinnern Sie sich an Ihre Kindheit und das Buch „Die kleine Raupe Nimmersatt"?

Dieses Verfahren lässt sich mit wenigen Formeln nachbauen, wie in Abbildung 3.135 zu sehen ist.

	A	B	C	D	E
A1		fx	=59/120		
1	0,4916666667				+ 1/3 + 1/7 + 1/65 + 1/10920
2	0,1583333333	3	+ 1/3	0	
3	0,0154761905	7	+ 1/3 + 1/7	0	
4	0,0000915751	65	+ 1/3 + 1/7 + 1/65	0	
5	0,0000000000	10920	+ 1/3 + 1/7 + 1/65 + 1/10920	1	
6	1,0000000000	-3E+14	+ 1/3 + 1/7 + 1/65 + 1/10920 + 1/-2999738t	0	
7	0,0000000000	1	+ 1/3 + 1/7 + 1/65 + 1/10920 + 1/-2999738t	0	
8	1,0000000000	-3,002E+14	+ 1/3 + 1/7 + 1/65 + 1/10920 + 1/-2999738t	0	
9	0,0000000000	1	+ 1/3 + 1/7 + 1/65 + 1/10920 + 1/-2999738t	0	
10	1,0000000000	-3,002E+14	+ 1/3 + 1/7 + 1/65 + 1/10920 + 1/-2999738t	0	
11	0,0000000000	1	+ 1/3 + 1/7 + 1/65 + 1/10920 + 1/-2999738t	0	
12	1,0000000000	-3,002E+14	+ 1/3 + 1/7 + 1/65 + 1/10920 + 1/-2999738t	0	
13	0,0000000000	1	+ 1/3 + 1/7 + 1/65 + 1/10920 + 1/-2999738t	0	
14	1,0000000000	-3,002E+14	+ 1/3 + 1/7 + 1/65 + 1/10920 + 1/-2999738t	0	
15	0,0000000000	1	+ 1/3 + 1/7 + 1/65 + 1/10920 + 1/-2999738t	0	

Abbildung 3.135: Stammbruchzerlegung

In A1 steht die zu zerlegende Zahl.

A2: =REST(A1;1)-RUNDEN(1/B2;14)
B2: =AUFRUNDEN(1/A1;0)
C2: =WENN(B2<10^15;C1&" + 1/"&B2;C1)

Die vorgeschaltete WENN-Prüfung auf B2<10^15 erfolgt nur aufgrund der Excel-Rechengrenze (es würden zwar auch 20-stellige Zahlen ausgespuckt werden, jedoch mit 5 Nullen am Ende – also auf keinen Fall korrekt).

Die Formel in Spalte B berechnet den Nenner des größten Stammbruches der Vorgängerzelle in Spalte A. In Spalte A wird dann lediglich der verbleibende Rest ermittelt, auf den dann die gleiche Berechnung aus Spalte B angewendet wird. In Spalte C werden nur noch die einzelnen Stammbrüche in einer Zeichenkette vereint.

A2:C2 wird bis A12:C12 kopiert. Nun werden die in Spalte C ermittelten Stammbruchnenner wieder zusammenaddiert und mit der Ausgangszahl in A1 verglichen.

`D2: =(SUMMENPRODUKT(1/(B$2:B2))=$A$1)*1`

Kopiert bis D12 bringt Spalte D nur in *der* Zeile eine 1, in der die Summen der Stammbrüche (bis zu dieser Zeile) mit A1 übereinstimmen. Alle weiteren berechneten Brüche in Spalte B können ignoriert werden.

Das Ergebnis in E1 liefert die Formel:

`E1: =INDEX(C:C;VERGLEICH(1;D:D;0))`

Die Formel sucht die 1 in Spalte D und nimmt dann die entsprechende Zeichenkette aus Spalte C, die alle richtigen Stammbrüche enthält.

Wegen der bekannten Rundungsprobleme in Excel können wir übrigens keine Gewähr dafür übernehmen, dass alle in A1 eingegebenen Ausgangszahlen zu einer korrekten Stammbruchzerlegung führen. Zumindest haben Sie aber die Prüfformel in Spalte D, die die Gewissheit darüber gibt, ob die aufgelisteten Stammbrüche in Summe mit der Ausgangszahl übereinstimmen.

3.63 Umlage – wer bekommt wie viel von wem?

Walter ist der Einzige, der nachzahlen muss (gesamt 405,- €), davon 300,- € an Jens und 105,- € an Boris.

Jemand, der so eine Rechnerei – speziell für mehr als 3 Personen – schon mal hinter sich gebracht hat, wird bestätigen können, dass man am Ende dem Wahnsinn nahe ist. Also werden wir uns nun daran begeben, ein Excel-Modell zu basteln, das uns diese Rechenarbeit abnimmt.

Was müssen wir dabei berücksichtigen?

▪ Es gibt immer einen Beteiligten, der gezahlt bzw. vereinnahmt hat.

▪ Die Ausgaben/Einnahmen müssen den Beteiligten zugeordnet werden können.

▪ Es muss zwischen Ausgabe und Einnahme unterschieden werden können.

Wir zeigen unser Endprodukt in Abbildung 3.136 und erläutern es im weiteren Verlauf:

	A	C	E	F	G	H	I	J	K	L	M	N
1												
2	1	2	3				1	WF	2	Jens	3	Boris
3	WF	Jens	Boris	Wer?	Betrag	Grund	Soll	Haben	Soll	Haben	Soll	Haben
4	x	x		1	900,00	Flug	-450,00	900,00	-450,00			
5	x		x	3	1.290,00	Hotel	-645,00				-645,00	1.290,00
6	x	x	x	2	840,00	Safari	-280,00		-280,00	840,00	-280,00	
7		x		3	400,00	Cash / Leihe			-400,00			400,00
8	60	x	30	2	360,00	Zeche	-150,00		-90,00	360,00	-120,00	
9			x	2	100,00	Cash / Leihe			-100,00	100,00	-100,00	
10	x	x	x	3	-660,00	Casino	220,00		220,00		220,00	-660,00
11												
12												
13												
14						Saldo:	-405,00			300,00		105,00
15												
16						Kontrolle: Alles ok!						
17												

Abbildung 3.136: Fertiges Modell zur Umlageberechnung

Vorab: In den Spalten A bis H befindet sich keine einzige Formel. Alle Eingaben erfolgen manuell.

In den Spalten A, C und E sind die beteiligten Personen erfasst. Die Spalten B und D sind leer und ausgeblendet (warum das so ist, wird im späteren Erklärungsverlauf deutlich). In Spalte F (*Wer?*) wird derjenige erfasst, der gezahlt bzw. vereinnahmt hat. In Spalte G wird der jeweilige verauslagte oder vereinnahmte Betrag erfasst. Dabei werden Ausgaben als positive und Einnahmen als negative Zahlen eingegeben. In den Spalten A, C und E werden die Zuordnungen gekennzeichnet. Beispielsweise hat Walter die Flüge für sich und Jens mit 900,– € bezahlt. Der Betrag (900,– €) wird in G4 eingegeben, die Nummer des Zahlers (WF = 1) kommt in F4 und diese Ausgabe betrifft sowohl WF als auch Jens – daher werden beide in A4 bzw. C4 mit *x* gekennzeichnet. In Zeile 8 wird die von Jens gezahlte Zeche (360,– €) verarbeitet. Dabei ist zu berücksichtigen, dass 60,– € separat auf Walter und 30,– € separat auf Boris entfallen (die Raucher eben). Diese Beträge werden in A8 bzw. E8 erfasst und nur der Rest (360,– € - 60,– € - 30,– € = 270,– €) wird gleichmäßig auf alle verteilt. Der Casinogewinn hingegen wird in Zeile 10 als negative Zahl (-660,– €) erfasst und gleichmäßig auf alle drei verteilt.

Kommen wir zum interessanten Teil der Tabelle – den Auswertungen. Hier legen wir für jeden Beteiligten ein T-Konto mit Soll und Haben an – also jeweils 2 Spalten. Die im weiteren Verlauf vorgestellten Formeln beziehen sich nur auf das T-Konto von WF

(Spalten I und J), können aber anschließend problemlos mit Kopieren und Einfügen in die anderen beiden T-Konten übertragen werden.

In I2 stellen wir einen Bezug zur Nummer in A2 her, in J2 einen Bezug zum Namen in A3:

```
I2: =A2
J2: =A3
```

Hier wird bereits deutlich, warum wir die Spalten B und D leer und ausgeblendet gelassen haben, denn andernfalls ließen sich diese Formeln (und auch noch die folgenden) nicht ohne weiteren Aufwand mit Copy & Paste auf die weiteren Spalten für Jens und Boris übertragen. Es wäre immer eine manuelle Anpassung der Bezüge notwendig (es ginge natürlich, aber das würde die Sache unnötig verkomplizieren).

Weiter geht es mit der Formel aus J4. Dort haben wir formuliert:

```
J4: =($F4=I$2)*$G4
```

Wenn WF (= Nr. 1 in I2) derjenige ist, der gezahlt bzw. vereinnahmt hat (F4), dann wird die Ausgabe/Einnahme auf der Habenseite seines Kontos verbucht: Ausgaben als positive und Einnahmen als negative Zahlen. Wichtig hierbei sind die korrekten gemischten Bezüge, um die Formeln später kopieren zu können!

Kommen wir zur Formel in I4. Sie ist der Knackpunkt der gesamten Berechnung. Sie ist aufgebaut als =WENN(Prüfung;Dann_Wert;Sonst_Wert) und lautet:

```
I4:
=WENN(($G4="")+(A4="");0;-N(A4)-RUNDEN(($G4-SUMME($A4:$E4))/
ANZAHL2($A4:$E4);3))
```

($G4="")+(A4="") ist eine ODER-Bedingung für den Parameter Prüfung der WENN-Funktion, die überprüft, ob in G4 oder A4 nichts steht. Trifft eine der Bedingungen zu, dann wird der Wert 0 als Dann_Wert zurückgegeben und der Rest der Formel wird ignoriert. Treffen hingegen beide Bedingungen nicht zu, dann kommt der Sonst_Wert der WENN-Funktion zum Tragen:

```
Sonst_Wert:
-N(A4)-RUNDEN(($G4-SUMME($A4:$E4))/ANZAHL2($A4:$E4);3)
```

-N(A4) wird entweder null ergeben (wenn A4 leer ist oder ein x enthält) oder aber den entsprechenden Wert aus A4 (das ist zum Beispiel in A8 der Fall: 60 wird dadurch zu -60). Dadurch bürden wir der entsprechenden Person (hier: WF) seinen Anteil auf, den er selbst zu tragen hat und der nicht auf alle verteilt wird. Die Funktion N() macht hierbei aus A4 (sofern dort ein Text bzw. ein x steht) eine Null und erlaubt dadurch die Subtraktion des weiteren Formelteils. Würden wir auf N() verzichten und in A4 stünde ein Text, dann würde unser gesamtes Ergebnis mit dem unschönen Fehlerwert #WERT! verhagelt und alle weiteren Berechnungen wären ebenfalls im Eimer. Steht in A4 hingegen eine Zahl, bewirkt die Funktion N() gar nichts.

Mit ($G4-SUMME($A4:$E4)) ermitteln wir den Betrag, der noch auf alle zu verteilen ist. Sofern nicht irgendein separater Anteil (wie in Zeile 8: 60 und 30) vorliegt, wird der Gesamtbetrag aus G4 zugrunde gelegt (SUMME($A4:$E4) ergibt also 0) – andernfalls wird er um die separaten Beträge reduziert. Den so ermittelten Betrag teilen wir dann durch die Anzahl der betroffenen Personen, und die ermitteln wir mit ANZAHL2($A4:$E4). Wenn wir den gesamten Formelteil ($G4-SUMME($A4:$E4))/ANZAHL2($A4:$E4) jetzt als *Anteil* bezeichnen, wird dieser mit RUNDEN(Anteil;3) noch auf 3 Nachkommastellen gerundet und wir sind fertig.

Die Formeln aus I4 und J4 kopieren wir jetzt noch runter bis Zeile 13. In I14 wird dann der negative Saldo berechnet mit

I14: =SUMME(I4:J13)*(SUMME(I4:J13)<0)

und in J14 der positive Saldo mit

J14: =SUMME(I4:J13)*(I14=0)

wobei aufgrund der wechselseitigen Abhängigkeit einer von beiden immer null ergibt.

Hier angekommen, können wir die Spalten I und J kopieren und in die Nachbarspalten für Jens und Boris einfügen – den korrekten relativen/absoluten/gemischten Adressierungen sei Dank.

Die Zellen I4:N14 und G4:G14 versorgen wir noch – der Optik halber – mit dem Zahlenformat *Zahl, Dezimalstellen 2, 1000er-Trennzeichen und Negative Zahlen Rot -1.234,10*. Und unter *Extras>Optionen>Ansicht* deaktivieren wir das Häkchen bei *Nullwerte*.

Zur Kontrolle prüfen wir, ob die (auf 2 Nachkommastellen gerundete) Summe aus den Salden in I14:N14 null ergibt. Falls ja, o.k., andernfalls fehlen noch Zuordnungen:

I16:
=WENN(RUNDEN(SUMME(I14:N14);2);"Unstimmiger Saldo - es fehlen noch Zuordnungen!!!";"OK")

Das Ganze erscheint für den Moment ziemlich aufwendig – zukünftig wird es Ihnen aber eine Menge Arbeit abnehmen.

3.64 Antikörper gehen auf Virenjagd

Skizzieren wir zum besseren Verständnis das Problem in einem Schaubild (Abbildung 3.137):

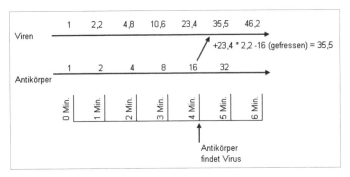

Abbildung 3.137: Schematische Darstellung – Antikörper trifft Virus

In diesem Beispiel hätten die Antikörper die Viren nach vier Minuten aufgespürt. Die Virenzahl hat sich inzwischen auf 23,4 erhöht. Diese 23,4 können sich noch einmal vermehren, bevor 16 von ihnen – von den mittlerweile 16 Antikörpern – aufgefressen werden.

Alternativ könnte man auch für „vorschüssiges" Fressen argumentieren. Dann hätten sich 16 von 23,4 angeknabberten Viren möglicherweise nicht mehr vermehren können. Wir werden beide Varianten einmal durchrechnen.

Bauen Sie die Excel-Tabelle in Abbildung 3.138 wie folgt auf:

	D7	▾	f_x =D6*2,2-E7*B6		
	A	B	C	D	E
1	Minuten	Antikörper		Virus	Fressen beginnt
2	0	1		1,0	0
3	1	2		2,2	0
4	2	4		4,8	0
5	3	8		10,6	0
6	4	16		23,4	0
7	5	32		35,5	1
8	6	64		46,2	1

Abbildung 3.138: Wachstum von Antikörpern und Viren

In Spalte A steht der Zeitstrahl der vergangenen Minuten. In Spalte B steht die Vermehrung der Antikörper.

B2: 1
B3: =B2*2

In Spalte D steht die Vermehrung der Viren:

D2: =1
D3: =D2*2,2-E3*B2

Die Formeln aus Spalte B und D werden nach unten kopiert. In Spalte E wird ab der Minute, ab der die Antikörper die Viren gefunden haben, eine 1 eingetragen. Der Abzug E3*B2 in Spalte D sorgt dafür, dass ab der Zeile, ab der in Spalte E eine 1 steht, die Virenzahl um die Menge Antikörper der Vorgängerzeile in Spalte B reduziert wird.

Jetzt probieren wir aus, wie weit wir die erste 1 in Spalte E nach unten setzen können, um trotzdem noch die Virenpopulation in den Griff zu bekommen.

Abbildung 3.139 zeigt, dass es in der 17. Minute gerade noch ausreicht.

	A	B	C	D	E
1	Minuten	Antikörper		Virus	Fressen beginnt
17	15	32.768		136.880,1	0
18	16	65.536		301.136,1	0
19	17	131.072		596.963,5	1
20	18	262.144		1.182.247,8	1
21	19	524.288		2.338.801,1	1
22	20	1.048.576		4.621.074,4	1
23	21	2.097.152		9.117.787,6	1
24	22	4.194.304		17.961.980,8	1
25	23	8.388.608		35.322.053,7	1
26	24	16.777.216		69.319.910,2	1
27	25	33.554.432		135.726.586,5	1
28	26	67.108.864		265.044.058,4	1
29	27	134.217.728		515.988.064,4	1
30	28	268.435.456		1.000.956.013,7	1
31	29	536.870.912		1.933.667.774,2	1
32	30	1.073.741.824		3.717.198.191,1	1
33	31	2.147.483.648		7.104.094.196,5	1
34	32	4.294.967.296		13.481.523.584,3	1
35	33	8.589.934.592		25.364.384.589,5	1
36	34	17.179.869.184		47.211.711.504,8	1
37	35	34.359.738.368		86.685.896.126,5	1
38	36	68.719.476.736		156.349.233.110,4	1
39	37	137.438.953.472		275.248.836.106,9	1
40	38	274.877.906.944		468.108.485.963,1	1
41	39	549.755.813.888		754.960.762.174,9	1
42	40	1.099.511.627.776		1.111.157.862.896,8	1
43	41	2.199.023.255.552		1.345.035.670.597,0	1
44	42	4.398.046.511.104		760.055.219.761,4	1
45	43	8.796.093.022.208		-2.725.925.027.828,9	1
46	44	17.592.186.044.416		-14.793.128.082.991,6	1

Abbildung 3.139: Der Antikörper trifft den Virus rechtzeitig in der 17. Minute.

Ab der 43. Minute wird die Virenanzahl rechnerisch negativ, d.h., sie sind besiegt. Schlagen die Antikörper nur eine Minute später zu, ist es schon zu spät (Abbildung 3.140). Die Virenanzahl wird unaufhaltsam immer größer.

Jetzt prüfen wir noch mal den „vorschüssigen" Fall, d.h., die leicht angeknabberten Viren können sich nicht mehr vermehren. Dazu müssen wir die Formel in D3 nur leicht modifizieren.

D3: =(D2-E3*B2)*2,2

Die Anzahl Antikörper wird also direkt zum Abzug gebracht und nur der Rest an Viren kann sich vermehren. In diesem Fall können sich die Antikörper bis zur 26. Minute Zeit lassen und bekommen die Viren immer noch in der 70. Minute gebändigt (na ja, die Virenmenge ist dann aber zwischenzeitlich so groß, dass sie dem Herrn schon aus den Ohren quellen müsste).

	A	B	C	D	E
					Fressen
1	**Minuten**	**Antikörper**		**Virus**	**beginnt**
19	17	131.072		662.499,5	0
20	18	262.144		1.326.427,0	1
21	19	524.288		2.655.995,3	1
22	20	1.048.576		5.318.901,7	1
23	21	2.097.152		10.653.007,8	1
24	22	4.194.304		21.339.465,1	1
25	23	8.388.608		42.752.519,1	1
26	24	16.777.216		85.666.934,1	1
27	25	33.554.432		171.690.039,0	1
28	26	67.108.864		344.163.653,8	1
29	27	134.217.728		690.051.174,4	1
30	28	268.435.456		1.383.894.855,7	1
31	29	536.870.912		2.776.133.226,6	1
32	30	1.073.741.824		5.570.622.186,5	1
33	31	2.147.483.648		11.181.626.986,3	1
34	32	4.294.967.296		22.452.095.721,8	1
35	33	8.589.934.592		45.099.643.291,9	1
36	34	17.179.869.184		90.629.280.650,1	1
37	35	34.359.738.368		182.204.548.246,2	1
38	36	68.719.476.736		366.490.267.773,6	1
39	37	137.438.953.472		737.559.112.366,0	1
40	38	274.877.906.944		1.485.191.093.733,2	1
41	39	549.755.813.888		2.992.542.499.269,1	1
42	40	1.099.511.627.776		6.033.837.684.504,0	1
43	41	2.199.023.255.552		12.174.931.278.132,7	1
44	42	4.398.046.511.104		24.585.825.556.340,0	1
45	43	8.796.093.022.208		49.690.769.712.844,0	1
46	44	17.592.186.044.416		100.523.600.346.049,0	1
47	45	35.184.372.088.832		203.559.734.716.891,0	1
48	46	70.368.744.177.664		412.647.044.288.329,0	1
49	47	140.737.488.355.328		837.454.753.256.660,0	1
50	48	281.474.976.710.656		1.701.662.968.809.320,0	1

Abbildung 3.140: Der Antikörper kommt 1 Minute zu spät.

3.65   Nachtclub-Statistik

Das ist lediglich das Geburtstagsparadoxon mit anderen Zahlen. Beim Geburtstagsparadoxon wird die Frage gestellt, wie viele Leute zusammentreffen müssen, damit die Wahrscheinlichkeit über 50 % beträgt, dass zwei am gleichen Tag Geburtstag haben.

Der allgemeine Denkfehler – da meist um den Faktor 10 zu hoch geschätzt wird – besteht darin, dass ein bestimmtes Datum herausgepickt wird, um dann zu eruieren, bei wie viel Personen genau dieses Datum noch einmal vorkommt. Aber *jedes* der möglichen 365 Daten (Plural von Datum) wird auf doppeltes Vorhandensein geprüft!

Man sollte eigentlich nie negativ denken – hier ist es aber sinnvoll: Wie viele Personen haben **nicht** mit einer anderen Person zusammen Geburtstag? Die Anzahl der möglichen Geburtstage für n (hier für zwei) Personen ist

$365^n = 365^2 = 133.225$

Und ausschließlich unterschiedliche Geburtstage für n Personen:

$365*364*363*362*361*360*359*$ ...

Stopp, stopp, stopp – hab's geschnallt: FAKULTÄT.

Also FAKULTÄT(365) – und für n<365 also

FAKULTÄT(365)/FAKULTÄT(365-n)

Das wird eine irrsinnige Zahl, deren Berechnung Excel verweigert (dazu später mehr). Für die Wahrscheinlichkeit muss dieser Irrsinn durch 365^n dividiert werden:

FAKULTÄT(365)/(FAKULTÄT(365-n)*365^n)

Na also geht doch: eine Zahl kleiner als 1 (in Prozent eben eine Zahl zwischen 0 und 100). Jetzt haben wir die Wahrscheinlichkeit, dass n Personen **nicht** zusammen mit einer anderen Person Geburtstag haben. Die positive Aussage, wie viele gemeinsam Geburtstag haben, ist 1 minus diese Zahl. Um auf über 50 % zu kommen, müssen wir n so lange manipulieren, bis wir bei über 0,5 landen.

Zurück zur Aufgabe: Es geht hier nicht um 365 Geburtsdaten, sondern um mögliche Jahresalter. Wie viele sind es? Der älteste Gast ist 69 – das ist logischerweise *bis*. Wir sind in einem Nachtclub – somit greift das Jugendschutzgesetz: Die Alter bis 17 Jahre entfallen und wir überprüfen 69 minus 17 = 52 Möglichkeiten. Obige Formel mit 52 statt 365: 52!/((52-n)!*52^n) ergibt mit n=9 das erste Ergebnis größer als 0,5. Mit Excel (in A1 steht die Personenzahl):

=1-FAKULTÄT(52)/(FAKULTÄT(52-A1)*(52^A1))

Es müssen also nur 9 Gäste anwesend sein, damit statistisch gesehen zwei gleich alt sind. Jetzt wollen Sie natürlich auch das dem zugrunde liegende Geburtstagsparadoxon basteln:

```
=1-FAKULTÄT(365)/(FAKULTÄT(365-A1)*(365^A1))
```

Und Sie sehen #ZAHL! Die reine Mathematik ist Excel nun mal überlegen! Bei =FAKULTÄT(170) ist bei Excel Schicht.

Also, keine Lösung mit Excel – doch, denn es gibt ja Arrayformeln. Damit können wir zwar auch nicht auf Zahlen, die größer sind als 170! zugreifen. Wenn aber bei 52 Jahresaltern 9 herauskommt (Divisor also fast 6) sollte 120 bei 365 Geburtstagen eigentlich langen (wir dürfen also maximal bei 365 minus 120 = 245 beginnen) – und dem ist auch so:

```
{=1-PRODUKT((ZEILE(INDIREKT("A"&365-A1+1):A365)))/(365^A1)}
```

Wieso 120 und nicht 170? 365^120 ergibt noch eine Zahl, 365^121 aber bereits #ZAHL!

In A1 steht die zu überprüfende Personenzahl und bei 23 landen wir bei über 0,5 (>50 %). Es müssen also nur 23 Leute zusammenkommen, sodass dort wahrscheinlich zwei gleichzeitig Geburtstag haben. Der grafische Nachweis ergibt sich aus Abbildung 3.141:

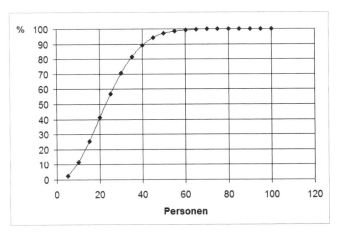

Abbildung 3.141: Grafischer Nachweis des Geburtstagsparadoxons

Bei 60 Personen (99,4 %) hat man also fast null Chance, nicht auf zwei zu treffen, die gleichzeitig Geburtstag haben.

3.66 Die Excel-Waage

a) Als Erstes führen Sie eine Wiegung drei gegen drei durch, beispielsweise a, b, c gegen d, e, f. Ist die Waage ausgeglichen, wissen Sie, dass der Ausreißer einer von g, h oder i sein muss. In dem Fall wiegen Sie im zweiten Schritt lediglich g gegen h. Ist die Waage dann immer noch im Gleichstand, muss i der schwere Brocken sein. Kippt dagegen im zweiten Anlauf die Waage nach einer Seite, offenbart sich dadurch der Sonderling.

Kippt bereits bei der ersten Wiegung die Waage, beispielsweise in Richtung der Goldstücke a, b und c, werden nur noch a und b verglichen (so wie zuvor g und h). Sind a und b gleich schwer, ist die Lösung c. Wer noch auf dem Schlauch steht, kann sich das Prinzip in Abbildung 3.142 vor Augen führen.

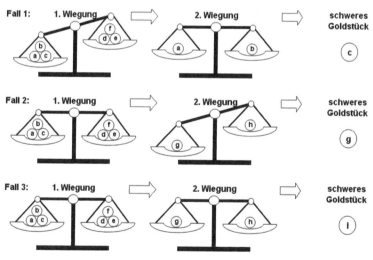

Abbildung 3.142: Wiegevarianten zur Ermittlung des schwereren Goldstücks

b) Es besteht ein wesentlicher Unterschied zwischen den Wiegungen „2 aus 9" und „3 aus 12". Im ersteren Fall ist die zweite Wiegung vom Ergebnis der ersten Wiegung abhängig. Im zweiten, schwierigeren Fall stehen alle drei Wiegungen von vornherein fest. Denn es ist möglich, die Goldstücke bei den drei Wiegungen so intelligent zu verteilen, dass, egal welches Goldstück aus der Reihe tanzt, durch den Ausschlag der Balkenwaage immer eindeutig ersichtlich wird, welches es ist. Die Aufteilung der Goldstücke auf die drei Wiegungen bleibt dabei immer gleich!

Als Erstes wiegen Sie 1 - 2 - 3 - 4 gegen 5 - 6 - 7 - 8 (auch jede andere Konstellation vier gegen vier ist natürlich möglich).

Wenn diese Konstellation nicht im Gleichgewicht ist, weiß man schon mal, dass die Goldstücke 9 - 10 - 11 - 12 „sauber" sind, also alle das gleiche Gewicht haben müssen. Sie wissen aber noch nicht, ob sich nun auf der leichteren Seite das eine zu leichte **oder** auf der schwereren Seite das eine zu schwere Goldstück befindet. Wie geht's also weiter?

Wir müssen alle 12 Goldstücke so auf die drei Wiegungen verteilen, dass das Ergebnis immer eindeutig ist. Die Lösung dieses Problems führt darüber, dass manche Goldstücke an drei Wiegungen beteiligt sind, manche nur an zwei und ein paar auch nur an einer einzigen Wiegung.

Genau gesagt sind drei Goldstücke an nur einer, sechs an zwei und drei an allen Wiegungen beteiligt. An jeder Wiegung treten gleich viele Goldstücke, nämlich vier gegen vier andere, an (auch dieser Fakt galt bei „3 aus 9" nicht). Zur Kontrolle:

3 * 8 = 1*3 + 2*6 + 3*3 = 24 Beteiligte

Passt!

Eigentlich muss bei 4 Goldstücken à 5 Gramm ja immer 20 herauskommen. Bei einem leichteren oder schwereren Goldstück kommt einmal, zweimal oder dreimal 19 bzw. 21 vor – logischerweise nicht gleichzeitig links und rechts bei einer Wiegung. Tüfteln ist also angesagt!

Die Zweier (bei zwei Wiegungen beteiligt) auszuklamüsern, erfordert Kombinationsgeschick – die Dreier und Einser ergeben sich dann quasi von selbst. Aus den Blöcken 1:4, 5:8 und 9:12 nehmen wir die Stücke 3, 4, 5, 6, 9 und 12 und verteilen sie so, dass keine Konstellation doppelt vorkommt:

- 1. Wiegung: _ _3 4 gegen 5 6 _ _
- 2. Wiegung: _ 5 _ 9 gegen _ 3 12 _
- 3. Wiegung: 6 _ _ _ gegen 4 9 12 _

Zur Auswahl von 3 Goldstücken, die bei allen Vorgängen beteiligt sind, nehmen wir die Nummern 1, 2 und 7.

- 1. Wiegung: 1 2 3 4 gegen 5 6 7 _
- 2. Wiegung: 1 5 7 9 gegen 2 3 _ 12
- 3. Wiegung: 1 2 6 7 gegen 4 9 _ 12

Jetzt werden noch die Goldstücke 8, 10 und 11 zugewiesen, die an nur einer Wiegung beteiligt sind.

- 1. Wiegung: 1 2 3 4 gegen 5 6 7 8
- 2. Wiegung: 1 5 7 9 gegen 2 3 10 12
- 3. Wiegung: 1 2 6 7 gegen 4 9 11 12

Damit sind alle Wiegungen komplett. Zur Kontrolle, dass die Lösung stimmt und immer eindeutige Ergebnisse liefert, bauen wir jetzt die Excel-Waage (Abbildung 3.143)

Zuerst wird ein zu leichtes oder zu schweres Goldstück per Zufallsgenerator ausgewählt.

In Zelle A1 steht

```
A1: =ZUFALLSZAHL()
```

und in Zelle B1

```
B1: =5+WENN(A1=MAX($A$1:$A$12);WENN(ZUFALLSZAHL()<0,5;-1;1))
```

A1:B1 wird runterkopiert bis zur 12. Zeile. In Spalte C wird nichts gerechnet, sondern sie ist lediglich Statistik, die anzeigt, an wie vielen Wiegevorgängen ein Goldstück beteiligt ist.

Je nachdem, in welcher Zeile von A1 bis A12 die höchste Zufallszahl steht, wird von der Basiszahl 5 in B1 bis B12 die Zahl 1 subtrahiert (wenn die entsprechende Zufallszahl kleiner als 0,5 ist) oder addiert.

Die drei Wiegevorgänge:

```
D1: =B1+B2+B3+B4
E1: =B5+B6+B7+B8
D2: =B1+B5+B7+B9
E2: =B2+B3+B10+B12
D3: =B1+B2+B6+B7
E3: =B4+B9+B11+B12
```

Um das Ergebnis nicht nur visuell darzustellen, nehmen Sie noch die Arrayformel:

```
F1:
="Nr."&MIN(WENN(B1:B12<>5;ZEILE(1:12)))&" ("&ZÄHLENWENN(D1:E3;"<>"&20)&")"
```

	A	B	C	D	E	F
1	0,6845875	5	3	20	21	Nr. 6 (2)
2	0,5448127	5	3	20	20	
3	0,817178	5	2	21	20	
4	0,7166199	5	2			
5	0,1353936	5	2			
6	0,9117679	6	2			
7	0,6841611	5	3			
8	0,3574839	5	1			
9	0,0603752	5	2			
10	0,1562426	5	1			
11	0,6696355	5	1			
12	0,701125	5	2			

Abbildung 3.143: Die „Excel-Waage" für 12 Goldstücke

Manchmal sagen Bilder mehr als tausend Worte. Wenn Sie noch skeptisch sind, ob das Ergebnis immer eindeutig ist, sehen Sie in Abbildung 3.144 eine grafische Darstellung mit vier Beispielfällen, mit der Sie die dahinter steckende Logik besser verinnerlichen können.

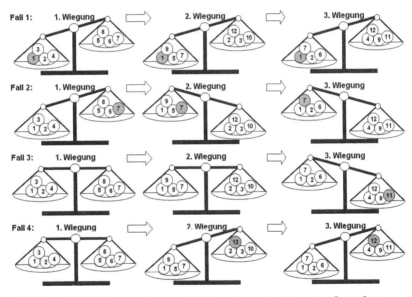

Abbildung 3.144: Wiegevarianten mit 12 Kugeln zur Ermittlung des Ausreißers

Spielen Sie gedanklich durch, dass ein anderes Goldstück der Ausreißer wäre. Die Balkenwaagen der drei Wiegungen würden stets so ausschlagen, dass das Ergebnis eindeutig ist.

3.67   Gesellige Freunde

Die Aliquot-Folge endet bei 0 oder in einer geselligen Kette, die sich ständig wiederholt. Besteht diese Kette nur aus zwei Zahlen, so spricht man von befreundeten Zahlen. Beispielsweise sind die Zahlen 1.184 und 1.210 befreundet, denn 1.184 ist die Teilersumme von 1.210 und 1.210 ist die Teilersumme von 1.184. Befreundet ist auch das Zahlenpaar 220 und 284. Besteht die Kette sogar nur aus einer Zahl (was bedeutet, dass sie selbst ihrer Teilersumme entspricht), so spricht man von vollkommenen Zahlen, wie die 6, 28, 496 oder 8.128. Aber nun zur Lösung der Aufgabe:

In Zelle B3 wird die Ausgangszahl der Folge eingegeben, hier also die 1.000.

`B3: 1000`

Die Formel zur Erzeugung der Aliquot-Formel ab B4:

`B4:`
`{=WENN(MIN(B$3:B3)=0;"";SUMME((REST(B3;ZEILE(INDIREKT("1:"&B3)))=0)*`
`ZEILE(INDIREKT("1:"&B3)))-B3)}`

und nach Belieben runterkopieren.

Was macht diese Formel? Um es zu veranschaulichen geben wir in B3 eine kleine Zahl ein: 12.

Der erste Teil, `WENN(MIN(B$3:B3)=0;"";`, dient nur der Vermeidung einer Fehlermeldung, wenn in der Folge die Summe der Teiler null ist. Ohne dies reduziert sich die Formel auf:

`{=SUMME((REST(B3;ZEILE(INDIREKT("1:"&B3)))=0)*ZEILE(INDIREKT("1:"&B3)))-B3}`

`ZEILE(INDIREKT("1:"&B3))` dient dazu, ein Array mit den Zahlen von 1 bis zur Größe der Zahl in B3 zu erzeugen. Da wir jetzt den konkreten Fall von B3 = 12 ansprechen, reduziert sich die Formel weiter auf:

`{=SUMME((REST(12;ZEILE(1:12))=0)*ZEILE(1:12))-B3}`

Sieht doch jetzt richtig niedlich aus :-)

ZEILE(1:12) ist ein Platzhalter für die Zahlen 1 bis 12. Markieren Sie jetzt den Formelteil (REST(12;ZEILE(1:12))=0), betätigen die Taste F9 und Sie sehen:

{WAHR;WAHR;WAHR;WAHR;FALSCH;WAHR;FALSCH;FALSCH;FALSCH;FALSCH;FALSCH;WAHR}

Das heißt: 12 dividiert durch alle Zahlen von 1 bis 12 ergibt den Rest 0, also WAHR bei 1, 2, 3, 4, 6, und 12.

Jetzt werden diese WAHR und FALSCH mit ZEILE(1:12) multipliziert (WAHR in einer mathematischen Operation ist 1 und FALSCH ist 0) und man sieht nach dem Drücken von F9:

{1;2;3;4;0;6;0;0;0;0;0;12}

Das summiert ergibt 28 und davon die Ursprungszahl 12 subtrahiert ergibt 16 = die Summe aller Teiler ohne die Zahl selbst. Zurück zur Aufgabenstellung:

Die berechnete Aliquot-Folge, beginnend ab 1.000, sehen Sie in Abbildung 3.145.

	A	B	C
1			
2		18	benötigte Schritte
3		1000	
4		1340	
5		1516	
6		1144	
7		1376	
8		1396	
9		1054	
10		674	
11		340	
12		416	
13		466	
14		236	
15		184	
16		176	
17		196	
18		203	
19		37	
20		1	
21		0	

Abbildung 3.145: Aliquot-Folge

Nun fehlt noch die Formel die anzeigt, wann die Folge bei 0 landet. Außerdem muss diese Formel auch berücksichtigen, dass nicht alle Anfangszahlen bei 0 landen, sondern teilweise auch in einer geselligen Runde:

B2:
=WENN(ISTFEHLER(VERGLEICH(0;B4:B1000;0));"Kette";VERGLEICH(0;B4:B1000;0))

Die Aliquot-Folge erreicht also nach 18 Schritten die Null.

3.68 Dreimal angeeckt

Definitionen:

Eine Dreieckszahl beziffert die Anzahl der Punkte oder Kästchen (wie in der Abbildung der Aufgabenstellung), die nötig sind, um ein rechtwinkliges Dreieck in gleichmäßigen Abständen auszufüllen. Mathematisch betrachtet entspricht die x-te Dreieckszahl der Summe aller Zahlen von 1 bis x.

Die Folge der Dreieckszahlen beginnt mit

1 - 3 - 6 - 10

Die Differenz ihrer Glieder beträgt

2 - 3 - 4 - usw.

Die Differenz der Differenz bezeichnet man als Additivum und sie beträgt bei der Dreieckszahl 1 (könnte man auch als zweite Ableitung bezeichnen).

Für eine Viereckszahl gilt fast dasselbe, nur dass sich keine Dreiecke, sondern Quadrate aus den Punkten oder Kästchen ergeben. Mathematisch betrachtet entspricht die x-te Viereckszahl der x-ten Quadratzahl x^2.

Die Folge der Viereckszahlen beginnt mit

1 - 4 - 9 - 16

Die Differenz ihrer Glieder beträgt

3 - 5 - 7 - usw.

Das Additivum beträgt bei der Viereckszahl folglich 2. Allgemein gilt: Die Additiva bei den Dreiecks, Vierecks-, Fünfecks-, Sechseckszahlen usw. beginnen mit 1 und erhöhen sich jeweils um 1 (die Differenz der Additiva beträgt demnach 1 – jetzt sind wir quasi bei der dritten Ableitung). In Abbildung 3.146 fassen wir tabellarisch zusammen:

Addititivum	1.	2.	3.	4.	5.	6.	7.	8.	9.	10.
+1	1	2	3	4	5	6	7	8	9	10
Dreieckszahl	1	3	6	10	15	21	28	36	45	55
+2	1	3	5	7	9	11	13	15	17	19
Viereckszahl	1	4	9	16	25	36	49	64	81	100
+3	1	4	7	10	13	16	19	22	25	28
Fünfeckszahl	1	5	12	22	35	51	70	92	117	145
+4	1	5	9	13	17	21	25	29	33	37
Sechseckszahl	1	6	15	28	45	66	91	120	153	190
+5	1	6	11	16	21	26	31	36	41	46
Siebeneckszahl	1	7	18	34	55	81	112	148	189	235
+6	1	7	13	19	25	31	37	43	49	55
Achteckzahl	1	8	21	40	65	96	133	176	225	280

Abbildung 3.146: n-Eckszahlen-Folgen mit Additiva

Die jeweiligen Zahlenfolgen kann man auch direkt ohne die Hilfszeilen mit den Additiva bestimmen. In der offiziellen Literatur gibt es da für jeden Grad eine separate Formel. Das x-te Glied lautet

- y=x∗(x+1)/2 für 3er

- y=x∗x für 4er

- y=x∗(3∗x-1)/2 für 5er

- y=x∗(2∗x-1) für 6er

- y=x∗(5∗x-3)/2 für 7er

- y=x∗(6∗x-4)/2 für 8er usw.

Doch wozu – so'n Quatsch! Dies lässt sich allgemeingültig für jeden Grad g (ab 3) mit einer quadratischen Gleichung der Form (Abbildung 3.147) ...

$$y = a \cdot x^2 + b \cdot x$$

Abbildung 3.147: Allgemeine quadratische Gleichung

... mit

a = (g/2-1)

und

b = -g/2+2

darstellen. a und b ersetzt, ergibt (Abbildung 3.148):

$$y = \left(\frac{g}{2} - 1\right) \cdot x^2 + \left(-\frac{g}{2} + 2\right) \cdot x$$

Abbildung 3.148: Quadratische Gleichung für n-Eckszahlen-Folgen

Dies stammt von einem Hobby-Mathematiker – wahrscheinlich fehlt der elementare, mathematische Beweis (mit vollständiger Induktion bzw. a là der nach Jahrhunderten endlich bewiesenen Fermat'schen Vermutung) für die Allgemeingültigkeit aller Grade.

Um auf die Aufgabe zurückzukommen: Jede Eckzahlenreihe beginnt mit 1, gefolgt von g (g = Grad).

A1:C1: =1
A2: =3
B2: =4
C2: =6

Dann die allgemeingültige quadratische Gleichung in Excel-Form:

A3: =(A$2/2-1)*ZEILE()^2+(-A$2/2+2)*ZEILE()

A3:C3 bis ca. Zeile 100 runterkopieren – sollte für die Zahl langen, die in allen drei Spalten vorkommt. Um diese Zahl zu finden, schreiben wir

D2: =ZÄHLENWENN(A:C;C2)

und kopieren es herunter. Dort, wo zum ersten Mal die 3 auftaucht, ist unsere Fundstelle.

=INDEX(C:C;VERGLEICH(3;D:D;0))

liefert uns die Lösung: 1.225.

Achten Sie in nachfolgender Abbildung 3.149 auf die Zeilenzahlen – da wurde jede Menge ausgeblendet.

Die ZÄHLENWENN-Hilfsspalte brauchen wir eigentlich nicht. Stattdessen nehmen wir eine statistische Formel – man muss nur wissen, dass es sie gibt:

G2: =MODALWERT(A2:C500) = 1.225

liefert uns die Zahl, die im abgefragten Bereich am häufigsten vorkommt. Die Zahlen in den Spalten A bis C sind jeweils aufsteigend – also kann es pro Spalte keine mehrfachen geben. Dass es tatsächlich ein Dreier und nicht nur ein Zweier ist, kann man natürlich mit ZÄHLENWENN abfragen.

	A	B	C	D	E	F	G
					D2	=ZÄHLENWENN(A:C;C2)	
1	1	1	1				
2	3	4	6	2		Lösung:	1225
3	6	9	15	2		x-te-Dreieckszahl:	49
4	10	16	28	2		x-te-Viereckszahl:	35
5	15	25	45	2		x-te-Sechseckszahl:	25
6	21	36	66	2			
7	28	49	91	2			
8	36	64	120	2			
9	45	81	153	2			
10	55	100	190	2			
11	66	121	231	2			
12	78	144	276	2			
13	91	169	325	2			
14	105	196	378	2			
15	120	225	435	2			
16	136	256	496	2			
17	153	289	561	2			
18	171	324	630	2			
19	190	361	703	2			
20	210	400	780	2			
21	231	441	861	2			
22	253	484	946	2			
23	276	529	1035	2			
24	300	576	1128	2			
25	325	625	1225	3			
35	630	1225	2415	2			
49	1225	2401	4753	2			
50	1275	2500	4950	2			

Abbildung 3.149: Ermittlung der gesuchten Zahl

Uns interessiert aber auch, die wievielte Dreieckszahl, Viereckszahl und Sechseckszahl das Ergebnis ist. Dazu drei kleine Formeln:

G3: =VERGLEICH(G2;A:A;0)

für die Dreieckszahl sowie B:B und C:C analog für die Fünfer und die Sechser.

G4: =VERGLEICH(G2;B:B;0)
G5: =VERGLEICH(G2;C:C;0)

Haben wir mit dem Modalwert keine Zahl erwischt, die dreimal vorkommt, gibt es bei einem der drei Vergleiche eine Fehlermeldung und wir müssen die Formeln weiter runterkopieren.

Fazit:

Das gesuchte Ergebnis lautet: 1.225. Das ist die 49. Dreieckszahl, die 35. Viereckszahl und die 25. Sechseckszahl.

Übrigens (war nicht gefragt): 1.413.721 ist die dritte Übereinstimmung – „logischerweise" (das ist eben Mathematik) gibt es davon unendlich viele! Das ist die 1.681. Dreieckszahl, die 1.189. Viereckszahl und die 841. Sechseckszahl

Und zu guter Letzt: Mithilfe der allgemeingültigen quadratischen Gleichung, die ja bekanntermaßen nach x auflösbar ist, können wir auch rückrechnen, ob eine bestimmte Zahl y eine Dreieckszahl, Viereckszahl oder allgemein eine g-Eckszahl ist, oder eben nicht. Beispiel für

$g = 3$ (Dreieckszahl) und
$y = 1.225$.
1.225 ist die ...
=-((-g/2+2)/(g/2-1))/2+WURZEL(((((-g/2+2)/(g/2-1))/2)^2+(y/(g/2-1)))
= 49. ... Dreieckszahl

Und mit diesem Wissen können wir auch die gesamte Aufgabe mit einer einzigen Formel lösen:

Die zweite Zahl, die gleichzeitig Dreiecks-, Vierecks- und Sechseckszahl ist, ist

=VERGLEICH(3;MMULT((REST(-((({-3.-4.-6}/2+2)/({3.4.6}/2-1))/2+WURZEL(((((-{3.4.6}/2+2)/({3.4.6}/2-1))/2)^2+(ZEILE(2:5000)/({3.4.6}/2-1)))));1)=0)*1;{1;1;1});0)+1
= 1225

Alles ist Zahl!

3.69   Ein Liebesbrief

Nein, kein Romantiker/Dichter – diesen Liebesbrief schrieb „der Fürst der Mathematiker" Carl Friedrich Gauß in Braunschweig am 12.07.1804 an seine erste (früh verstorbene) Ehefrau Johanna Osthoff.

(Carl Friedrich Gauß „Der Fürst der Mathematiker" in Briefen und Gesprächen, Urania-Verlag, ISBN 3-8171-1224-6)

3.70 Auf die inneren Werte kommt es an

Es sind drei Gleichungen (nicht Ungleichungen).

Wenn die erste Gleichung

6 + 7 = 8

stimmt, können 6, 7 und 8 keine Zahlen sein. Das Gleiche gilt für die zweite Gleichung

7 + 9 = 6

In Gleichung drei müssen 2 und 3 echte Zahlen sein, denn wären das auch Platzhalter (Unbekannte), wäre das Gleichungssystem unterbestimmt – also nicht lösbar.

Ersetzen wir jetzt 6, 7, 8 und 9 durch A, B, C und D, sehen die Gleichungen so aus:

1. A + B = C

2. B + D = A

3. 2C = 3D

Und die Frage lautet: Wie viele B ergeben A?

? * B = A

Diese drei Gleichungen werden durch Einsetzen so umgeformt:

A = C - B	und die in 2.), ergibt
C - B = B + D	umgeformt zu
C = 2B + D	und die in 3.), ergibt
4B + 2D = 3D	umgeformt zu
D = 4B	und die in 2.), ergibt
5B = A	

Angewandt auf die Platzhalter also:

5 * 7 = 6

War doch logisch! ;-)

3.71 Altweiber im Januar – Gauß forever

Der Zeitpunkt von Karneval ist abhängig vom Ostersonntag. Der Ostertermin (Bandbreite: 23.03.–25.04.) ist auf den ersten Sonntag nach dem ersten Vollmond nach Frühlingsanfang festgelegt worden (1. Konzil von Nizäa – 325 n. Chr.).

Also müssen wir für die folgenden Jahre das Datum des Ostersonntags bestimmen und davon dann 52 Tage abziehen – das ist Altweiber (der Karnevalsdonnerstag).

Einmal im Jahr ist Ostern. Wann weiß keiner – außer Carl Friedrich Gauß („Ich konnte früher rechnen als reden"), das ist der Typ mit der Strafarbeitsformel: „Addiere alle Zahlen von 1 bis 100." Die Strafarbeit dauerte nur wenige Sekunden:

`= 50*(100+1)`

Die Original-Gauß-Lösung zur Ermittlung des Ostersonntags – etwas verkürzt (TU Clausthal-Zellerfeld) und ohne Excel-spezifische Datumsfunktionen – gilt zwischen 532 (Ostertafeln des Dyonisius Exiguus) und 8.702 (brauchen wir später).

1998 gab es einen Internet-Wettbewerb, den Ostersonntag mit einer einzigen Formel zu berechnen (mit Microsoft-Datumsfunktionen). Es wurde eine irre Verkürzungsorgie: Die längste (funktionierende) Formel hatte über 600 Zeichen – gewonnen hatte diese Formel (von uns noch etwas zusammengestaucht):

`=DM((TAG(MINUTE(A1/38)/2+55)&".4."&A1)/7;)*7-6`

Die Funktion DM übernimmt hier die Wirkungsweise der Funktion RUNDEN, ist aber – und das war ja für den Wettbewerb wichtig – vier Zeichen kürzer.

Zur Aufgabe:

Ab A2 bis A8001 stehen die Jahreszahlen von 2000 bis 9999 (mehr verkraftet Microsoft nicht), in B2 obige Kurzformel (wegen Altweiber werden 58 statt 6 (Tage) subtrahiert):

`B2: =DM((TAG(MINUTE(A2/38)/2+55)&".4."&A2)/7;)*7-58`

Dann wird geprüft, ob das ermittelte Datum in den Januar fällt:

`C2: =WENN(MONAT(B2)=1;"Januar";"")`

Alles runterkopiert bis Zeile 8001, den AutoFilter drübergelegt und nach Spalte C und Januar gefiltert sehen wir (Abbildung 3.150):

	A	B	C
1	Jahr	Kurzformel	
2	2000 ▾	02.03.2000 ▾	▾
10	2008	31.01.2008	Januar
162	2160	31.01.2160	Januar
219	2217	30.01.2217	Januar
303	2301	31.01.2301	Januar
371	2369	30.01.2369	Januar
466	2464	31.01.2464	Januar
523	2521	30.01.2521	Januar
607	2605	31.01.2605	Januar

Abbildung 3.150: Altweiber-Daten im Januar mit Excel-Formel ermittelt

Lösung also:

▨ Der nächste Altweiber am 31.01. nach 2008 ist im Jahre 2160.

▨ Am 30.01. findet Altweiber erstmals im Jahre 2217 statt.

▨ Der 29.01. taucht (auch runtergescrollt bis zum Ende) nie auf.

Und wann hatte nun der Vater von Carl Friedrich Gauß (Geburtsjahr 1777) am Folge-tag einen schweren Kopf (allerdings ist Braunschweig wahrlich keine Karnevalshoch-burg)? Obige Kurzformel auf das Jahr 1777 angewandt ergibt #WERT! Diese Formel funktioniert erst ab dem 01.01.1900, dem Urknall von Microsoft. Also muss jetzt der echte Gauß ran.

Die Original-Gauß-Berechnung beinhaltet 20 Zwischenergebnisse (der arme Kerl hatte ja noch keinen Taschenrechner – geschweige denn Excel). Verkürzungen gibt es jede Menge. Wir haben die der Uni Clausthal-Zellerfeld genommen, noch weiter kom-primiert und so auf 5 Zwischenergebnisse reduziert:

Die Jahreszahl steht in A2. Dann

```
F2: =GANZZAHL(A2/100)

G2:
=REST(19*REST(A2;19)+F2-GANZZAHL(F2/4)-GANZZAHL((F2-GANZZAHL((F2+8)/25)+1)/3)
+15;30)

H2:
=REST(32+2*REST(F2;4)+2*GANZZAHL(REST(A2;100)/4)-G2-REST(REST(A2;100);4);7)
I2: =G2+H2-7*GANZZAHL((REST(A2;19)+11*G2+22*H2)/451)+22
```

Das Ergebnis:

D2:
`=(TEXT(WENN(I2-31<1;I2;I2-31);"0#")&"."&WENN(I2>31;"04.";"03.")&A2)`

Als Ergebnis erhalten wir den 30.03.1777 (Ostersonntag). Abzüglich 52 Tage war Altweiber im Geburtsjahr von Gauß also am 06.02.

Wenn wir uns jetzt schon mal (wegen einer einzigen Jahreszahl) die Mühe gemacht haben, den Original-Gauß abzubilden, kontrollieren wir doch damit mal die zuvor beschriebene Kurzformel. D2 ergänzen wir lediglich um -52 und in E2 schreiben wir

E2: `=WENN(D2<>B2;"Falsch";"")`

Runterkopiert, nach Spalte E und Falsch gefiltert erhalten wir ein grauenvolles Ergebnis (Abbildung 3.151):

	A	B	C	D	E
1	Jahr	Kurzformel		Gauss	
81	2079	23.02.2079		02.03.2079	Falsch
206	2204	23.02.2204		01.03.2204	Falsch
209	2207	19.02.2207		26.02.2207	Falsch
211	2209	02.03.2209		02.02.2209	Falsch
219	2217	30.01.2217	Januar	06.02.2217	Falsch
223	2221	15.02.2221		22.02.2221	Falsch
226	2224	12.02.2224		19.02.2224	Falsch
229	2227	08.02.2227		15.02.2227	Falsch
230	2228	28.02.2228		31.01.2228	Falsch
233	2231	24.02.2231		03.03.2231	Falsch
243	2241	04.02.2241		11.02.2241	Falsch
246	2244	01.02.2244		08.02.2244	Falsch

Abbildung 3.151: Die Excel-Formel funktioniert ab dem Jahr 2079 (2204) nicht mehr.

Dass die Kurzformel im Jahre 2079 danebenliegt, ist allgemein bekannt, aber ab dem Jahr 2204 gehört sie absolut in die Tonne!

Apropos Tonne: Da gehört auch unsere obige „Lösung" rein, denn Altweiber im Jahre 2217 ist offensichtlich nicht am 30.01., sondern eine Woche später.

Jetzt überprüfen wir die Gauß-Lösung auf Tage im Januar für Altweiber! Den Zellinhalt von E2 ändern wir in

E2:=`WENN(MONAT(D2)=1;"Januar";"")`

filtern Spalte E nach Januar und sehen (Abbildung 3.152):

	A	B	C	D	E
1	Jahr	Kurzformel		Gauss	
2	2000 ▾	02.03.2000 ▾	▾	02.03.2000 ▾	▾
10	2008	31.01.2008	Januar	31.01.2008	Januar
162	2160	31.01.2160	Januar	31.01.2160	Januar
230	2228	28.02.2228		31.01.2228	Januar
287	2285	26.02.2285		29.01.2285	Januar
355	2353	26.02.2353		29.01.2353	Januar
382	2380	28.02.2380		31.01.2380	Januar
393	2391	28.02.2391		31.01.2391	Januar
439	2437	26.02.2437		29.01.2437	Januar
477	2475	28.02.2475		31.01.2475	Januar
507	2505	26.02.2505		29.01.2505	Januar
534	2532	28.02.2532		31.01.2532	Januar
545	2543	28.02.2543		31.01.2543	Januar
602	2600	27.02.2600		30.01.2600	Januar
697	2695	28.02.2695		31.01.2695	Januar
754	2752	28.02.2752		31.01.2752	Januar
849	2847	28.02.2847		31.01.2847	Januar

Abbildung 3.152: Richtige Altweiber-Daten nach Gauß

▣ Der nächste Altweiber am 31.01. ist im Jahr 2160 – stimmt.

▣ Am 30.01.: nicht im Jahr 2217, sondern erst im Jahr 2600.

▣ Und der 29.01. kommt vor – erstmals im Jahr 2285!

Fazit: Solange Sie leben, können Sie sich mit der Kurzformel zufrieden geben. Aber was die Ewigkeit betrifft:

Gauß forever !

Abbildung 3.153: Gauß auf dem guten alten vergänglichen 10-DM-Schein

3.72 Mal umgekehrt: Formelentschlüsselung

Die Formel

`=REST(A2;SUMMENPRODUKT(("0"&TEIL(A2;SPALTE(2:2);1))*1))=0`

prüft, ob die Ausgangszahl durch ihre Quersumme teilbar ist. Der SUMMENPRODUKT-Teil errechnet die Quersumme von der Zahl in A2. Bei

A2: =42 gilt
4 + 2 = 6

Auf das Ergebnis 6 wird, um die Teilbarkeit zu überprüfen, folgende Formel angewandt:

REST(A2;6)=0

Das Ergebnis ist WAHR, denn

42/6 = 7

ist ganzzahlig, also ohne Rest teilbar.

Zahlen, auf die diese Bedingung zutrifft, heißen Harshadzahlen (das ist bei einstelligen Zahlen logischerweise immer der Fall).

3.73 Keine Primzahlen

a) X = M

Dies ist kein willkürlicher Tausch zweier Variablen, sondern eine mathematische Schreibweise:

Als M und Zahl werden die mersenneschen Zahlen dargestellt.

- M1 = 2^1 - 1 = 1
- M2 = 2^2 - 1 = 3
- M3 = 2^3 - 1 = 7
- M4 = 2^4 - 1 = 15
- M5 = 2^5 - 1 = 31 usw.

Überwiegend gilt: Wenn der Exponent eine Primzahl ist, ergibt sich auch eine mersennesche Primzahl – aber eben nicht immer:

M11 = 2^11 - 1 = 2.047 – der Exponent 11 ist eine Primzahl, das Ergebnis allerdings nicht, denn 23 * 89 = 2.047.

Und ebenso sind M23, M37 und M43 keine Primzahlen:

- M23 = 8.388.607 = 47 * 178.481
- M37 = 137.438.953.471 = 223 * 616.318.177
- M43 = 8.796.093.022.207 = 431 * 9.719 * 2.099.863

Die Antwort auf die Aufgabe lautet also schlicht und ergreifend:

M

b) Die Mersennezahl 267 (2^267-1) galt über Jahrzehnte als Primzahl – bis eben zu diesem Tag, als Cole wortlos das Gegenteil bewies.

3.74 Harmoniebedürftige Zahlenfolge

Die 7. Zahlenfolge lautet:

7 - 42 - 105 - 140 - 105 - 42 - 7

Die Zahlen sind jeweils die Nenner der Stammbrüche im harmonischen Dreieck von Gottfried Wilhelm Leibniz (deutscher Mathematiker 1646 bis 1716 – der Erfinder des Integralzeichens). Die Stammbrüche sind die Kehrwerte der Zahlen in obigen Folgen – bei der siebten Folge also:

1/7 - 1/42 - 1/105 - 1/140 - 1/105 - 1/42 - 1/7

Das harmonische Dreieck weist die Eigenschaft auf, das die Summe zweier Stammbrüche gleich dem Stammbruch ist, der darüber liegt. Wie lassen sich nun die Folgen per Formel fortsetzen?

In Spalte A (abwärts) werden die Zahlen von 1 bis 7 eingetragen, z.B. mit

A1: =ZEILE()

In Spalte B dann die Formel

B2: =WENN(SPALTE()>ZEILE();"";1/(1/A1-1/A2))

die nach unten und nach rechts kopiert wird. Das war schon alles - mit einem kleinen Schönheitsfehler: Die entstehenden Zahlenfolgen weisen zwar bereits Dreiecksform auf, aber das Original hat seine Spitze in der Mitte und zeigt nicht die Nenner, sondern die Stammbrüche. Das wollen wir nun nachholen. Löschen Sie alles und schreiben in

C3:
```
=WENN(UND(C2="";C1="";D2="");"";WENN(UND(C2="";B2="";B3="");D2+1;WENN(B3="";1/
(1/B2-1/A3);"")))
```

Das kopieren Sie bis Zelle N13 – und wie Sie sehen, sehen Sie **nichts**. In Zelle O3 schreiben Sie:

```
O3: =INDIREKT(ADRESSE(ZEILE();SPALTE()-SPALTE(A$1)*2))
```

und kopieren diese Formel bis Y13. Damit haben Sie das linke Nichts rechts gespiegelt. Und, was soll das jetzt? Da fehlt noch der Leibniz-Schlüssel: In Zelle N2 gehört eine 1.

N2: 1

Und dann ⏎ (Abbildung 3.154)!

	C	D	E	F	G	H	I	J	K	L	M	N	O	P	Q	R	S	T	U	V	W	X	Y
1																							
2												1											
3											2		2										
4										3		6		3									
5									4		12		12		4								
6								5		20		30		20		5							
7							6		30		60		60		30		6						
8						7		42		105		140		105		42		7					
9					8		56		168		280		280		168		56		8				
10				9		72		252		504		630		504		252		72		9			
11			10		90		360		840		1260		1260		840		360		90		10		
12		11		110		495		1320		2310		2772		2310		1320		495		110		11	
13	12		132		660		1980		3960		5544		5544		3960		1980		660		132		12
14																							

Abbildung 3.154: „Ungebrochenes" harmonisches Dreieck

Wollen Sie das echte harmonische Dreieck von Leibniz sehen – also die Kehrwerte –, formatieren Sie die Zellen C3 bis Y13 mit dem benutzerdefinierten Format "1/"Standard (Abbildung 3.155).

	C	D	E	F	G	H	I	J	K	L	M	N	O	P	Q	R	S	T	U	V	W	X	Y
1																							
2												1											
3											1/2		1/2										
4										1/3		1/6		1/3									
5									1/4		1/12		1/12		1/4								
6								1/5		1/20		1/30		1/20		1/5							
7							1/6		1/30		1/60		1/60		1/30		1/6						
8						1/7		1/42		1/105		1/140		1/105		1/42		1/7					
9					1/8		1/56		1/168		1/280		1/280		1/168		1/56		1/8				
10				1/9		1/72		1/252		1/504		1/630		1/504		1/252		1/72		1/9			
11			1/10		1/90		1/360		1/840		1/1260		1/1260		1/840		1/360		1/90		1/10		
12		1/11		1/110		1/495		1/1320		1/2310		1/2772		1/2310		1/1320		1/495		1/110		1/11	
13	1/12		1/132		1/660		1/1980		1/3960		1/5544		1/5544		1/3960		1/1980		1/660		1/132		1/12
14																							

Abbildung 3.155: Harmonisches Dreieck mit Kehrwerten

3.75   Eine Million

a) Falls Sie die Aufgabe nicht gelöst haben, können wir Ihnen auch nicht weiterhelfen. Wir können nur vermuten, dass jede gerade Zahl als Summe zweier Primzahlen dargestellt werden kann. Wie ein gewisser Herr Goldbach, der diese Vermutung erstmals aufstellte. Bislang wurde diese Vermutung weder bewiesen noch widerlegt.

Falls Ihnen eines von beiden gelungen ist, lesen Sie schnell die Lösung zu *b* (es lohnt sich).

b) Nachdem der britische Verlag Faber & Faber im Jahr 2000 ein Preisgeld von 1.000.000 Dollar auf die Lösung dieses Problems ausgelobt hatte, war auch das öffentliche Interesse an dieser Frage gewachsen. Dieses Preisgeld sollte für einen Beweis der Vermutung vor dem April 2002 vergeben werden. Diese Zeit ist inzwischen verstrichen. Ein Beweis der Goldbach'schen Vermutung in der oben angegebenen Form ist gleichwohl nicht in Sicht.

Unser Buch erscheint also 6 Jahre zu spät, denn logisch wird das von einem unserer Leser gelöst. Falls Sie der Glückliche sind, wenden Sie sich an den Verlag. Probieren können Sie es ja mal, vielleicht rücken die immer noch was raus.

:-)

3.76 Eine 1.700 Jahre alte Grabinschrift

Diophant von Alexandria (ca. 250 p.c.n.) wurde 84 Jahre alt – das ist Fakt. Seit 1.700 Jahren gilt für die Grabinschrift folgende Formel:

1/6 x + 1/12 x + 1/7 x + 5 + 1/2 x + 4 = x und ergibt für x eben 84.

Und diese Formel enthält einen logischen Fehler (ob wir aber nach 1.700 Jahren noch eine Änderung durchsetzen können, wird bezweifelt): Als der Sohn stirbt, ist dieser halb so alt wie sein Vater, und das kann schwerlich das Todesalter des Vaters gewesen sein, denn das lag zu diesem Zeitpunkt ja in unbekannter Zukunft. Wäre der Sohn mit 42 gestorben, wäre Diophant zu diesem Zeitpunkt 80 Jahre alt – also nicht das Doppelte! Also ist entweder die Geburt nach 5 Jahren oder die Trauerzeit von 4 Jahren zu verlängern.

Wenn aber beides stimmt (5 und 4 Jahre), kann man nur an der Unbekannten bei der Aufgabenstellung – dem Todesalter von Diophant – schrauben. Das Todesalter von Diophant wäre dann 65 1/3 – sein Sohn starb mit 30 2/3 und Diophant war zu diesem Zeitpunkt 61 1/3 Jahre alt und konnte dann exakt 4 Jahre lang trauern, bis er keine Lust mehr hatte (Abbildung 3.156).

Der Sohn wird halb so alt wie Diophant	Diophant ist **zum Todeszeitpunkt** des Sohnes doppelt so alt.
1/6 x + 1/12 x + 1/7 x + 5 + 1/2 x + 4 = x	1/6 x + 1/12 x + 1/7 x + 5 + 1/2 **(x-4)** + 4 = x
75/84 x + 9 = x	1/6 x + 1/12 x + 1/7 x + 5 + 1/2x -2 + 4 = x
9 = 9/84 x	75/84 x +7 = x
x = 84	7 = 9/84 x
	x = 65,33333

Abbildung 3.156: Grabinschrift in Gleichungsform

Diesen Vergleich aus Abbildung 3.156 kann man prima mit Excel darstellen. Man schreibe in Zelle:

A1: das Alter von Diophant
A4: =A1/6
A5: =A1/12
A6: =A1/7
A7: 5
A8: =A1/2 (entscheidende Zelle des 1.700 Jahre alten Fehlers)

A9: 4

C4: =A4

C5: =A5+C4 (C5 runterkopieren bis C9)

B1: =A1-C9 (für die Zielwertsuche)

	A	B	C
1	84	0	Alter Diophant
2	veränderbare Zelle	Zielzelle mit Zielwert 0	
3	Lebensabschnitte		Jahre
4	14	Knabenzeit	14
5	7	Bartwuchs	21
6	12	Hochzeit	33
7	5	Geburt Sohn	38
8	42	Leben des Sohnes	80
9	4	Trauerjahre	84
10			

Abbildung 3.157: Berechnungsmodell für die Zielwertsuche

Die Berechnung zeigt in Abbildung 3.157 für das angenommene Alter von 84 Jahren, dass der Sohn im Alter von 42 Jahren gestorben ist und zu diesem Zeitpunkt nicht halb so alt wie Diophant war!

Zelle A8 wird jetzt geändert auf:

A8: =(A1-4)/2

Todesalter von Diophant abzüglich seiner 4 Trauerjahre und davon dann die Hälfte.

B1 anklicken, dann *Extras>Zielwertsuche* (Abbildung 3.158):

Zielwert: 0

Veränderbare Zelle: A1

Abbildung 3.158: Dialog Zielwertsuche

	A	B	C
1	65,33333333	0	Alter Diophant
2	veränderbare Zelle	Zielzelle mit Zielwert 0	
3	Lebensabschnitte		Jahre
4	10,88888889	Knabenzeit	10,88888889
5	5,444444444	Bartwuchs	16,33333333
6	9,333333333	Hochzeit	25,66666667
7	5	Geburt Sohn	30,66666667
8	30,66666667	Leben des Sohnes	61,33333333
9	4	Trauerjahre	65,33333333
10			

Abbildung 3.159: Ergebnis der Zielwertsuche

Passt: Diophant ist jetzt beim Tod seines Sohnes doppelt so alt wie dieser (Abbildung 3.159).

Was ist (neben der Formel) also falsch: Das Todesalter von Diophant, das Geburtsjahr des Sohnes, die Anzahl der Trauerjahre, die Inschrift (hat sich der Steinmetz vor 1.700 Jahren verhauen)?

Falls Diophant tatsächlich 84 Jahre alt geworden ist, hätte man den logischen Fehler durch ein Umformulieren heilen können, und zwar mit dem Satz:

„Nachdem es halb so alt geworden war wie das Lebensalter, das sein Vater erreichte, starb es."

Das ist nun aber eher eine Aufgabe für Historiker.

Das Original-Epitaphium soll lauten:

„Hier das Grabmal deckt Diophantos – ein Wunder zu schauen:
Durch arithmetische Kunst lehret sein Alter der Stein.
Knabe zu bleiben verlieh ein Sechstel des Lebens ein Gott ihm;
Fügend das Zwölftel hinzu, ließ er ihm sprossen die Wang;
Steckte ihm drauf auch an in dem Siebtel die Fackel der Hochzeit,
Und fünf Jahre nachher teilt er ein Söhnlein ihm zu.
Weh! Unglückliches Kind, so geliebt! Halb hat es des Vaters
Alter erreicht, da nahm's Hades, der schaurige, auf.
Noch vier Jahre den Schmerz durch Kunde der Zahlen besänft'gend,
Langte am Ziele des Seins endlich er selber auch an."

3.77 Das Formelquiz

1. =WERT("Hallo") = #WERT!

Die Funktion WERT verträgt keine Texte und liefert ggf. einen Fehlerwert. Sie gehört zu den überflüssigen Funktionen in Excel, da man sie mit einer mathematischen Operation nachbilden kann (z.B. + 0: Textzahl + 0 = Zahl).

2. =1/FALSCH = #DIV/0!

Eine Division durch FALSCH (= 0) ist mathematisch nicht zulässig.

3. =SUMME({2.4.6}*{1.2.3}) = 28

Jedes Element der ersten Matrix wird mit dem zugehörigen Element der zweiten Matrix multipliziert, da beide Matrizen in der gleichen Dimension (hier horizontal) vorliegen. Die Ergebnisse werden anschließend mit SUMME addiert: 2 * 1 + 4 * 2 + 6 * 3 = 28

4. =SUMME({2.4.6}*{1;2;3}) = 72

Jedes Element der ersten Matrix wird mit jedem Element der zweiten Matrix multipliziert, da zwei unterschiedliche Matrixdimensionen vorliegen (horizontal und vertikal). Die Ergebnisse werden anschließend mit SUMME addiert: 2 * 1 + 2 * 2 + 2 * 3 + 4 * 1 + 4 * 2 + 4 * 3 + 6 * 1 + 6 * 2 + 6 * 3 = 72

5. =ZEILE(GV2)*SPALTE(D17343) = 8

ZEILE(GV2) = 2 und SPALTE(D17343) = 4 (D ist die 4. Spalte): 2 * 4 = 8

6. =VERGLEICH(5;{2.3.4.5.6};0) = 4

Die Matrix wird von links nach rechts durchsucht, da der letzte Parameter mit 0 angegeben ist, und die Position der Fundstelle wird zurückgegeben.

7. =WENN(-5;1;0) = 1

Die Prüfung auf -5 ergibt WAHR und es wird der angegebene Dann-Wert mit 1 zurückgegeben.

8. =WENN(0;1) = FALSCH

Die Prüfung auf 0 ergibt FALSCH und da kein Sonst-Wert angegeben wurde, wird FALSCH zurückgegeben.

9. =WAHL(3;{1.2.3}) = #WERT!

Die Funktion WAHL erwartet einzelne durch Semikola getrennte Argumente. Die 3 im ersten Argument verweist auf das dritte darauf folgende Argument. Dieses fehlt aber, da die Matrix nur als ein Argument betrachtet wird.

10. =1&2&3*5 = 1215

Zuerst wird die mathematische Operation 3 * 5 = 15 berechnet, erst dann wird verkettet.

11. =WAHR+WAHR = 2

WAHR entspricht 1 – daher ist WAHR + WAHR = 2

12. =BOGENMASS(360)/PI()=2

Diese Funktion wandelt eine Gradzahl in einen Anteil der Kreiszahl Pi (3,14...) um. Ein vollständiger Kreis mit 360 Grad hat den Umfang 2*PI()*Radius. Das Bogenmaß eines Halbkreises von 180 Grad entspricht genau Pi.

13. =LN(EXP(1))=1

EXP(1) entspricht der eulerschen Zahl e. LN ist der natürliche Logarithmus zur Basis e. LN ist deshalb die Umkehrfunktion von EXP. LN(e^1)=1.

14. ="a"="A" = WAHR

Grundsätzlich wird in Excel nicht zwischen Groß- und Kleinschreibung unterschieden.

15. =CODE("a")=CODE("A") = FALSCH

Obwohl nicht zwischen Groß- und Kleinschreibung unterschieden wird, haben "a" und "A" verschiedene Ansi-Codes (97 bzw. 65). Ein derartiger Vergleich ist FALSCH.

16. =ZEICHEN(CODE("a"))=ZEICHEN(CODE("A")) = WAHR

ZEICHEN ist die Umkehrfunktion von CODE. Das Ergebnis ist wieder "a"="A" – siehe 14.

17. =1>FALSCH = FALSCH

Im direkten Vergleich gilt: WAHR>FALSCH>Text>Zahl.

18. =WAHR+WAHR*FALSCH = 1

FALSCH entspricht 0 – die Multiplikation mit WAHR ergibt 0, daher Ergebnis nur 1.

19. =N("Hallo") = 0

Die Funktion N() macht aus "Text" eine Null.

20. =VERGLEICH(5,5;{2.3.4.5.6}) = 4

Die Matrix wird von rechts nach links nach dem nächstkleineren Suchwert durchsucht. Dessen Position wird dann von links aus ermittelt und zurückgegeben.

21. `=ODER({0.0.-2}) = WAHR`

Aufgrund der Zahl -2 ist das Ergebnis WAHR, denn alle Zahlen ungleich null sind für die Logikfunktionen (ODER, UND, WENN etc.) WAHR.

22. `=TEXT(1;"TT.MM.JJJJ") = 01.01.1900`

Die 1 ist der erste für Excel erkennbare Tag der Excel-Zeitrechnung. Der Rückgabewert der Funktion ist TEXT.

23. `=MIN(FALSCH;2) = 0`

Wahrheitswerte als direkte Argumente werden berücksichtigt (WAHR = 1 und FALSCH = 0).

24. `=OBERGRENZE(9,3;0,4) = 9,6`

Es wird auf das nächste Vielfache von 0,4 aufgerundet.

25. `=SUMMENPRODUKT(ZEILE(1:6)) = 21`

Ermittelt die Summe der Zahlen von 1 bis 6.

26. `=1*FALSCH+4*WAHR/FALSCH = #DIV/0!`

Die Division durch FALSCH ist mathematisch wieder nicht zulässig und dominiert das gesamte Formelergebnis.

27. `=SVERWEIS(6;{1."x";7."y";5."z";0."a"};2;0) = #NV`

Der Suchwert kommt in der Matrix nicht vor und die Funktion liefert den Fehlerwert #NV (weil mithilfe des letzten Parameters 0 auf genaue Übereinstimmung geprüft wird).

28. `=WECHSELN(WECHSELN("Excelformeln";"e";"i");"x";"u") = Eucilformiln`

Durch die zweifache WECHSELN-Verschachtelung wird zunächst "e" durch "i" und im zweiten Schritt "x" durch "u" ersetzt. WECHSELN gehört zu den wenigen Funktionen, die zwischen Groß- und Kleinschreibung unterscheiden.

29. `=SVERWEIS("7";{1."x";7."y";5."z"};2;0) = #NV`

Der Suchwert liegt im Textformat vor, während die 7 in der Matrix als Zahl vorliegt, und wird daher nicht gefunden. SVERWEIS (und auch WVERWEIS) unterscheidet da peinlichst genau.

30. `=VERWEIS(3;{9.8.7.6.5.4.3.2.1}) = #NV`

Da die Suchmatrix nicht aufsteigend sortiert ist, wird kein Wert ermittelt und stattdessen der Fehlerwert #NV geliefert.

31. =VERKETTEN({1.2.3})="123"={FALSCH.FALSCH.FALSCH}

Leider kann diese Funktion nicht die Elemente eines Arrays verketten. Deshalb werden die drei Zahlen lediglich in den Datentyp *Text* umgewandelt. VER-KETTEN({1.2.3})= {"1"."2"."3"}

32. =FINDEN("X";"Excel") = #WERT!

FINDEN unterscheidet als eine der wenigen Funktionen zwischen Groß- und Kleinschreibung. Daher wird "X" nicht gefunden.

33. =SUCHEN("X";"Excel") = 2

SUCHEN unterscheidet nicht zwischen Groß- und Kleinschreibung und findet "X" an zweiter Position.

34. =SUCHEN("E";"Excel";SUCHEN("X";"Excel")) = 4

Der Parameter [Erstes_Zeichen] der SUCHEN-Funktion wird mit FINDEN geschachtelt. Daher wird erst das zweite "e" ermittelt.

35. =WAHL(3;9;8;7) = 7

7 steht im vierten Argument, auf das die 3 im ersten Argument verweist.

36. =HÄUFIGKEIT({1.2.3.4.5.6};{3.5}) = {3.2.1}

{3.5} besagt, dass die Matrix in drei Gruppen von Werten aufgeteilt wird: 1. Die Anzahl Werte, die kleiner oder gleich 3 sind. 2. Die Anzahl der Werte, die kleiner oder gleich 5 sind. 3. Alle übrigen Werte.

37. =INDEX({1.2.3;4.5.6};2;3) = 6

Klassische Anwendung der INDEX-Funktion: 2. Zeile, 3. Spalte = 6

38. =VERGLEICH(6;INDEX({1.2.3;4.5.6};;3)) = 2

Aufgrund des fehlenden Parameters [Zeile] der INDEX-Funktion wird nicht ein einzelner Wert, sondern eine Matrix – in diesem Fall die gesamte 3. Spalte, bestehend aus {3;6} – an die Funktion VERGLEICH übergeben. In dieser Matrix wird die 6 an der zweiten Position gefunden.

39. =VERGLEICH(7;WAHL(3;{1.2.3};{4.5.6};{7.8.9})) = 1

Wie bei 9. bereits erwähnt, liefert WAHL die Matrix {7.8.9} an die Funktion VER-GLEICH. In dieser Matrix steht der Suchwert 7 an erster Position.

40. =UND(0;0;0) = FALSCH

Alle 3 UND-Parameter sind 0 (FALSCH).

41. =UND(0=0;0=0;0=0) = WAHR

Alle 3 Vergleiche mit 0 = 0 ergeben WAHR.

42. =UND("x";"x";"x") = #WERT!

Text ist als Parameter nicht zulässig.

43. =ODER({2.4.6.8}<3) = WAHR

Alle 4 Zahlen werden auf <3 geprüft. Dabei ergibt nur 2<3 = WAHR, was für ODER ausreichend ist.

44. =ODER({"2"."4"."6"."8"}<3) = FALSCH

Text ist im direkten Vergleich mit einer Zahl größer als die Zahl (siehe auch 12.).

45. =SUMMENPRODUKT(N(NICHT(7<{2.6.9}))) = 2

Der Vergleich 7<{2.6.9} ergibt {FALSCH.FALSCH.WAHR}. Die Funktion NICHT kehrt diese Wahrheitswerte um zu {WAHR.WAHR.FALSCH}. N() macht daraus {1.1.0}, und die Summe ist 2.

46. =UND(NICHT({0.0.0})) = WAHR

NICHT(0) ist NICHT(FALSCH) und somit WAHR.

47. =ANZAHL({#NV.#WERT!."x".WAHR.5.1E+99}) = 2

ANZAHL ignoriert Fehler- und Wahrheitswerte und zählt nur Zahlargumente.

48. =KKLEINSTE({-2.FALSCH.2.4};2) = 2

Wahrheitswerte (hier FALSCH) werden von KKLEINSTE ignoriert. Im Zusammenhang mit Arrayformeln ist diese Eigenschaft von unschätzbarem Wert.

49. =KGRÖSSTE({"x"."y"."z".WAHR.-5.-7};2) = -7

Wahrheitswerte und Texte werden ignoriert.

50. =TEXT("April27";"TT.MM.JJJJ") = 01.04.2027

April27 ist ein für Excel lesbares Datum. Bis 29 wird das aktuelle Jahrhundert übersetzt, ab 30 das 19. Jahrhundert.

51. =TEXT("April37";"TT.MM.JJJJ") = 01.04.1937

Siehe 50.

52. =MONAT(0) = 1

Die 0 ist für die Funktion MONAT der 00.01.1900, und der Monat ist somit 1. Dies gilt übrigens auch für eine leere Zelle: =MONAT(A1) liefert auch 1, wenn A1 leer ist.

53. `=MONAT(5) = 1`

Die 5 ist somit der 05.01.1900, und der Monat ist ebenfalls 1.

54. `=TEXT(1;"TTTT") = Sonntag`

Der 01.01.1900, der erste Tag der Excel-Zeitrechnung, war ein Sonntag.

55. `=VERGLEICH("x";RÖMISCH({2.11.10.13.8});) = 3`

RÖMISCH liefert das Ergebnisarray {"II"."XI"."X"."XIII"."VIII"}, in dem das "x" an dritter Position vorkommt.

56. `=DATUM(2000;3;0) = 29.02.2000`

Der nullte Tag eines Monats ist immer der letzte Tag des Vormonats. Da das Jahr 2000 ein Schaltjahr war, ist das Ergebnis 29. Nur so können Sie prüfen, ob ein Jahr ein Schaltjahr ist oder nicht.

57. `=TYP({2}) > TYP(2) = WAHR`

Die Funktion TYP gibt einen Wert zurück, der dem Datentyp des Argumentes entspricht. Eine durch geschweifte Klammern gekennzeichnete Matrix hat einen anderen Typ als eine einzelne Zahl, auch wenn die Matrix selbst nur aus einem Wert besteht.

58. `=ODER(KÜRZEN(ZUFALLSZAHL()*2)={0.1}) = WAHR`

ZUFALLSZAHL() liefert einen zufälligen Wert zwischen 0 und 1. Mit 2 multipliziert und dann mit KÜRZEN abgerundet, muss der Wert immer 0 oder 1 betragen.

59. `=SUMMENPRODUKT({2.3};{4.5}) = 2*4+3*5 = 23`

60. `=PRODUKT({2.3};{4.5}) = 2*4*3*5 = 120`

61. `=SUMME({2.3};{4.5}) = 14`

Alle angegebenen Werte werden summiert.

62. `=ISTZAHL("April7"+0) = WAHR`

April7+0 ergibt den 01.04.2007. Die Ganzzahl ist 39.173 und somit eine Zahl. +0 hat hier denselben Effekt wie die Funktion WERT, die somit überflüssig ist (siehe 1.).

63. `=ISTZAHL(#NV) = FALSCH`

Fehlerwerte können von ISTZAHL verarbeitet werden. Eine ebenfalls wunderbare Eigenschaft im Zusammenhang mit weitergehenden Formelanwendungen.

64. =SUMME(REST({5.7};3)) = 3

5/3 = 1, Rest 2 + 7/3 = 2, Rest 1 = 3

65. =WOCHENTAG(HEUTE();2)=REST(HEUTE()-2;7)+1 = WAHR

Das um 2 verminderte und durch 7 dividierte Startdatum ergibt einen Rest von 0 bis 6. Durch +1 also 1 bis 7 – und diese Wochentagsfolge liefert die Funktion WOCHEN-TAG mit dem zweiten Parameter 2 ebenfalls.

66. =JETZT()-HEUTE()=REST(JETZT();1) = WAHR

JETZT() ist die Ganzzahl von HEUTE() zuzüglich einer Bruchzahl < 1 für die Uhr-zeit. Die Uhrzeit erhält man mit beiden Formeln.

67. =ZUFALLSZAHL()>1 = FALSCH

Eine Zufallszahl liegt zwischen 0 und 1 und ist somit nie größer als 1.

68. =(1=1)*NICHT(1=2)*ODER(NICHT(1=1);2=3)=0

=WAHR*WAHR*ODER(NICHT(WAHR);FALSCH) = WAHR*WAHR*FALSCH = 0

69. =BEREICHE((A1:A8;A1:A7;A1:A6)) = 3

Jeder angegebene Bereich wird als 1 Bereich gezählt. Durch das zusätzliche Klam-mernpaar können auf diese Weise mehrere diskontinuierliche Bereiche angegeben werden.

70. =SUMME(ABS({1.2.3.-9})) = 15

Es werden die Absolutbeträge der Zahlen summiert. -9 wird dadurch zu 9.

71. =WENN("x";1;2) = #WERT!

Text als Prüfung ist nicht statthaft.

72. =SUMME({2.4.6}/({WAHR.FALSCH.WAHR}+1)) = 8

Zunächst wird zu jedem Element der zweiten Matrix 1 addiert. Danach wird jedes Element der ersten Matrix durch das zugehörige Element der zweiten Matrix di-vidiert und anschließend mittels SUMME addiert.

73. =FAKULTÄT(ODER(1=2;1=3;1=4)) = 1

Die ODER-Funktion ergibt FALSCH (0). FAKULTÄT(0) ist qua Definition 1.

74. =LÄNGE("LÄNGE(8)") = 8

Diese Formelfalle suggeriert, dass es sich hier um zwei ineinander verschachtelte Funktionen handelt. Die innere Funktion ist aber bloß eine Zeichenkette. Es wird hier die Länge des Textes "LÄNGE(8)" ermittelt

75. `=TEXT("01.01.1900";"[$-40c]MMMM")` = janvier

Mit diesem Textformat können Daten in Fremdsprachen übersetzt werden – hier Französisch. Der Ländercode für Frankreich ist 40c. Englisch z.B. hat den Ländercode 409. Dieses Feature gibt es erst seit Excel XP (2002).

76. `=VERWEIS(2;1/{2.0.5.4.0.0.0.0})` = 0,25

Nacheinander wird 1 durch die einzelnen Matrixelemente dividiert. Die Ergebnismatrix lautet: {0,5.#DIV/0!.0,2.0,25.#DIV/0!.#DIV/0!.#DIV/0!.#DIV/0!}. Da die Funktion VERWEIS Fehlerwerte ignoriert, wird von rechts nach links der erste Wert ermittelt, der kleiner als der Suchwert (2) ist.

77. `=ZEILEN(1:3)*SPALTEN(B:D)` = 9

Die in den Bezügen angegebenen Zeilen bzw. Spalten werden multipliziert: 3 * 3 = 9

78. `=ZEILE(1:3)*SPALTEN(B:D)` = 3

Die Formel gibt eigentlich die Matrix {3;6;9} zurück, da jedes Element von ZEILE mit 3 multipliziert wird. In der einzelnen Zelle erscheint das erste Element der Ergebnismatrix.

79. `=ERSETZEN("Rätsel";1;3;"As")` = Assel

Das ist die klassische Anwendung der Funktion ERSETZEN.

80. `=1=1=1` = FALSCH

Zuerst wird 1=1 mit WAHR ermittelt. Der folgende Vergleich WAHR=1 ergibt dann FALSCH.

81. `=1=NICHT(1)=FALSCH` = WAHR

Zunächst wird 1=NICHT(1) mit FALSCH ermittelt. Der folgende Vergleich FALSCH=FALSCH ergibt dann WAHR

82. `=GESTUTZTMITTEL({1.5.6.7.10};0,4)` = 6

40 % der Matrixwerte (die jeweils 20 % der höchsten und kleinsten Zahlen) werden bei der Berechnung ausgeschlossen. Der Mittelwert wird daher aus {5.6.7} ermittelt.

83. `=KÜRZEN(2,33567;2)` = 2,33

Es wird auf 2 Nachkommastellen abgerundet.

84. `=ADRESSE(5;3;4)` = C5

Zeile 5, Spalte 3 und relative Adressierung (4) = C5.

85. =STUNDE(0,5) = 12

24 Stunden entsprechen in Excel der Zahl 1. 0,5 als hh:mm formatiert – steht somit für 12:00 Uhr. Die Stunde daraus ist also 12.

86. =MINUTE(0,5) = 0

Siehe 85. – die Minute von 12:00 ist 0.

87. =LINKS(RECHTS("Excelformeln";9);3) = elf

Die Funktion RECHTS liefert den Ergebnistext "elformeln". LINKS greift davon die ersten 3 Zeichen ab.

88. =GERADE(4,01) = 6

Es wird auf die nächste gerade Ganzzahl aufgerundet (bei negativen Zahlen abgerundet).

89. =WIEDERHOLEN({1.2.3};4) = {"1111"."2222"."3333"}

Jedes Element der Matrix wird viermal wiederholt. Der Rückgabewert der Formel ist wieder eine Matrix.

90. =SUMMENPRODUKT(ZEILE(INDIREKT("1:"&LÄNGE("abc")))) = 6

ZEILE(INDIREKT("1:"&LÄNGE("abc"))) erzeugt dynamisch – in Abhängigkeit des Ergebnisses von LÄNGE – das Zeilearray ZEILE(1:3), das dann mit SUMMENPRODUKT addiert wird. Diese Dynamisierung der Arraygröße ist von großem Wert im Umgang mit Arrayformeln.

91. =MODALWERT(1;2;3) = #NV

Sobald es keinen häufigsten Wert gibt, liefert MODALWERT den Fehlerwert #NV (Nicht Vorhanden).

92. =MIN(5;MAX(MIN(4;2);6;1);3) = 3

Die Formel wird von innen nach außen aufgelöst. Die innere MIN-Funktion liefert 2. Diese ist ein einzelner Wert der inneren MAX-Funktion, die im Ergebnis 6 liefert. Diese ist wiederum ein einzelner Wert der äußeren MIN-Funktion, die letztlich das Minimum aus =MIN(5;6;3) = 3 liefert.

93. =VERGLEICH(4;{1.2.3.4.5}*2;0) = 2

Die einzelnen Werte der Matrix werden zunächst mit 2 multipliziert. In dieser neuen Matrix wird der Suchwert 4 an 2. Position gefunden: =VERGLEICH(4;{2.4.6.8.10};0) = 2

94. =NBW(10%;110;121) = 200

NBW zinst Zahlungen ab. Im ersten Argument steht der Zinssatz. Die Zahlung im zweiten Argument wird einmal abgezinst, die Zahlung im dritten Argument zweimal, usw. 110/110% + 121/110%^1 = 200.

95. =MMULT({2.4};{3;4}) = 22

MMULT gibt das Produkt zweiter Matrizen zurück. Das Ergebnis ist eine Matrix, die dieselbe Anzahl von Zeilen wie Matrix1 und dieselbe Anzahl von Spalten wie Matrix2 hat. Da in unserem Fall Matrix1 aus 1 Zeile und Matrix2 aus 1 Spalte besteht, ist das Ergebnis ein einzelner Wert und keine Matrix: 2 * 3 + 4 * 4 = 22

96. =MTRANS({1.2.3.4})={1;2;3;4}

MTRANS transponiert eine Matrix, was bedeutet, dass sie Spalten und Zeilen vertauscht. Die horizontale Matrix wird hier in eine vertikale Matrix umgewandelt.

97. =SUMME({WAHR.2."3"."4"}) = 2

Wahrheitswerte und Texte innerhalb einer Matrix werden ignoriert.

98. =SUMME(WAHR;2;"3";"4") = 10

Wahrheitswerte und Texte als direkte Argumente werden berücksichtigt.

99. =MITTELWERT({1.3.5."x"}) = 3

Text innerhalb einer Matrix wird ignoriert.

100. =MITTELWERT(1;3;5;"x") = #WERT!

Text als direktes Argument ist nicht zulässig und führt zu einem Fehlerwert. Wird hingegen eine Matrix oder ein Zellbereich angesprochen, werden Texte ignoriert (siehe 99.).

3.78   Das Multiple-Choice-Quiz

1. Lösung d

2. Lösung a

3. Lösung d

Die Funktion DATEDIF berechnet die Differenz zwischen zwei Datumsangaben. Mit dem Parameter YD wird die Differenz der Tage innerhalb eines Jahres angegeben. Bei YM sind es die Monate innerhalb eines Jahres. MD rechnet die Tage innerhalb eines Monats. Beispiel: =DATEDIF("01.01.06";"18.05.07";{"YD";"YM";"MD"})={137;4;17}

4. Lösung c

Ab Excel 2007 gibt es diese Symbolleisten nicht mehr. Zum Ausblenden des Rasters müssen Sie dann über *Excel-Optionen>Erweitert* gehen.

5. Lösung a

6. Lösung a

Normalerweise multipliziert diese Funktion die einzelnen Elemente mehrerer Matrizen und summiert die Ergebnisse. Beispiel:

```
SUMMENPRODUKT({1.2.3}*{2.3.3}) = 17
{1.2.3}*{2.3.3}={2.6.9}
SUMME({2.6.9})=17
```

Neben dieser eher langweiligen Berechnung ist SUMMENPRODUKT auch sehr flexibel beim Einsatz diverser Matrixformeln einsetzbar.

7. Lösung b

In jeder Arbeitsmappe wird eine Palette von 56 Farben definiert. Mehr verschiedene Farben können – zumindest in Zellen – nicht dargestellt werden (bei eingefügten Objekten gilt dies nicht). In der neuen Excel-Version 2007 wurde diese Grenze aufgehoben. Jede Zelle innerhalb einer Mappe kann einen von ca. 16 Mio. unterschiedlichen Farbtönen enthalten.

8. Lösung a

Die Datenreihe eines Liniendiagramms kann je x-Achsenrubrik immer nur einen Datenpunkt enthalten und seine Richtung nicht umkehren, wie es für einen Kreis nötig ist. Bei einem Punkt(XY)-Diagramm ist dies hingegen möglich.

9. Lösung d

Die Frage ist eine ziemlich fiese Falle. Es gibt natürlich den Fehlertyp #NAME?, nicht aber #NAME! mit Ausrufezeichen am Ende.

10. Lösung d

Der Parameter 1 in WAHL und die WENN-Prüfung sorgen dafür, dass bei *a* und *b* der Fehlerwert, bzw. der fehlerhafte Ausdruck in INDIREKT, ignoriert wird, da die restlichen Parameter, die für sich genommen einen Fehlerwert erzeugen, gar nicht mehr berechnet werden (eine extrem nützliche Eigenschaft dieser Funktionen). SUMMEWENN ist in der Lage, Fehlerwerte zu zählen. Deshalb liefert *c* auch keinen Fehlerwert.

11. Lösung b

Formatieren Sie eine Zelle über dieses Symbol. Dann wählen Sie *Format>Zellen ... Zahlen>Benutzerdefiniert* und Sie sehen, was im Feld *Typ* steht. Diesem Symbol ist das Zahlenformat zugeordnet, das bei der Formatvorlage *Dezimal* hinterlegt ist. Über *Format>Formatvorlage* können Sie dieses Format für die aktuelle Arbeitsmappe ändern (Abbildung 3.160).

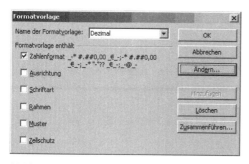

Abbildung 3.160: Dialog Format>Formatvorlage

12. Lösung a

13. Lösung c

Bearbeite>Gehe zu ... Inhalte: (Abbildung 3.161). In Excel 2007 gibt es zwar diesen Menüpunkt nicht mehr, der Dialog kann aber immer noch über die Tastenkombination [Strg] + [G] gestartet werden.

Abbildung 3.161: Dialog Bearbeiten>Gehe zu ... >Inhalte ...

14. Lösung c

65.536 Zeilen mal 256 Spalten ergibt 16.777.216 (= 2^24) Zellen. In der neuen Excel-Version 2007 gibt es davon sage und schreibe 1.048.576 (= 2^20) Zeilen mal 16.384 (= 2^14) Spalten und damit 17.179.869.184 (= 2^34) in Worten: siebzehnmilliarden und ein paar Zerquetschte.

15. Lösung d

Das gibt es nicht, gab es nie und wird es wohl auch nie geben. Die Frage sollte einfach nur in die Irre führen.

16. Lösung b

Sortiert man in Excel Zahlen, alphanumerische Zeichen und Wahrheitswerte, werden sie in folgende Reihenfolge gebracht, wie Abbildung 3.162 zeigt:

	A	B
B2	▼	f_x =A2>A1
1	0	
2	1	WAHR
3	a	WAHR
4	A	FALSCH
5	b	WAHR
6	FALSCH	WAHR
7	WAHR	WAHR

Abbildung 3.162: Aufsteigende Sortierreihenfolge

Führt man in Spalte B eine Wahrheitsprüfung durch, zeigt sich, dass alle Einträge größer sind als der darüber liegende. Die Ausnahme bilden „a" und „A", die für Excel gleich groß sind. Aber in der Sortierreihenfolge kommt „A" nach „a".

17. Lösung d

Diese Eingabe wird gar nicht zugelassen. Excel beschwert sich mit (Abbildung 3.163):

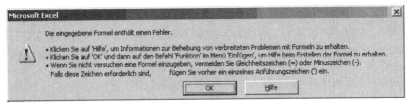

Abbildung 3.163: Formelfehler – Fehlermeldung

Die Funktion TEILERGEBNIS verlangt im zweiten Argument zwingend eine Bereichsangabe. Ein Konstantenarray ist nicht zulässig.

18. Lösung b

Die Liste kann 32.767 Einträge enthalten. Leider werden immer nur 8 gleichzeitig angezeigt. Im Gegensatz zu einer Listbox aus den Steuerelementen kann eine Gültigkeitsliste leider nicht mehrere Spalten enthalten. Man findet sie unter dem Menüpunkt *Daten>Gültigkeit ...*, sie ist also kein Objekt wie ein Steuerelement.

19. Lösung c

Über *Extras>Optionen ... Farben* können Sie die Palette kopieren (Abbildung 3.164). In Excel 2007 ist dies Funktion obsolet, da eine Mappe sowieso beliebig viele Farbtöne enthalten kann.

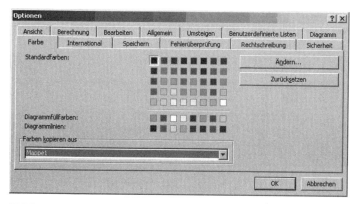

Abbildung 3.164: Dialog Extras>Optionen ...>Farbe

20. Lösung a

Optionsfelder und Bildlaufleisten setzen Zellwerte auf Ganzzahlen von 1 bis x. Ein Kontrollkästchen setzt einen Zellwert auf WAHR oder FALSCH. Eine Schaltfläche führt ein Makro aus, hat aber selbst keinen Einfluss auf einen Zellwert. In Excel 2007 gibt es zwar in dem Sinne keine Formular-Symbolleiste mehr, die Objekte lassen sich aber natürlich weiterhin benutzen. Zu finden sind sie im Menüpunkt *Entwicklertools*, der aber über *Excel-Optionen>Häufig verwendet ...* und einen Haken bei *Entwicklerregisterkarte in der Multifunktionsleiste anzeigen* aktiviert sein muss.

21. Lösung c

Bedingungsabhängige Zahlenformate kann man bis XL 2003 nur in stark limitiertem Maße über benutzerdefinierte Zahlenformate ändern. Zum Beispiel lässt das Format

`[Rot][<-5]-0;[Blau][>10]0;Standard`

Zahlen kleiner als -5 rot erscheinen und Zahlen größer als 10 blau. Ab XL 2007 kann auch das Zahlenformat über die bedingte Formatierung geändert werden.

22. Lösung b

Bis XL 2003 nur 2. In der neuen Excel-Version 2007 gibt es jede Menge neue bedingte Formatierungsmöglichkeiten.

23. Lösung c

Die Übrigen finden sich unter *Math. & Trigonom.*

24. Lösung a

MMULT hat zwei Parameter, da sie stets zwei Matrizen miteinander multipliziert. Die übrigen Funktionen haben nur einen Parameter.

25. Lösung d

26. Lösung d

Es gibt zwar eine Funktionskategorie *Statistik*, nicht aber ein Kategorie an Zahlenformaten mit dieser Bezeichnung.

27. Lösung c

Die Zellsperrung ist ein Zellformat, das erst wirksam wird, wenn der Blattschutz der Tabelle eingeschaltet ist.

28. Lösung a

Werden die Werte einer Datenreihe über Formeln berechnet, die 0 oder nichts ("") liefern, werden sie in einem Liniendiagramm auf der 0-Linie dargestellt. Mit #NV können Sie sie ganz ausblenden. Zum Vergleich fehlende Einträge, links mit "", rechts mit #NV (Abbildung 3.165):

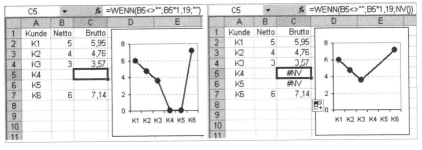

Abbildung 3.165: Unterschiedliche Wirkungsweise Leerstring ⇔ #NV im Diagramm

29. Lösung a

Der vierte Parameter beim SVERWEIS verlangt einen logischen Wert, der angibt, ob nach einer genauen oder einer ungefähren Entsprechung gesucht werden soll. Wenn dieser Parameter WAHR ist oder weggelassen wird, wird eine ungefähre Entsprechung zurückgegeben. Anders ausgedrückt, wird der nächstgrößere Wert zurückgegeben, der kleiner als das Suchkriterium ist, wenn keine genaue Entsprechung gefunden wird. In dem Fall muss die zu durchsuchende Spalte aufsteigend sortiert sein. Wenn der Parameter FALSCH ist, sucht SVERWEIS eine genaue Entsprechung (der Normalfall). Wird keine Entsprechung gefunden, wird der Fehlerwert #NV zurückgegeben.

30. Lösung b

Die Tabelle kann einmal vertikal und einmal horizontal geteilt werden.

31. Lösung c

32. Lösung b

Multipliziert man zwei gleich dimensionierte Arrays, wird jedes n-te Element des ersten Arrays mit dem n-ten Element des zweiten Arrays multipliziert. Da hier im zweiten Array zwei Elemente weniger vorhanden sind als im ersten, versucht Excel vergeblich zu multiplizieren und liefert #NV.

{1.2.3.4}*{1.1} = {1.2.#NV.#NV}

Wenn eines der Elemente des Arrays #NV ist, kommt SUMME damit nicht klar und liefert selbst #NV.

SUMME({1.2.#NV.#NV}) = #NV

33. Lösung d

Ist ein Textfeld aktiv, können Sie in die Bearbeitungsleiste den Bezug auf eine Zelle herstellen und damit ihren Wert wiedergeben (Abbildung 3.166):

Abbildung 3.166: Aktiviertes Textfeld mit Zellbezug

Andersherum ist dies aber (ohne VBA) nicht möglich.

34. Lösung c

35. Lösung a

Hinter jedem Datum steht in Excel eine fortlaufende Ganzzahl, beginnend mit dem 01.01.1900. Schreiben Sie in eine Zelle eine 1 und formatieren Sie sie im Datumsformat, dann werden Sie es sehen. Schreiben Sie in eine Zelle zum Beispiel 01.09.2007. Dann formatieren Sie die Zelle im Standardformat und Sie sehen die Ganzzahl 39.326 was bedeutet, dass der 01.09.2007 der 39.326. Tag seit dem 01.01.1900 ist.

36. Lösung d

Schreiben Sie in eine Zelle eine 1 und formatieren Sie sie mit dem Zahlenformat

`TTTT, TT.MM.JJJJ`

Das Ergebnis ist Sonntag, 01.01.1900.

37. Lösung b

38. Lösung a

Beispiel:

`=IKV({-300;100;100;100;100};0)=12,6%`

39. Lösung b

Der Szenario-Manager verfügt zwar nicht über eine eigene Symbolleiste, man kann aber eine benutzerdefinierte Symbolleiste kreieren (Abbildung 3.167), da es zwei Symbole zum Erstellen bzw. Auswählen von Szenarien gibt. Und ab XL 2007 gibt es im klassischen Sinne keine Symbolleiste mehr.

Abbildung 3.167: Benutzerdefinierte Symbolleiste für Szenarien

40. Lösung b

Klicken Sie im PivotTable-Assistenten doppelt auf ein Feld im Datenbereich, können Sie dessen Berechnung ändern (Abbildung 3.168):

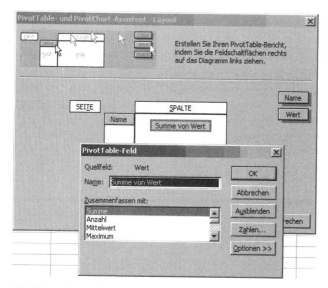

Abbildung 3.168: Berechnungsauswahl für Pivot-Datenfelder

Die möglichen Berechnungen sind Summe, Anzahl, Mittelwert, Maximum, Minimum, Produkt, Standardabweichung und Varianz.

41. Lösung c

Für Excel sind Zahlen kleiner als Buchstaben und Großbuchstaben größer als Klein-buchstaben.

42. Lösung c

43. Lösung c

Abbildung 3.169: Zielwertsuche-Dialog

Zielfunktion wäre auch nicht verkehrt, denn die Zielzelle muss ja eine Zielfunktion enthalten. Bei Antwort *a* fehlt aber die veränderbare Zelle. Nebenbedingungen werden nur beim Solver definiert.

44. Lösung a

Der kleine, aber entscheidende Unterschied zur Frage 32 ist der, dass nun das zweite Array vertikal ist, was durch das Semikolon als Trennzeichen der Matrixelemente gekennzeichnet wird. Zwei Arrays mit unterschiedlicher Dimension (einmal horizontal und einmal vertikal) können fehlerfrei multipliziert werden, auch wenn die Anzahl der Elemente beider Arrays differiert:

SUMME({1.2.3.4}*{1;1}) = SUMME({1.2.3.4;1.2.3.4}) = 20

45. Lösung c

46. Lösung b

47. Lösung b

Die Formel mit INDIREKT summiert den Bereich A4:E4 und die Formel mit BEREICH.VERSCHIEBEN summiert den Bereich E1:E5.

48. Lösung a

Abbildung 3.170: Spezialfilter-Dialog für das Filtern ohne Duplikate

49. Lösung a

In der neuen Excel-Version 2007 können Sie über den Dialog *Benutzerdefinierter AutoFilter* nach wie vor nur 2 Bedingungen auswählen. Die Filtermöglichkeiten wurden aber trotzdem erweitert, beispielsweise können Sie nun mehrere Einträge in der Auswahlliste über das „Setzen von Häkchen" auswählen.

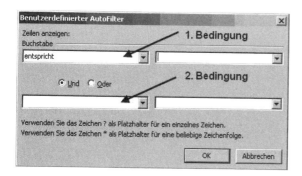

Abbildung 3.171: Benutzerdefinierter AutoFilter mit maximal 2 Bedingungen

50. Lösung d

Um das zu prüfen, lässt die Polizei ins Röhrchen blasen.

51. Lösung d

Vielleicht würde man eher vermuten, dass ein Oberflächendiagramm eine z-Achse hat, da mit ihm dreidimensional Funktionen, y = f(x,y), dargestellt werden können. Stattdessen ist es aber das Blasendiagramm, in dem über die Größenachse die Größe der Blasen bestimmt wird.

52. Lösung a

53. Lösung b

Die Funktion USDOLLAR hat die Parameter *Zahl* und *Dezimalstellen*. Die angegebene Anzahl Dezimalstellen bestimmt, auf wie viel Stellen die Zahl gerundet wird, so wie bei der Funktion RUNDEN. Die von USDOLLAR gelieferte Zahl liegt allerdings in Stringform vor, mit Ergänzung eines Währungszeichens, das sich nach der aktuellen Ländereinstellung richtet.

54. Lösung c

55. Lösung c

Vorher gab es nur die Excel4-Makrofunktionen.

56. Lösung c

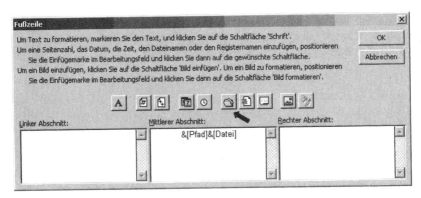

Abbildung 3.172: Dialog Ansicht>Kopf- und Fußzeile ...>Dateipfad einfügen

Die Symbole zum Einfügen des Dateinamens und des Tabellennamens gab es schon vorher. Nur die komplette Pfadangabe hat gefehlt. Aber man konnte sich ja mit der Funktion

=ZELLE("Dateiname";A1)

behelfen.

57. Lösung b

Der Text, der im Bezeichnungsfeld angezeigt wird, wird über die Caption-Eigenschaft festgelegt.

58. Lösung a

Diese Tastenkombination entspricht der Option *Formeln*, die man über *Extras>Optionen ... Ansicht* im Bereich *Fensteroptionen* auswählen kann.

59. Lösung c

Bei den Antworten *a* und *b* stört das Wörtchen „nur".

60. Lösung a

Strg + Alt + F9 erzeugt eine vollständige Neuberechnung der Arbeitsmappe.

61. Lösung b

Der Script-Editor übersetzt die Excel-Datei in HTML-Code (wir haben noch niemanden kennen gelernt, der ihn jemals benutzt hätte).

62. Lösung c

Hat mit dem Script-Editor gemein, dass wir noch niemanden kennen gelernt haben, der dieses Feature jemals benutzt hätte.

63. Lösung b

Endlich mal eine „wichtige" Neuerung.

64. Lösung c

Wenn Sie nach mehr als drei Spalten sortieren möchten, sortieren Sie zuerst nach den nachrangigen Spalten und wiederholen dann den Sortiervorgang mit den ersten drei Spalten.

65. Lösung a

```
=FINDEN("X";"Excel")= #WERT!
=SUCHEN("X";"Excel") = 2
```

66. Lösung d

```
=10^20+1=10^20
```

ergibt für Excel deshalb WAHR, weil die Grenze der exakten Rechengenauigkeit von Excel überschritten ist und deshalb +1 ignoriert wird. Die absolute Obergrenze für darstellbare Zahlen liegt ungefähr bei 10^308. Deshalb ergibt der Ausdruck 10^333 den Fehlerwert #ZAHL!

1E-222 ist das wissenschaftliche Zahlenformat, bei dem die Zahl rechts vom E die 10er-Potenz ausdrückt. 1E+222 wäre 10 hoch 222. Ist die Zahl negativ, wird der Kehrwert von 10, also 1/10, potenziert. 10E-222 = 1/10^222.

Der Ausdruck 1E+200,1 ist falsch, weil die Potenzangabe rechts von E immer eine Ganzzahl ist. Die richtige Darstellung für 10^200,1 im wissenschaftlichen Zahlenformat wäre

1,25892541179419E+200

67. Lösung c

Mit MS-Query werden Datenbankanbindungen zu Access, SQL-Server, etc. hergestellt. Man findet es in der neuen Excel-Version immer noch unter dem Menüpunkt *Daten*. Dann muss man *Externe Daten abrufen* auswählen.

68. Lösung a

Wenn Sie eine lange Liste mit Zwischensummen haben und dann am Ende eine Gesamtsumme bilden wollen, können Sie mit SUMME(A1:A?) nicht den gesamten Bereich summieren, da Sie dann die Zwischensummen doppelt addieren würden. Entweder Sie summieren deshalb mühsam die Zwischensummen einzeln

= Zwischensumme1 + Zwischensumme2 + Zwischensumme3 + ...

oder Sie bilden sowohl Zwischensummen als auch Gesamtsumme mit TEILERGEB-NIS(9;A1:A?).

69. Lösung c

Mit INDIREKT können Sie auch Bezüge auf andere Excel-Dateien dynamisieren. Der Nachteil daran ist, dass diese geöffnet sein müssen- andernfalls kommt ein #BEZUG!-Fehler.

70. Lösung c

Ein Variationsfeld gibt es nicht. Auswahlfeld könnte man als Oberbegriff für all Steuerelemente bezeichnen, in denen etwas ausgewählt werden kann, wie zum Beispiel ein Listenfeld und ein Kombinationsfeld. Ein Unterschied zwischen beiden ist der, dass im Kombinationsfeld auch freier Text eingegeben werden kann. Außerdem klappt es sich zu, wenn gerade nichts ausgewählt wird. Das Listenfeld tut dies nicht.

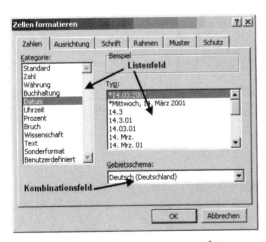

Abbildung 3.173: Unterschied Listenfeld Û Kombinationsfeld

71. Lösung a

Über die Aktion *Bearbeiten>Ausfüllen ...>Im Blocksatz ausrichten* kann man den Text einer Zelle auf mehrere Zellen untereinander aufteilen (was die Bezeichnung nicht unbedingt vermuten lässt).

72. Lösung c

Wenn Sie den Gültigkeitsdialog geöffnet haben und das Feld zur Auswahl der Quelle aktiv ist, können Sie mit $\boxed{\text{F3}}$ direkt auf die Liste der Namen zugreifen, um den gewünschten Bereich auszuwählen (Abbildung 3.174). Übrigens können Sie die Quellbereichsangabe auch mit der Funktion INDIREKT durchführen, dann ist auch die Angabe einer anderen Tabelle zulässig.

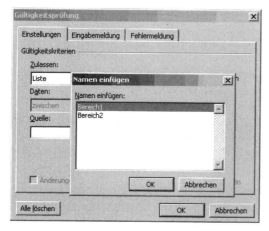

Abbildung 3.174: Gültigkeitsliste mit Namen auf Bereiche in fremden Blättern referenzieren

73. Lösung a

Die Bereichssyntax von Antwort *b* ist verkehrt. Und ZÄHLENWENN akzeptiert grundsätzlich keine Bereichsangabe über mehrere Tabellen.

74. Lösung b

Wenn der Funktionswert der Funktion *a* gleichzeitig Eingabeparameter der Funktion *b* ist und dver Funktionswert der Funktion *b* dem Eingabeparameter der Funktion *a* entspricht, dann sprechen wir davon, dass Funktion *b* die Umkehrfunktion der Funktion *a* ist. Beispiele:

```
=WURZEL(POTENZ(5;2)) = 5
=ZEICHEN(CODE("x")) = "x"
=EXP(LN(2)) = 2
```

SVERWEIS und WVERWEIS führen zwar sehr ähnliche Berechnungen durch, verhalten sich aber nicht wie obige Funktionen.

75. Lösung d

Klingt komisch, aber sogar Säulen- und Balkendiagramm können kombiniert werden (Abbildung 3.175):

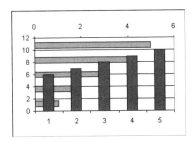

Abbildung 3.175: Kombination aus Säulen- und Balkendiagramm

Ob es dafür sinnvolle Anwendungsfälle gibt, lassen wir jetzt mal offen.

76. Lösung d

77. Lösung d

78. Lösung c

Optionsfelder der Steuerelemente-Symbolleiste (Optionbuttons) haben eine *Group-Name-Eigenschaft*. Von Optionbuttons einer Gruppe kann immer nur ein Button aktiv sein. Haben die Buttons hingegen unterschiedliche Gruppennamen, funktionieren sie unabhängig voneinander. Optionsfelder der Formular-Symbolleiste werden völlig anders einer Gruppe zugeordnet, nämlich über Gruppenfelder. Alle Optionsfelder, die innerhalb eines Gruppenfeldes platziert sind, gehören der gleichen Gruppe an (Abbildung 3.176).

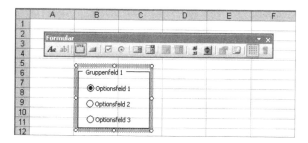

Abbildung 3.176: Formular-Optionsfelder zu einem Gruppenfeld zusammenfassen

79. Lösung c

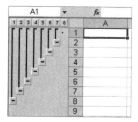

Abbildung 3.177: Maximale Gruppierungsebenen

80. Lösung a

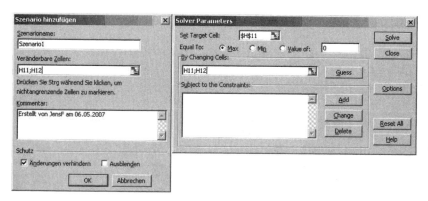

Abbildung 3.178: Gemeinsamkeit von Szenarien und Solver-Parameter: veränderbare Zellen

Beim Szenario-Manager muss der Benutzer vorgeben, was in die veränderbaren Zellen geschrieben wird. Der Solver berechnet Ihre Werte mithilfe von Näherungsverfahren.

81. Lösung d

Bei älteren Excel-Versionen hieß der Menüpunkt noch *Daten>Mehrfachoperation ...* In Excel XP und 2003 wurde er in *Daten>Tabelle ...* umbenannt. In Excel 2007 heißt der Menüpunkt immer noch *Daten*, doch dann geht es weiter mit *Was-wäre-wenn-Analyse>Datentabelle ...*

82. Lösung c

Über *Extras>Optionen ...>Berechnung>Arbeitsmappenoptionen* kann diese Option eingestellt werden. Wenn Sie diese Option aktivieren, müssen Sie aber beachten, dass plötzlich alle in der Mappe bereits vorhandenen Datumsangaben um vier Jahre in die Zukunft versetzt werden.

83. Lösung a

84. Lösung c

Diese Bezugsangabe verweist auf die Zelle, die eine Zeile oberhalb und eine Spalte nach links von der aufrufenden Zelle liegt. Da es diese Zelle nicht gibt, beginnt Excel am Tabellenende.

85. Lösung b

Das Ergebnis der Funktion RECHTS ist vom Datentyp String (Zeichenkette). Im Vergleich mit der Zahl 123 ist dies nicht dasselbe.

=RECHTS("abc123";3)="123"

wäre WAHR.

86. Lösung d

Böse Falle. Auf den ersten Blick vermutet man einen Vergleich von zwei Berechnungen mit der Funktion LÄNGE. Tatsächlich wird aber nichts verglichen, sondern die erste Funktion LÄNGE berechnet die Länge der Zeichenkette:

)=LÄNGE("

87. Lösung d

Die Formel enthält zwar einen Bezug auf sich selbst, da aber der dritte Parameter von WENN in dem Fall ignoriert wird, entsteht auch kein Zirkelbezug.

88. Lösung b

89. Lösung c

Datenbereich markieren, Menüpunkt *Einfügen>Diagramm ...* und im ersten Dialog sofort auf *Fertig stellen* klicken. Fertig ist das Diagramm.

90. Lösung b

Bei einer Mehrfachoperation werden für ein bis zwei Eingabeparameter, die in eine Berechnung (Zielfunktion) einfließen, verschiedene Werte angenommen.

91. Lösung b

Bereich markieren, dann Menüpunkt *Daten>Text in Spalten ...* Option *Feste Breite*, Schaltfläche *Weiter*, Trennstrich zwischen PLZ und Ortsbezeichnung setzen und *Fertig stellen*.

92. Lösung b

Diese neue schicke Funktion ermöglicht es, in Berechnungen Fehler abzufangen, ohne den Formelteil doppelt einzugeben. Beispiel:

Sie benutzen die SVERWEIS-Funktion. Wenn diese keinen Treffer findet, liefert sie #NV. Stattdessen möchten Sie aber ein „nicht vorhanden" als Ergebnis bekommen. Bislang ging das so:

```
=WENN(ISTFEHLER(SVERWEIS("x";A:C;3;0));"Nicht vorhanden";SVERWEIS("x";A:C;3;0))
```

Ab der Excel-Version 2007 kann die redundante Erfassung des SVERWEIS-Formelteils entfallen:

```
=WENNFEHLER(SVERWEIS("x";A:C;3;0);"nicht vorhanden")
```

93. Lösung d

Abbildung 3.179: Dialog Bild kopieren

Mit dieser Option kann ein „Snapshot" der aktuellen Selektion von Zellen oder Objekten in die Zwischenablage kopiert werden.

94. Lösung d

Wenn 0,5 als Uhrzeit formatiert wird, wird 12:00 angezeigt, da der Tag zur Hälfte vergangen ist.

95. Lösung b

Wählen Sie *Format>Zellen ... Ausrichtung>Textausrichtung>Horizontal:Ausfüllen.*

96. Lösung c

Sobald in A1 ein "x" steht, verweist die Formel auf D1 und löst damit einen Zirkelbezug aus.

97. Lösung c

Wenn die mathematischen Möglichkeiten nicht ausreichen, um eine Gleichung nach einer Eingabevariablen aufzulösen, benutzen Sie dazu die Zielwertsuche.

98. Lösung b

=SUMME(WAHR)=1
=SUMME({WAHR})=0

Die Begründung steht in der Excel-Hilfe:

„Zahlen, Wahrheitswerte und Zahlen in Textform, die Sie direkt in die Liste der Argumente eingeben, werden berücksichtigt. Ist als Argument eine Matrix oder ein Bezug angegeben, werden nur die Elemente dieser Matrix oder dieses Bezugs berücksichtigt, die Zahlen sind. Alle anderen Elemente, wie leere Zellen, Wahrheitswerte, Texte oder Fehlerwerte, werden ignoriert."

Wird ein Wahrheitswert also direkt eingegeben, wird er berücksichtigt, genau gesagt als 1 interpretiert. Wird er in einer Matrix eingegeben (in geschweiften Klammern), wird er ignoriert.

99. Lösung b

Beim einfachen Kopieren über ⌨Strg + ⌨C (*Kopieren*) und ⌨Strg + ⌨V (*Einfügen*) gehen Formeln verloren. Sollen die Formeln erhalten bleiben, müssen Sie das Einfügen über *Bearbeiten>Inhalte einfügen ... Alles* durchführen.

100.Lösung d

Dass es 255 sind, ist ein weit verbreiteter Irrglaube, da man unter *Extras>Optionen ... Allgemein>Blätter in neuer Arbeitsmappe* als maximale Zahl 255 eingeben kann. Das gilt aber nur beim Öffnen einer neuen Arbeitsmappe. Das hält Sie aber nicht davon ab, in dieser Arbeitsmappe nach dem Öffnen noch weitere Tabellen anzulegen.

Bewertung

Wie viele Fragen haben Sie richtig beantwortet? Wir verleihen Ihnen hiermit hoch feierlich Ihren Titel zum...

- 0 bis 8 Fragen: **Saboteur**
Das müssen Sie absichtlich gemacht haben.

- 9 bis 16 Fragen: **Pechvogel**
Sie haben weder Ahnung von Excel noch vom Glücksspiel.

- 17 bis 24 Fragen: **Schimpanse**
Lass einen Schimpansen würfeln und er wird genauso „gut" abschneiden wie Sie ...

- 25 bis 33 Fragen: **Anfänger**
Sie haben Excel auf Ihrem Rechner installiert – ein guter Anfang.

- 34 bis 41 Fragen: **Seepferdchen**
Erste erfolgreiche Gehversuche – nur weiter so!

- 42 bis 49 Fragen: **Pionier**
Sie kommen gut voran, befinden sich aber noch häufig auf Irrwegen.

- 50 bis 58 Fragen: **Fortgeschrittener**
Sie kämpfen sich schon ziemlich erfolgreich durch´s Excel-Leben.

- 59 bis 66 Fragen: **Alter Hase**
Sie sind ein erfahrender Excel-Anwender.

- 67 bis 74 Fragen: **Fuchs**
Sie haben ein weit reichendes Excel-Wissen und viele Tricks parat.

- 75 bis 83 Fragen: **Virtuose**
Sie lieben Excel – und Excel liebt Sie.

- 84 bis 91 Fragen: **Fürst**
Durchlaucht, das war exzellent!

- 92 bis 95 Fragen: **Großmeister**
Genial!

- 96 bis 100 Fragen: **Oberguru**
Sprachlos ... besser geht's nicht!

Glossar

Ableitung (die erste und zweite)

Die erste Ableitung einer Funktion stellt ihre Steigung dar. Aus

ax^b wird $abx^{(b-1)}$

Die erste Ableitung von $y = 2x^3 - 17x^2 + 20x - 1$ ist $y = 6x^2 - 34x + 20$.

Bei den x-Werten, bei denen die erste Ableitung den Wert 0 annimmt, weist die Ursprungsfunktion einen Extremwert auf. Die zweite Ableitung ist

$y = 12x - 34$

Nimmt sie den Wert 0 an, hat die Ursprungsfunktion an dieser x-Koordinate einen Wendepunkt.

Abundante Zahlen

Die Summe ihrer Teiler ist größer als die Zahl selbst. Beispiel:

$24 => 1 + 2 + 3 + 4 + 6 + 8 + 12 = 36$

(siehe auch defiziente und vollkommene Zahlen)

a.Chr.n.

Ante Christum natum (vor Christi Geburt)

Add-in

Zusatztools für Microsoft-Produkte, z.B. Analysefunktionen – aber Vorsicht: Diese müssen extra aktiviert werden. Gibt man eine Datei weiter und auf dem neuen Rechner sind diese Add-ins nicht oder in der falschen Sprache aktiviert, gibt's ne Fehlermeldung. Unser Tipp: Finger weg.

Aliquot-Folge

Von einer Zahl ist die nächste in der Folge die Summe ihrer Teiler ohne die Zahl selbst. Die Folge endet fast immer entweder bei 0 oder in einer geselligen Kette, die sich ständig wiederholt: Beispielsweise die befreundeten Zahlen 1.184 und 1.210. Die einzige Ausnahme, in der die Zahl weder bei 0 noch in einer Kette endet, ist die 276 und logischerweise alle Folgezahlen. Das endet im Nirwana.

Analysefunktionen

Siehe Add-in.

ANSI

Zeichensatz für 256 Schriftzeichen. (Wird u.a. in den Excel-Funktionen CODE und ZEICHEN verwendet.)

Armstrong-Zahlen

Die Summe der n Ziffern einer Zahl hoch n ergibt die Ausgangszahl: abc = a^3 + b^3 + c^3; 9.474 = 9^4 + 4^4 + 7^4 + 4^4

Arrayformel

Matrixformel, eigentlich viele Formeln in einer, da diese auf einen ganzen Bereich (Array) angewendet wird. Abschluss der Formel in Excel mit gleichzeitigem Drücken von ⌨Strg + ⌨⇧ + ⌨↵ – das erzeugt die {geschweiften Klammern}.

Automorphe Zahlen

Das Quadrat einer Zahl endet mit den identischen Ziffern – z.B. 76 * 76 = 5.776.

Bachet

Claude-Gaspar Bachet de Mézeriac (Frankreich), 08.10.1581 – 26.02.1638, Zahlentheoretiker

Befreundete Zahlen

Zwei Zahlen sind befreundet, wenn sie wechselseitig die Summe ihrer Teiler sind. 220 und 284 ist das kleinste Paar: Die Teiler von 220 sind 1, 2, 4, 5, 10, 11, 20, 22, 44, 55 und 110 – in Summe 284; die Teiler von 284 sind 1, 2, 4, 71 und 142 – in Summe 220.

Beharrliche Zahlen

Man bildet das Produkt aus den Ziffern (Querprodukt) einer mehrstelligen Zahl und verfährt mit den jeweils so entstandenen Zahlen genau so, bis eine einstellige Zahl entsteht. Die Anzahl der Rechenschritte ist die Beharrlichkeit einer Zahl. 672 z.B. hat die Beharrlichkeit 3 (über die Schritte 84, 32, 6).

Binär

Zwei Zustände: 1 und 0 – an und aus – geladen und nicht geladen.

Bronstein

Das Werk der russischen Mathematiker Ilja Nikolajewitsch Bronstein und Konstantin Adolfowitsch Semendjajew gilt als die Bibel der höheren Mathematik.

Cardanische Formel

Formel (reine Mathematik – kein Näherungsverfahren) zur Lösung einer kubischen Gleichung von Cardano. Es gibt nur eine Lösung und zwei komplexe Wurzeln – gibt es drei Lösungen (siehe casus irreducibilis). Für den vierten und fünften Grad ist Galois zuständig.

Cardano

Girolamo Cardano (Italien), 24.09.1501 – 21.09.1556, Mathematiker

Casus irreducibilis

Bei drei Lösungen einer kubischen Gleichung erfolgt die Berechnung über imaginäre Zahlen mit einer trigonometrischen Lösung – bei nur einer Lösung mit der cardanischen Formel.

Chiffrierung

Verschlüsselung eines Klartextes mithilfe eines Kryptosystems (Schlüssel) in einen Geheimtext. Es gibt Verschlüsselungen, die absolut unknackbar sind – einfachstes Beispiel: Person A und Person B haben das gleiche Buch (Bücher gibt es Milliarden) und es heißt: Seite 107; 8. Zeile; Wort 4. Und dasselbe Wort später noch mal: Seite 781; 24. Zeile; Wort 6. Zwei Chiffres für dasselbe Wort – das bekommt kein Computer raus. Der Knackpunkt ist immer der Schlüssel selbst bzw. die Übergabe und die Geheimhaltung davon.

Collatz-Folge

Auch Ulam-Folge oder 3n+1-Problem. Eine beliebige natürliche Zahl wird, wenn diese gerade ist, halbiert, ansonsten mit 3 multipliziert und 1 hinzuaddiert. Mit dieser entstandenen Zahl wird genauso verfahren und man landet irgendwann bei einer Zweierpotenz und somit dann bei 1.

Defiziente Zahlen

Die Summe ihrer Teiler ist kleiner als die Zahl selbst: $18 = 1 + 2 + 3 + 9 = 15$ (siehe auch abundante und vollkommene Zahlen).

Diophantisch

Ganzzahlig

Diophantos

Diophant von Alexandria (Griechenland) lebte um 250 p.Chr.n. Sein Hauptwerk ist die „Arithmetika" – die einzige erhaltene Überlieferung zur Algebra und Arithmetik aus der griechischen Antike.

Divergenz

Eine Zahlenfolge hat keinen Grenzwert, sondern strebt gegen unendlich. Das Gegenteil von Konvergenz.

Dreieckszahlen

1 1 + 2 = 3 1 + 2 + 3 = 6 1 + 2 + 3 + 4 = 10 1 + 2 + 3 + 4 + 5 = 15, allgemein: $n*(n+1)/2$ von Gauß.

Dual

Rechensystem mit der Basis 2 (statt 10 = dezimal).

Duodezimal

Rechensystem mit der Basis 12 (statt 10 = dezimal).

Dylan

Robert Allen Zimmermann alias Bob Dylan (USA), geb. 24.05.1941, Folk- und Rockmusiker

e

Wachstumszahl/eulersche Zahl/Basis des natürlichen Logarithmus LN:
$(1+1/n)^n = 2,71828182...$
Sie ist eine irrationale Zahl mit unendlich vielen Nachkommastellen.

Eckzahlen

Dreieck-, Viereck-, Fünfeck-Zahlen, G-Eckzahlen. Allgemeine Formel ab 2. Grad (G) für die n-te G-Eckzahl:
$(G/2-1)*n^2+(-G/2+2)*n$

Euler

Leonhard Euler (Schweiz), 15.04.1707 – 18.09.1783. Der wohl bedeutendste Mathematiker der Geschichte: Über 50 Begriffe, Sätze, Verfahren in der Mathematik und Mechanik wurden nach ihm benannt.

Fakultät einer Zahl

Multiplikation aller Zahlen von 1 bis n:

$5! => 1 * 2 * 3 * 4 * 5 = 120$

Eine Subfakultät gibt's auch (siehe ebenda).

Fermat

Pierre de Fermat (Frankreich), 20.08.1601 – 12.01.1665

Fermats letzter Satz

Beziehungsweise fermatsche Vermutung (1637): Es sei:

$a\hat{~}n + b\hat{~}n - c\hat{~}n = 0$

„Es gibt keine Lösung für natürliche Zahlen a, b, c <> 0 und n > 2 !?" Wurde erst 1995 durch Andrew Wiles, England, bewiesen. (Zu empfehlen: Simon Singh *„Fermats letzter Satz – die abenteuerliche Geschichte eines mathematischen Rätsels"* DTV/ ISBN 3-423-33052-X oder auch Amir D. Axcel *„Fermats dunkler Raum – wie ein großes Problem der Mathematik gelöst wurde"* DIANA-Verlag/ISBN N-3453-15583-1.)

Fibonacci

Leonardo von Pisa (Italien), 1170 – 1250

Fibonacci-Zahlen

Die Folgezahl ist die Summe der zwei Vorgängerzahlen beginnend mit +1 +1. Der Quotient zweier Folgezahlen konvergiert gegen den goldenen Schnitt.

Fröhliche Zahlen

Eine Zahl ist fröhlich (happy), wenn die Folge ihrer Ziffernquadratesummen mit 1 endet. Beispiel:

$44 => 4^2 + 4^2 = 32 => 3^2 + 2^2 = 13 => 1^2 + 3^2 = 10 => 1^2 + 0^2 = 1$

Galois

Evariste Galois (Frankreich), 25.11.1811 – 31.05.1832. Sein mathematisches Vermächtnis, das er vor seinem Tod in einem Duell niederschrieb, wurde erst nach Jahrzehnten in etwa kapiert.

Gauß

Carl Friedrich Gauß (Deutschland), 30.04.1777 – 23.05.1855, „der Fürst der Mathematiker" – das sagt ja wohl alles.

Geburtstagsparadoxon

Berechnung der Wahrscheinlichkeit, dass von n Personen 2 am gleichen Jahrestag Geburtstag haben. Da wird sich meist um den Faktor 10 verhauen, denn es wird nicht ein bestimmtes Datum einer Person mit dem der anderen verglichen, sondern jedes mit jedem. Bei z.B. 5 Personen gibt es nicht nur die vier Datumspärchen 1+2, 1+3, 1+4 und 1+5, sondern zusätzlich noch 2+3, 2+4, 2+5, 3+4, 3+5 und 4+5, insgesamt also 10.

Geometrisches Mittel

Die n-te Wurzel aus dem Produkt von n Werten.

Gesellige Zahlen (sociable numbers)

Eine Zahlenfolge von mehr als zwei Zahlen (zwei sind ja befreundet), in der die zweite Zahl die Summe der Teiler der ersten ist – die dritte die der zweiten usw., bis zur letzten, die die der vorletzten ist. Die Summe der Teiler der letzten Zahl ist die erste Zahl. Zum Beispiel: 12.496 - 14.288 - 15.472 - 14.536 - 14.264

GGT

Größter gemeinsamer Teiler, z.B. 24 und 18: die Teiler sind 12 - 8 - 6 - 4 - 3 - 2 - 1 sowie 9 - 6 - 3 - 2 - 1 – der GGT ist also 6.

Glückliche Zahlen

Der Algorithmus beginnt mit allen natürlichen Zahlen von 1 bis unendlich. Von dieser Zahlenmenge wird zunächst die jeweils zweite gestrichen – es verbleiben also alle ungeraden Zahlen: 1 - 3 - 5 - 7 - 9 - 11 - 13 - 15 - 17 - 19 - 21. Der nächste noch vorhandene Kandidat ist die 3: Von allen verbliebenen Zahlen beginnend mit der 1 wird also jede dritte Zahl eliminiert und es verbleiben: 1 - 3 - 7 - 9 - 13 - 15 - 19 - 21. Der nächste noch vorhandene Kandidat ist die 7: Es fliegt also jede siebte Zahl und es verbleiben 1 - 3 - 7 - 9 - 13 - 15 - 21 – dann geht's weiter mit der 9 usw.

Goldbachsche Vermutung

Jede gerade Zahl kann als Summe zweier Primzahlen dargestellt werden – bis heute weder bewiesen noch widerlegt.

Goldener Schnitt

Zwei Strecken a und b für a>b stehen im Verhältnis des goldenen Schnitts, wenn gilt: a/b = (a+b)/a = 1,61803... (Bezeichnung Phi) – das ist eine irrationale Zahl mit unendlich vielen Nachkommastellen.

Harmonische Zahlenfolge

Folge von Kehrwerten ganzer Zahlen:

1/1 - 1/2 - 1/3 - 1/4 - 1/5

Die Summation der Folgeglieder ergibt die harmonische Reihe. Diese strebt – kaum glaublich – gegen unendlich!

Harmonisches Mittel

Kehrwert des arithmetischen Mittelwertes der Kehrwerte, z.B. ist das harmonische Mittel aus 10 und 20: 2/(1/10+1/20) = 13,33333

Harshad-Zahlen

Sind durch ihre Quersumme teilbar (84 dividiert durch 8 + 4 = 12 ist 7).

Hawking

Stephen Hawking (England), geb. 08.01.1942, Astrophysiker – ein Genie im Rollstuhl: Die Weltformel geht nur über ihn.

Hexadezimal

Rechensystem mit der Basis 16 (statt 10 = dezimal).

Infinitesimalrechnung

Technik der Differential- und Integralrechnung: Funktionsbeschreibung für beliebig kleine (infinitesimale) Abschnitte. Entwickelt von Descartes, Cavalieri, Leibniz, Newton.

Iteration

In der numerischen Mathematik bezeichnet sie die Methode, sich der Lösung eines Rechenproblems schrittweise, näherungsweise (iterativ) anzunähern – siehe Newton.

Kaprekar

Ramachandra Kaprekar (Indien), 1905 – 1986

Kaprekarkonstante

Siehe Kaprekarverfahren.

Kaprekarverfahren

Differenz aus den Ziffern einer vierziffrigen Zahl in absteigender und aufsteigender Ziffernfolge und Wiederholung mit der so entstandenen Zahl und man landet nach maximal sieben Schritten bei der Kaprekarkonstante 6.174 (nicht zu verwechseln mit Kaprekarzahlen). Beim dreiziffrigen Verfahren bei 495.

Kaprekarzahlen

Quadratur einer n-ziffrigen Zahl. Dann Addition des n-ziffrigen rechten Teils sowie des übrig gebliebenen linken Teils. Ergibt sich die Ausgangszahl, ist diese eine Kaprekarzahl, z.B. $297^2 = 88209 => 209 + 88 = 297$

KGV

Kleinstes gemeinsames Vielfaches von n Zahlen, z.B. 6 * 7 * 8 = 336; 168 ist aber bereits durch alle 3 Zahlen teilbar.

Kombinatorik

Eintrittswahrscheinlichkeit unter Bedingungen. Teilgebiet der Mathematik, insbesondere der Statistik, das sich mit der Bestimmung der Anzahl möglicher Anordnungen von Zeichen, Zahlen oder anderen Objekten, mit oder ohne Wiederholungen, beschäftigt. Sind die Objekte geordnet spricht man von Variationen. Sind sie ungeordnet spricht man von Kombinationen.

Konvergenz

Eine Zahlenreihe strebt (konvergiert) gegen einen festen Grenzwert.

Kurvendiskussion

Teil der Differentialrechnung: Untersuchung des Graphen einer Funktion y = f(x) auf Eigenschaften wie Nullstellen, Extrempunkte, Wendepunkte, Polstellen, Verhalten im Unendlichen, usw.

Leibniz

Gottfried Wilhelm Leibniz (Deutschland), 01.07.1646 – 14.11.1716, der „Erfinder" des Integralzeichens. Einer der Begründer der Infinitesimalrechnung. Der Keks mit den 52 Ecken war ein anderer.

Leibniz-Dreieck

Harmonisches Dreieck: die Anordnung von Stammbrüchen in Dreiecksform. Die Summe zweier benachbarter Stammbrüche ergibt den darüber stehenden Stammbruch (also gerade umgekehrt wie beim Pascal-Dreieck).

Lineares Gleichungssystem

n Gleichungen mit n Unbekannten.

Look-and-say

Vor allem nicht denken oder rechnen, sondern nur sagen, was man sieht.

Lucas

Francois Edouard Anatole Lucas (Frankreich), 04.04.1842 – 03.11.1891, Zahlentheoretiker

Lucas-Zahlen

Ähnlich den Fibonacci-Zahlen: Die Folgezahl ist die Summe der zwei Vorgängerzahlen, beginnend aber mit +1 +3. Ebenso wie bei Fibonacci konvergiert der Quotient zweier Folgezahlen gegen den goldenen Schnitt.

Makro

Ein Programm, das eine fest vorgegebene Folge von Befehlen, Aktionen oder Tastaturcodes vorgibt. Makro-Programme werden in einer der Programmiersprachen Basic oder Pascal codiert – in Excel ist das VBA.

Median

Statistik: Der Wert, auch Zentralwert genannt, der in der Mitte einer Zahlenreihe liegt (**nicht** der Mittelwert!). Bei geraden Zahlenfolgen ist er der Mittelwert der zwei mittleren Zahlen. Die eine Hälfte der Zahlen ist kleiner als der Median und die andere Hälfte größer.

Mersenne

Marin Mersenne (Frankreich), 08.09.1588 – 01.09.1648, Theologe und Mathematiker

Mersennesche Zahlen

$2^n - 1$; also 3, 7, 15, 31, 63, 127, 269, 511, 1.023, aber viel interessanter: Die mersenneschen Primzahlen, wobei n selber prim sein muss (es entsteht aber nicht zwangsläufig eine Primzahl, denn z.B. $2^{11} - 1$ ist $23 * 89$): 3, 7, 31, 127, 511, die größte bisher bekannte ist $2^{232.582.657}-1$ und hat über 9,8 Mio. Ziffern. (So'n Pech aber auch: Knapp daneben, denn bei 10 Mio. Ziffern gibt's 100.000 $ ausgelobtes Preisgeld.)

Mittelwert

Summe von n Werten dividiert durch n (arithmetisches Mittel). Siehe auch geometrisches und harmonisches Mittel.

Möbius

August Ferdinand Möbius, 17.11.1790 – 26.09.1968. Der mit dem Band (Reutersvärds unmögliches Dreieck).

Modalwert

Statistik: der Wert, der am häufigsten vorkommt.

Newton

Isaac Newton (England), 04.01.1643 – 31.03.1727. Der Erfinder der Schwerkraft, als ihm ein Apfel auf die Birne fiel. Ungemein wichtig für Excel ist das newtonsche Näherungsverfahren – angewandt u.a. in der Zielwertsuche, bei Solver-Lösungen und der Funktion IKV.

Nietzsche

Friedrich Nietzsche (Deutschland), 15.10.1844 – 25.08.1900, Philosoph

Nimmersattes Verfahren

Zerlegung einer Zahl in ihre Stammbrüche mit dem Verfahren von Fibonacci.

Oktal

Rechensystem mit der Basis 8 (statt 10 = dezimal).

Palindromverfahren

Zu einer Zahl wird ihre Palindromzahl addiert. Mit der sich ergebenden Zahl wird genauso verfahren, bis die sich ergebende Zahl selber eine Palindromzahl ist.

Palindromzahl

Von links nach rechts und von rechts nach links gelesen identisch (siehe Spiegelzahl).

Pascal

Blaise Pascal (Frankreich), 19.06.1623 – 19.08.1662, Mathematiker und Religionsfan: Seine Pensées ist bis heute unschlüssig.

Pascalsches Dreieck

Es wird reihenweise beginnend mit Reihe null und dem Eintrag 1 derart gebildet, dass ein Eintrag die Summe der zwei darüber stehenden Einträge ist. R1: 1 1, R2: 1 2 1, R3: 1 3 3 1, R4: 1 4 6 4 1 usw. Es hat eng mit Binomialkoeffizienten und Kombinatorik zu tun – so besagt Reihe 4 z.B., wie viele Möglichkeiten es gibt, aus vier Elementen 0; 1; 2; 3 oder 4 zu selektieren. Es war schon Jahrhunderte vor Blaise Pascal in China bekannt.

p.Chr.n.

Post Christum natum (nach Christi Geburt)

Permutationen

Anzahl der Möglichkeiten, n Zahlen zu kombinieren, z.B. 1, 2 und 3: 123, 132, 213, 231, 312, 321 – also 6 Stück. Allgemein: n! – in Excel: FAKULTÄT(n).

Pi

Kreiszahl (Kreisumfang dividiert durch Kreisdurchmesser) 3,14159... Sie ist eine irrationale Zahl mit unendlich vielen Nachkommastellen.

Polynom

Die Summe von Vielfachen von Potenzen einer Variablen x (Polynomfunktion in der elementaren Algebra). Ein Polynom 4. Grades wird allgemein beschrieben als:

$ax^4 + bx^3 + cx^2 + dx + e$

Pöötzke

„Em Pöötzke", Deutschlands älteste Live-Jazzkneipe: Düsseldorf/Altstadt; Mertens-gasse 6 – ein **must go!**

Primfaktoren

Jede Zahl n größer als 1, die selber keine Primzahl ist, lässt sich als Produkt von Prim-zahlen darstellen. Das sind die Primfaktoren von n.

Primorialzahl

Produkt aufeinanderfolgender Primzahlen: 2 * 3 * 5 ... primorial (19) heißt das Pro-dukt aller Primzahlen bis 19.

Primpalindromzahl

Von links nach rechts und von rechts nach links gelesen identisch sowie gleichzeitig eine Primzahl, z.B. 38.183.

Primzahl

Eine Zahl, die nur durch 1 und sich selbst teilbar ist. Primzahlen spielen u.a. in der Chiffrierung eine wichtige Rolle. Ansonsten wurden damit Milliarden von bezahlten Arbeitsstunden verbraten.

Pyramidenzahlen

Dreidimensionale Viereckszahlen. Die n-te Pyramidenzahl ist also die Summe der ersten n Viereckszahlen: 1   1 + 4 = 5   1 + 4 + 8 = 13   1 + 4 + 8 + 16 = 29 ... Allgemein: (n+1)(2n+1)/6

Pythagoras

Pythagoras von Samos, 580 – 500 (a.Chr.n.). Aber mehr als nur $a^2 + b^2 = c^2$.

Pythagoreisches Tripel

Lösung der Gleichung $a^2 + b^2 = c^2$, wenn a, b und c ganzzahlig sind. Eine natürliche Quadratzahl ist die Summe zweier anderer natürlicher Quadratzahlen. Das kleinste ist $3^2 + 4^2 = 5^2$.

Quersumme

Addition der Ziffern einer Zahl – alternierende Quersummen gibt's auch.

Quod erat demonstrandum (q.e.d.)

Latein: „Was zu beweisen war." Ursprünglich griechisch: „oper edei deixai"; Abschluss für mathematische Beweisführungen – wird Euklid (300 a.Chr.n.) zugeschrieben.

Requiescat in pace

Latein: „Möge er/sie in Frieden ruhen."

Reutersvärd

Oscar Reutersvärd (Schweden), 1915 – 2002. Unmögliche Konstruktionen und andere optische Illusionen zwischen Mathematik und Kunst.

Ruth-Aaron-Paare

Das Produkt zweier aufeinanderfolgender Zahlen ist identisch mit dem Produkt von lückenlosen Primzahlen ab Beginn (Primorialzahl). Zum Beispiel: 714 * 715 = 510.510 = 2 * 3 * 5 * 7 * 11 * 13 * 17 – das kleinste Paar ist 5 * 6 = 2 * 3 * 5.

Schnapszahl

Zwischenstand von drei gleichen miesen Ziffern (**der** Höhepunkt beim Bierlax im Skat).

Spiegelzahl

Von links nach rechts und von rechts nach links gelesen identisch (siehe Palindromzahl).

Stammbruch

Zerlegung einer Nachkommazahl in 1/a + 1/b + 1/c + …, wobei aber kein b>a oder c>b ausgelassen werden darf, wenn es denn reinpasst – auch, wenn es sonst noch so schön einfach aussähe. (0,85 ist also **nicht** 1/2 + 1/4 + 1/10, sondern 1/2 + 1/3 + 1/60.)

Steinhauszyklus

Quersumme der Quadrate der Ziffern einer Zahl und mit der resultierenden Zahl wird genauso verfahren. Der Zyklus endet mit 1 (z.B.: 23 und 49) oder mit einer revolvierenden Kette ab 145.

Strahlensatz

Elementargeometrie: Vergleich von Verhältnismäßigkeiten – Ähnlichkeitssätze.

Subfakultät

!n = n!(1 - 1/1! + 1/2! - 1/3! + 1/4! - ... + - 1/n!) oder (unmathematisch) vereinfacht: der ganzzahlige Teil von (1+n!)/e.

Sudoku

Ein Logikrätsel ähnlich den magischen Quadraten. Ein 9-x-9-Gitter ist mit den Ziffern 1 bis 9 so zu füllen, dass jede Ziffer in einer Spalte, in einer Zeile und in den neun 3-x-3-Quadraten nur einmal vorkommt. Es gibt dadurch nahezu unendlich viele Aufgabenstellungen, dass willkürlich mehrere Ziffern vorgegeben werden.

Ternär

3 Zustände: 0, 1 und 2 bzw. balanziert ternär: 1, 0 und -1

Tesla

Nikola Tesla (Kroatien), 10.07.1856 – 07.01.1943, Man out of time. Erfinder, Magier, Prophet: der „Einstein der Elektrotechnik".

Tetraederzahlen

Dreidimensionale Dreieckszahlen. Die n-te Tetraederzahl ist also die Summe der ersten n Dreieckszahlen: 1   1 + 3 = 4   1 + 3 + 6 = 10   1 + 3 + 6 + 10 = 20   1 + 3 + 6 + 10 + 15 = 35, allgemein: n(n+1)(n+2)/6

Transponieren

Zeileneinträge werden zu Spalteneinträgen und umgekehrt.

Travelling salesman problem

Der kürzeste Rundweg durch n Punkte (kombinatorische Optimierung).

Trial and Error

Methode, um eine Lösung zu finden oder zu optimieren bei der so lange zulässige Möglichkeiten probiert werden, bis die gewünschte Lösung gefunden wird. Dabei wird bewusst auch die Möglichkeit von Fehlschlägen in Kauf genommen.

Variationen

Siehe Kombinatorik.

VBA

Visual Basic for Applications – Excel-Programmiersprache (Skriptsprache).

Viereckszahlen

Die Quadratzahlen 1, 4, 9, 16 …

Vollkommene Zahlen

Sie entsprechen der Summe ihrer Teiler und enden immer auf 6 oder 8 (siehe auch abundante und defiziente Zahlen):

$6 = 1 + 2 + 3$
$28 = 1 + 2 + 4 + 7 + 14$
$496 = 1 + 2 + 4 + 8 + 16 + 31 + 62 + 124 + 248$

Eine Zahl ist semi-vollkommen, wenn sie die Summe eines Teiles ihrer Teiler ist, z.B.:
$20 = 10 + 5 + 4 + 1$ (ohne die 2).

Wiles

Andrew Wiles (England), geb. 11.04.1953, Zahlentheoretiker

Wundersame Zahlen

Oder auch Achterbahnzahlen – identisch mit der Collatz-Folge. Es wurde noch keine Zahl gefunden, die nicht wundersam ist.

www.excelformeln.de

Ist hoffentlich ein Begriff.

Yang Hui

Yang Hui (China), 1238 – 1298, Mathematiker. Es ist wenig von ihm überliefert – der Typ war aber ne Granate.

Stichwortverzeichnis

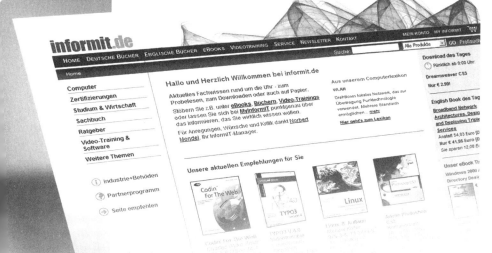

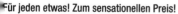